KB049310

누가 추상적으로 사유하는가?

── 아름다운 세상을 만들기 위한 헤겔의 조언(助言) ──

누가 추상적으로 사유하는가?

― 아름다운 세상을 만들기 위한 헤겔의 조언(助言) ―

G. W. F. 헤겔 지음 | 백훈승 번역 및 해설

서광사

이 책은 Georg Wilhelm Friedrich Hegel, *Gesammelte Werke. Band 5 : Schriften und Entwürfe (1799-1808)*, Hamburg, 1998 (381-387)을 번역하고 해석한 것이다.

누가 추상적으로 사유하는가?
— 아름다운 세상을 만들기 위한 헤겔의 조언(助言) —

G.W.F. 헤겔 지음
백훈승 번역 및 해설

펴낸이 | 김신혁, 이숙
펴낸곳 | 도서출판 서광사
출판등록일 | 1977. 6. 30.
출판등록번호 | 제 406-2006-000010호

(10881) 경기도 파주시 회동길 77-12 (문발동)
대표전화 (031) 955-4331 팩시밀리 (031) 955-4336
E-mail : phil6161@chol.com
http://www.seokwangsa.co.kr | http://www.seokwangsa.kr

제1판 제1쇄 펴낸날 — 2017년 10월 30일

ISBN 978-89-306-1051-3   93160

- 1807년, 밤베르크에서 쓴 것으로 추정되는 헤겔의 이 텍스트는 다음과 같이 출간되었는데 전집의 일부 내지 학술지의 일부로 출간된 순서로 정렬하면 다음과 같다. 필자가 번역과 해설을 위한 텍스트로 사용한 것은 4에 해당하는 노르트라인-베스트팔렌 학술원 판이다.

1. Hegel, *Werke. Vollständige Ausgabe durch einen Verein von Freunden des Verewigten, Bde. 17: Vermischte Schriften*. hg.v. D. Friedrich Förster und D. Ludwig Boumann, Bd.2, Berlin, 1835, 400-405.

2. *Hegel-Studien Bd.5*, 1969, 161-164
   여기에 실린 원고는 쉴러(G. Schüler)가 최초로 정서법과 구두법에 맞춰 원본에 충실하게 제시한 텍스트다. 그러나 이것은 비판적인 참조항목[Apparat]을 갖추고 있지 않다.

3. G.W.F. Hegel, *Werke in zwanzig Bänden. Bd. 2* (=TW 2). *Jenaer Schriften 1801-1807*, 575-581
   여기에 수록된 글은 1986년에 독일의 수어캄프(Suhrkamp) 출판사에서 간행되었는데, 원본과 몇 군데에서 상이점을 보이고 있다.

4. Georg Wilhelm Friedrich Hegel, *Gesammelte Werke*. In Verbindung mit der Deutschen Forschungsgemeinschaft herausgegeben von der Nordrhein-Westfälischen Akademie der Wissenschaften und der Künste. *Band 5: Georg Wilhelm Friedrich Hegel, Schriften und Entwürfe (1799-1808)*. Unter Mitarbeit von Theodor Ebert hg. von Manfred Baum und Kurt Rainer Meist. Verfasser des Anhangs Kurt Rainer Meist. Hamburg, 1998 (=GW 5), 381-387 (Text) und S. 677-681 (Editorischer Bericht)
   1998년에 발간된 이 책의 381-387에 수록된 글은 *Manuskript: Hegelsnachlaß Stiftung Preußischer Kulturbesitz — Staatsbibilothek Berlin* (Bd.3, acc. ms. 1889, 256. Bl. 29-32. S. 29a-32b)이다.

: 차 례

일러두기 ——————————————————— 5

들어가는 말 ——————————————————— 9

작품소개: 논문의 작성 연대 및 장소. 헤겔의 의도 ——————— 23

헤겔의 텍스트: 1. 독일어 원문 2. 우리말 ———————— 33

해설 ——————————————————————— 55

맺는말 ——————————————————— 215

찾아보기 ——————————————————— 217

'불통'(不通)의 문제는 오늘날 우리 사회 곳곳에서 발견되는 광범위한 현상이다. 가정에서는 부모와 자식 간에, 남편과 아내 사이에, 그리고 형제·자매 간에 의사소통이 이루어지지 않고 서로 간에 벽을 쌓고 지내며, 사회에서는 직장 상사와 부하 사이에 대화가 단절되고 명령과 지시에 따른 기계적인 업무 처리만이 반복되고 그들 간에 진정한 상호 이해와 인간적인 유대감(紐帶感)은 형성되지 않는다. 부모가 자식에게, 남편이 아내에게 자신의 생각을 무조건 따를 것을 요구하거나, 노사 간에 한편이 다른 편의 입장을 존중하지 않고 자신의 의견이 관철될 것을 고집하는 경우도 많이 볼 수 있다. 이런 현상은 심지어 교육 현장에서도 나타난다. 교사는 자기가 하고 싶은 말을 일방적으로 하고, 학생들이 수업 내용을 제대로 이해하고 있는지 확인하지 않은 채 강의실을 떠난다. 학생들도 수업이 끝난 것으로 만족하고 궁금한 것에 대해 더 이상 알려고 하지 않는다. 사회자를 두고 진행하는 TV토론에서까지도 토론의 원칙을 지키지 않고 상대방의 발언을 중간에 차단하고 자기의 주장을 강변하는 모습을 자주 발견하게 된다.

　문제가 되는 것은 단지, 대화와 토론에서 일방적인 주장을 한다는 사실만이 아니다. 오히려 더욱 중요한 것은, 왜 우리가 일방적인 주장을 하게 되는지 그 원인을 파악하는 일이다. 사안(事案)을 정확히 파악하고 있음에도 불구하고 편향된 주장을 하는 경우, 자신이나 자신이 속한 집단의 욕망과 목적을 이루기 위한 동기가 배후에 작용하여, 사실을 감추거나 사실의 전체가 아닌 일부분만을 드러냄으로써 진실을 왜곡할 수 있다. 그러나 이런 동기가 없이 우리가 어떤 사안에 대해 그릇된 주장을 하는 이유는 잘못된 판단을 내리기 때문이며, 잘못된 판단을 하게 되는 이유들 가운데 하나는 우리가 대상을 여러 관점과 각도에서 살펴보지 않고, 그 가운데 어떤 특정한 부분만을 떼어서 마치 그것이 전체인 양 생각하기 때문이다.

　우리는 이러한 일면적이고 부분적인 사유를 지양(止揚)하고 대상을 온전히 파악하려고 하는 총체적 사유를 지향(志向)해야 한다. 소경이 되어 코끼리의 일부분만을 만져 보고 단편적인 판단을 내려서는 안 되고, 두 눈을 똑바로 뜨고 코끼리의 참모습을 두루 살펴보아야 할 것이다. 헤겔은 전자의 사유방식을 〈추상적 사유〉[das abstrakte Denken], 혹은 〈반성적(反省的) 사유〉[das reflektive Denken]라고 부르고, 후자의 사유방식을 〈구체적 사유〉[das konkrete Denken] 혹은 〈사변적(思辨的) 사유〉[das spekulative Denken]라고 부른다. 그야말로 헤겔에 있어서 "참된 것은 완전한 것"[Das Wahre ist das Ganze][1]이고, "구체적인 것만이 참된 것이다."[2]

1　Hegel, *Phänomenologie des Geistes*, hg. v. Johannes Hoffmeister, Hamburg, 1952 (PG로 줄임), 21.

2　"Nur das Konkrete ist das Wirkliche, welches die Unterschiede trägt:

　이 글은 우리가 실제 생활에서 과연 어떤 종류의 추상적인 사유를 하고 있는지, 그리고 과연 어떤 종류의 사유가 구체적이고 총체적인 사유인지를 헤겔의 「누가 추상적으로 사유하는가?」("Wer denkt abstrakt?")라는, 짧지만 많은 시사점을 제공하는 아주 중요한 글을 통해 살펴보려는 의도로 썼다. 그러나 헤겔의 이 글은 비단 이 문제에 관해서만 사유하도록 우리를 인도하는 것이 아니다. 이 글을 통해 헤겔은 죄와 (형)벌과 용서와 화해·관용의 문제, 자살의 문제, 인간 사이의 인정(認定)내지 승인(承認), 배려와 보살핌 등의 문제에 대해 숙고하도록 요구한다.

　일상적인 표현으로 '추상적'인 사유는 '현실에서 벗어난 사유' 혹은 개별적인 대상들로부터 공통적인 징표(특성)를 뽑아내는, 혹은 그렇게 함으로써 일반개념을 만들어 내는 사유를 가리킨다. 사람들은 우리가 일상적으로 생각하고 말하는 내용은 대부분 구체적인 것이라고 생각하는 반면에, 철학, 그리고 더욱이—철학의 한 분야인—형이상학은 추상적인 것이라고 생각한다. 일상적인 이해에 따르면, 우리의 눈앞에 있는 것들이 '구체적'인 것들이고, '개념적'인 것들은 '추상적'인 것들이다. 그러나 헤겔에 있어서의 추상적인 사유와 구체적인 사유는 상식적인 견해와는 반대라는 점이 드러난다.

　헤겔에 있어서 구체적인 실재, 사물의 총체는, 우리가 대상을 고찰하기 시작하는 시점에 주어지는 것이 아니라, 개념의 노동[die Arbeit des Begriffs]과 수고를 동반한 우여곡절(迂餘曲折)의 도정(道程) 끝에 도달

(…)"(*Vorlesungen über die Geschichte der Philosophie I*. TW 18, 53); "정신 및 자연의 모든 참된 것은 그 자체로 구체적이다 (…)["(…) alles Wahrhaftige des Geistes sowohl als der Natur ist in sich konkret (…)"(*Vorlesungen über die Ästhetik I*. TW 13, 100)].

하게 되는 결론이다. 통상적인 의식의 입장에 의하면 구체적인 것은, 자신 속에 충만한 규정성들을 지니고 있는, 직관의 구체적인 것[ein Konkretes der Anschauung]이다. 그러나 헤겔에 의하면 직관의 구체적인 것은 본질적으로 추상적이다. 지성(知性), 즉 지성적 사유는 규정성들을 정립한다. 그러나 지성적 사유는 하나의 규정에만 머물러 있어서, 대립된 규정들의 통일과 규정성들의 온전한 총체성을 파악할 수 없다. 그래서 지성적 사유는 일면적인 동시에 추상적이다. 긍정적 혹은 사변적 이성은 대립된 규정들의 통일·개념 규정들의 온전한 총체성을 파악하며, 따라서 구체적이다. 사변적 이성의 내용, 그리고 이로 말미암은 철학의 내용은 구체적인 것인데, 이것은 그러나 감각적 직관의 직접성이 아니라, 개념적 사유를 통해 사물이 연관되어 있다는 것을 뜻한다.[3] 구체적인 사유·개념의 노동을 통해서만 우리는 사물의 표면을 뚫고 들어가, 사물의 핵심에, "내면의 맥박"에 도달할 수 있다.

헤겔은 『철학사 강의』의 〈서론〉 중 "구체적인 것이라는 개념"이라는 항목에서 다음과 같이 말한다.

철학은 단지 추상적인 것, 또는 공허한 일반성을 다룰 뿐이지만 이와는 달리 직관이나 우리의 경험적인 자기의식, 그리고 우리의 자기감정이나 생활감정은 그 자체가 구체적이고 확정적이며 내용이 풍부하다고 보는 것이 흔히 받아들여지는 선입견이다. 실제로 철학이란 사상(思想)의 영역에 깃들여 있으면서 일반적인 성질의 문제를 다루는 까닭에 그 내용이 추상적이다. 그러나 이때 추상적이라는 것은 형식이나 요소의 면에서만 그런 것이지, 이념 그 자체로 보면 본질적으로 구체적인 것, 즉 상이한 규정들의 통일체다. 이런 점

---

3 Gentscho Dontschev, "Wer denkt abstrakt und die Phänomenologie des Geistes," in: *Hegel-Studien Bd. 12*, Bonn, 1977 (190-200), 194 참조.

에서 이성의 인식은 한낱 지성적인 인식과는 구별될 뿐더러, 진리나 이념은 공허한 일반성 속에 깃들여 있는 것이 아니다. 오히려 특수적이며 규정적인 요소를 자기 자신 속에 지니고 있는 일반자 속에 진리나 이념이 깃들여 있음을 밝히는 것이 지성에 반(反)하는 철학의 임무다. 진리가 추상적이면 그것은 진리가 아니다. 건전한 인간 이성은 구체적인 것을 지향한다. 지성에 의한 반성적 사유야말로 추상적 이론이므로 진리일 수가 없고, 단지 머릿속에서만 옳은 것으로서 더욱이 실용적이지도 않다. 철학은 추상적인 것을 가장 적대시하여 구체적인 것으로 되돌아가게 마련이다.[4]

「누가 추상적으로 사유하는가?」라는 논문에서 헤겔은 여러 일화(逸話)들을 소개하며 자신의 논의를 전개해 나가고 있다. 그러나 일화들은 철학에 별로 중요하지 않은 것으로 생각되어 왔다. 철학에서 중요한 것은 논증(論證, argument)이며, 철학은 일련의 논증들로 이루어져 있다.

---

4 "Es ist ein gewöhnliches Vorurteil, die philosophische Wissenschaft habe es nur mit Abstraktionen, leeren Allgemeinheiten zu tun; die Anschauung, unser empirisches Selbstbewußtsein, unser Selbstgefühl, das Gefühl des Lebens sei dagegen das in sich Konkrete, in sich Bestimmte, Reiche. In der Tat steht die Philosophie im Gebiete des Gedankens; sie hat es damit mit Allgemeinheiten zu tun, ihr Inhalt ist abstrakt, aber nur der Form, dem Elemente nach; in sich selbst ist aber die Idee wesentlich konkret, die Einheit von unterschiedenen Bestimmungen. Es ist hierin, daß sich die Vernunfterkenntnis von der bloßen Verstandeserkenntnis unterscheidet, und es ist das Geschäft des Philosophierens gegen den Verstand, zu zeigen, daß das Wahre, die Idee nicht in leeren Allgemeinheiten besteht, sondern in einem Allgemeinen, das in sich selbst das Besondere, das Bestimmte ist. Ist das Wahre abstrakt, so ist es unwahr. Die gesunde Menschenvernunft geht auf das Konkrete. Erst die Reflexion des Verstandes ist abstrakte Theorie, unwahr, nur im Kopfe richtig,—auch unter anderem nicht praktisch. Die Philosophie ist dem Abstrakten am feindlichsten, führt zum Konkreten zurück" (Hegel, *Vorlesungen über die Geschichte der Philosophie I*, TW 18, 43).

그리고 철학은 특수한 사실을 발견하는 것이 아니라 보편적인 결론을 찾으려고 하지 않는가?! 그러나 일화들은 특수한 것일 뿐이기에, 진리에 대한 철학자의 추구로부터 추방되어야 하는 것이 아닌가?! 그러나 여기서 헤겔은 왜 여러 일화들을 끌어들이고 있는가? 이 문제를 검토하기 위해 다음과 같은 점을 생각해 보자.

아리스토텔레스는 『시학(詩學)』(*Peri Poiētikēs*, *ΠΕΡΙ ΠΟΙΗΤΙΚΗΣ*)의 제9장에서 시(詩)와 역사기술(歷史記述)의 차이에 대해 다음과 같이 설명하고 있다:

> 지금까지 말한 여러 사실에서 알 수 있는 것은, 시인의 과제는 실제로 무엇이 발생했는지를 알리는 것이 아니라 무엇이 발생할 수 있을 것인가, 즉 개연성과 필연성의 규칙에 따르는 가능한 것을 알리는 것이다. 역사가와 시인의 차이점은 운문(韻文)을 쓰느냐 산문(散文)을 쓰느냐 하는 점에 있는 것이 아니다. 예컨대 헤로도토스의 작품은 운문으로 고쳐 쓸 수도 있으나, 운율(韻律)이 있든 없든 그것은 역시 역사임에는 변함이 없다. 왜냐하면 역사기술자와 시인이 서로 구별되는 점은, 전자는 실제로 발생한 것을 알리는 데 반해, 후자는 발생할 수 있는 것을 알리기 때문이다. 따라서 시는 역사기술보다 더 철학적이고 더 진지한 것이다. 왜냐하면 시는 보편적인 것에 대해 더 많은 것을 말하는 데 반해 역사기술은 특수한 것에 대해 말하기 때문이다 (*Peri Poiētikēs*, 51a36-b8).

아리스토텔레스는 역사적인 것의 기본 구조를 '특수성'과 '우연성'이라는 두 개념으로 포착하고 있다. "시는 보편적인 것에 대해 '더 많이' 알기 때문에 역사기술보다 더 철학적이고 더 진지하다고 주장하는 아리스토텔레스는, 역사기술은 특수한 것에 대해 말하지만, 철학은 보편적인 것에 대해 말한다고 생각하고 있음이 분명하다. 그러나 단순한 역사기술이 아닌 '역사학'은, 특수한 사실들을 말하려고 하는 것이 아니고 보편성의 인식에 진정한 관심을 가지고 있다고 할 수 있다. 그런데 "역사기술은 실제로 일어난 일을 기술하며, 시는 '개연성과 필연성에 따라 가능한 것'을 기술한다"는 것은 무엇을 말하는가? 여기서 분명한 것은, 역사기술은 어떤 사람이 실제로 무엇을 했는가, 실제로 어떤 사건이 벌어졌는가 하는 '과거'에 관계한다는 점이다. 즉, 역사기술은 본질적으로 회고적(回顧的)이며, 이미 이루어진 일에 대한 추후적인 확인이라는 것이다. 그래서 특수성, 사실성, 회고성을 역사의 고찰 방식의 세 가지 측면이라고 말할 수 있다. 그러나 시와 철학은 보편적인 것에 관계하며, 따라서 미래에 관해 말할 수 있다는 것이 아리스토텔레스의 생각이다.[5]

그러나 헤겔은 『법철학』서문[Vorrede]에서 다음과 같이 말한다: "미네르바의 올빼미는 황혼이 깃든 후에야 날기 시작한다."[6] "개인에 관해서 이야기한다면 모든 개인은 더 말할 것도 없이 자기 시대의 아들이다. 철학도 마찬가지여서, 철학은 사상으로 포착된 그의 시대다."[7] 이와 마찬가지로 『철학사 입문』에서도 헤겔은, 철학은 "자기의 시대를 넘어서지 못하며, 자기의 시대의 실체적인 것에 대한 지(知)"이며 "자기의 시대의 아들로서의 개인도 자기의 시대를 넘어서지 못한다. 한 개인이

5 　에밀 앙게른, 『역사철학』, 유헌식 역, 민음사, 1997, 61 f. 참조.

6 　"(…) die Eule der Minerva beginnt erst mit der einbrechenden Dämmerung ihren Flug"[*Grundlinien der Philosophie des Rechts oder Naturrecht und Staatswissenschaft im Grundrisse (1821). Theorie Werkausgabe in zwanzig Bänden*, Redaktion von Eva Moldenhauer und Karl Markus Michel, Ffm., 1969 ff. (TW로 줄임). Bd. 7, 28].

7 　"Philosophie ist ihre Zeit im Gedanken erfaßt"(ebd., 26).

자기의 피부를 벗어날 수 없는 것처럼, 그 누구도 자기의 시대를 벗어
날 수는 없다"[8]고 말한다. 헤겔의 주장의 요지는, 철학의 업무는 미래를
예언하는 것이 아니라, 현재와 과거에 관계하여 그것을 개념적으로 포
착하는 것이라는 것이다. 그러나 그렇다고 해서 철학이 단지 과거의 사
실이나 사례들을 그냥 나열하는 일을 하는 것은 아니다. 그것들을 철학
자의 개념의 노동을 통해 정리해 내야 한다. 따라서 철학으로부터 일화
들을 단순히 배제하는 것은 너무 단순하게 생각하는 것이다. 헤겔은
『정신현상학』에서 "교양 있는 의식"에 관해 논의하면서 "선(한 것)과
고귀한 것의 현존을 ─지어낸 것이든 사실이든 ─ 하나의 개별적인 일
화로 표현(제시)하는 것은 그것에 관해 말할 수 있는 가장 신랄(辛辣)
한 일[das Bitterste]이다"(PG, 374)라고 말한다. 그러나 이 말의 의미
는, 복합적이고 난해한 철학의 사상(事象)들을 단 하나의 실례나 일화
로 간단히 표현할 수는 없다는 것이지, 철학함에 있어서 실례나 일화를
사용하는 것이 불필요하다거나 잘못된 일이라는 뜻은 아닐 것이다. 헤
겔은 「누가 추상적으로 사유하는가?」라는 이 글에서 실제로 다음과 같
은 일련의 일화들을 제시하고 있다.

(1) 어떤 살인범이 형장으로 끌려갔다. 그는 힘이 세고 잘 생겼고, 흥
미를 끄는 남자다. 그러나 "부인들"이 이렇게 말했을 때 대중은 분개했
다(제8단락).
(2) 어떤 시장(市長)은 작가들이 도(度)가 너무 지나쳐서 기독교와

---

8 "Sie steht daher nicht über ihrer Zeit, sie ist Wissen des Substantiellen ihrer
Zeit. Ebensowenig steht ein Individuum, als Sohn seiner Zeit, über seiner Zeit;
(…); niemand kann über seine Zeit wahrhaft hinaus, sowenig wie aus seiner
Haut"(*Vorlesungen über die Geschichte der Philosophie I*. TW 18, 74).

정의(正義) 모두를 완전히 근절하려고 했기 때문에 당황하게 되었다. ─왜냐하면 자살을 옹호하는 새로운 책이 쓰였기 때문이다. 이 책은 괴테의 『젊은 베아터의 고뇌』(*Die Leiden des jungen Werthers*)로 판명되었다(제9단락).

(3) 라이프찌히(Leipzig)에 있는 세련되고 감상적인 사람들은 처형 바퀴에, 그리고 그 바퀴 위에 묶여 있는 범죄자에게 화환(花環)[화관(花冠)]들을 뿌리기도 하고 묶기도 했다. 그들은 처형 바퀴를 제비꽃과 양귀비로 장식한다(제10단락).

(4) 어떤 노파가 살인범의 머리가 몸에서 떨어져 나간 후에 교수대 위에 놓인 것을 보았다. 태양이 그 머리 위를 비추고 있었다. "'하나님의 은혜로운 태양이 빈더의[Binders] 머리를 얼마나 아름답게 비추고 있는가!"라고 그녀는 외쳤다(제11단락).

(5) 그런데 시장에서 물건을 파는 또 다른 노파는 자기가 팔고 있는 달걀들이 상했다는 말을 들었다. 그리고 그는 장 보러 온 여인과, 그녀의 아버지, 그리고 프랑스인과 사귀고 있는 그녀의 어머니 등에 관한 일련의 모욕적인 말들로 그녀에게 대답했다(제12단락)

(6) 프랑스인(人) 주인은 하인을 하인으로만 대하지 않는다. 그와 하인은 심지어 좋은 친구이기도 하다. 주인은 단지 한 줌의 코담배 향(香)을 들이맡고, 몇 시인지 보고서는, 그 밖의 모든 것은 하인이 돌보게 한다. 그는 하인에게 최근의 도시의 소식과 여자들에 대해 물어보며, 하인은 주인이 물은 것에 대해 자기가 알고 있는 것을 말할 수 있다. 프랑스인 주인에게 있어서 하인은 문제를 제기하고 자기의 의견을 가지고 주장할 수도 있다. 그리고 주인이 어떤 일을 하고자 할 때에는 명령으로 하는 것이 아니라 먼저 하인에게 자기의 의견을 논증하여 그를 설득해야 하며, 자기의 의견이 우위를 견지하고 있다는 것을 확신시킬 수

있는 충분한 말을 해 주어야 한다(제13단락).

(7) 프로이센의 군대에서 병사는 구타당할 수 있다. 말하자면 병사는 하층민이다. 왜냐하면, 구타당할 수 있는 수동적인 권리를 갖는 것이 하층민이기 때문이다. 그러므로 일반 병사는 장교에게는, 구타당할 수 있는 주체라는 이러한 추상물이다. 제복(制服)과 군도(軍刀)의 술[Porte d'épée]을 가진 신사는 구타당할 수 있는 이 주체와 관계하는 것이 분명하며, 이로 인해 자기를 악마에게 바치게 된다(제14단락).

헤겔은 「누가 추상적으로 사유하는가?」라는 논문 이외의 곳에서도 '추상(抽象)'과 '구체(具體)', 혹은 '보편(普遍)'과 '특수(特殊)'의 관계를 설명하기 위한 다음과 같은 예들을 들고 있다.

(1) 어떤 사람이 과일을 사러 식료품 가게로 갔다. 식료품 상인은 그에게 버찌, 배, 포도 등을 권했다. 그러나 그 사람은 그것들을 모두 거절했다. 왜냐하면 그는 과일을 찾고 있었기 때문이다.[9]

(2) 의사가 환자에게 과일을 먹으라고 권했다. 그 환자에게는 버찌, 혹은 자두, 혹은 포도가 제공되었는데, 그는 그것들을 모두 거절했다.

---

9 "보편자를 형식적으로 취해서 특수자 옆에 놓으면 그 자체가 특수한 것으로 되기도 한다. 이러한 입장은 일상적인 생활의 대상들에 있어서 자연히 부적절하고 서투른 일(어울리지 않는 일)로 눈에 띄게 될 것이다. 예컨대 과일을 요구하는 사람이 버찌, 배, 포도 등을 물리치는 경우가 그러하다. 왜냐하면 그것들은 버찌, 배, 포도이지, 과일이 아니기 때문이다"("Das Allgemeine, formell genommen und neben das Besondere gestellt, wird selbst auch zu etwas Besonderem. Solche Stellung würde bei Gegenständen des gemeinen Lebens von selbst als unangemessen und ungeschickt auffallen, wie wenn z.B. einer, der Obst verlangte, Kirschen, Birnen, Trauben usf. ausschlüge, weil sie Kirschen, Birnen, Trauben, nicht aber Obst seien." *Enzyklopädie der philosophischen Wissenschaften I*. TW 8, 59 §13 Anm).

왜냐하면 그는 과일을 먹으라는 말을 들었기 때문이다.[10]

　이 예의 경우, 일상적인 이해에 따르면 우리 눈앞에 있는 버찌, 배, 자두, 포도 등과 같은 '개별적인' 과일들이 '구체적인' 것들이고, '과일'이라고 하는 '일반자' 내지 '보편자'는 추상적인 것이다. 그러나 헤겔의 관점에서 보면 이와는 반대로, 우리 눈앞에 있는 개별자들은 일반자(보편자)로부터 떨어져 존재하는 추상적인 것이고, 전자는 자신 속에 (논리적으로는) 무한한 원소의 개별자들을 포함하고 있는 보편자, 즉 구체적 보편자다.

　위의 예는 우리로 하여금 동양의 명가(名家)의 사상을 떠올리게 한다. 명가에서 제시한 명제 가운데 "흰 말은 말이 아니다(白馬非馬)"라는 명제가 있다. 이 진술은 옳은 진술인가 그른 진술인가? 여기서 핵심은, '이다' 혹은 '아니다'를 '동치(同値)' 관계를 나타내는 것으로 보는가 아니면 '포함관계'를 나타내는 것으로 보는가 하는 것이다. 그래서 예

10　"그러므로 누군가가 그 어떤 철학을 연구하거나 자기 것으로 삼았다고 한다면(그것이 어떤 철학이든 간에), 이로써 그는 철학을 자기 것으로 삼은 것이다. 철학이 지니고 있는 단순한 상이성을 고수하고, 보편자(보편적인 것)가 실제로 존재하는 특수성을 혐오하거나 그 때문에 불안해하면서 이러한 보편성을 파악하거나 인정하려 하지 않는 저 핑계(변명)와 공허한 추론[räsonnement]을 나는 다른 곳에서 환자와 비교한 바 있다. 즉, 의사가 환자에게 과일을 먹으라고 권유하고 그에게 버찌나 자두나 포도를 제공한다. 그러나 그 환자는 융통성이 없어서(사소한 일에 얽매여서) 그것들을 먹지 않는다. 왜냐하면 이 과일들의 어떤 것도 과일은 아니고, 어떤 것은 버찌고, 또 어떤 것은 자두이거나 포도이기 때문이다"("Jenes Ausreden und Räsonnement, das sich an die bloße Verschiedenheit festhält und aus Ekel oder Bangigkeit vor der Besonderheit, in der ein Allgemeines wirklich ist, nicht diese Allgemeinheit ergreifen oder anerkennen will, habe ich anderswo mit einem Kranken verglichen, dem der Arzt Obst zu essen anrät und dem man Kirschen oder Pflaumen oder Trauben vorsetzt, der aber in einer Pendanterie des Verstandes nicht zugreift, weil keine dieser Früchte Obst sei, sondern die eine Kirschen, die andere Pflaumen oder Trauben." *Vorlesungen über die Geschichte der Philosophie I*. TW 18, 37).

컨대 "흰 말은 말이다(白馬是馬)"라는 진술에서, '이다'를 동치관계에 관련된 것으로 보면, 이 진술은 그르지만, ―따라서 이 경우에는 "흰 말은 말이 아니다(白馬非馬)"라는 진술이 옳은 진술이 된다 ―포함관계에 관련된 것으로 보면 옳은 진술이 된다. ―따라서 이 경우에는 "흰 말은 말이 아니다(白馬非馬)"라는 진술은 그른 진술이 된다.

위의 예 (1)과 (2)에 있어 '과일'이라는 것은 실제로는 '과일 가운데 일부'를 가리킨다. 물론 우리는 전체를 부분과 동일시해서는 안 된다. 그러나 일상 언어에서는 전자의 표현으로 후자를 가리키는 경우가 많은 것이 사실이다.

현대철학에서 현상학적 존재론의 길을 개척한 하이데거(Martin Hei-degger, 1889–1976)도 「누가 추상적으로 사유하는가?」라는 헤겔의 글을, "내 생각으로는 그 사유의 진행 방식이라는 관점에서 볼 때, 독일관념론 철학 및 철학 일반에 이르는 가장 좋은 입문서로서 기꺼이 거듭하여 인용한다"[11]고 말함으로써 그 가치를 인정하고 있다.

헤겔의 이 글은 노르트라인-베스트팔렌 판으로 7쪽에 불과한 글로서, 200여 년 전에 쓰인 글이지만 마치 오늘날에 쓰인 것처럼 ―물론 이 글이 함의하고 있는 내용은 심오하지만 ―편안하게 읽을 수 있다. 나는 이 글의 이해를 위해 우선 "Wer denkt abstrakt?"라는 헤겔의 텍스트를 직접 번역하여 앞에 제시하여 전체의 내용을 독자가 살펴볼 수 있도록 하였고, 이에 뒤이어 텍스트에 대한 해석과 해설을 각 단락별로 덧붙임으로써 독자들의 이해를 돕도록 하였다. 총 14단락으로 구성된 이 글은 크게 두 부분으로 나눌 수 있다. 첫 번째 부분은 제1단락에서 제7단락까지인데, 여기서는 추상적인 사유란 무엇인지에 관해서 말하

---

11 Martin Heidegger, *Schellings Abhandlung über das Wesen der menschlichen Freiheit (1809)*, hg. v. Hildegard Feick, Tübingen, 1971, 96.

고 있다. 두 번째 부분은 제8단락부터 마지막 단락인 제14단락까지인
데, 여기서는 추상적으로 사유하는 사람들이 누구인지를 일곱 개의 실
례들을 들어 설명하고 있다.

　나는 특히 제1단락에서 제7단락까지의 이해를 위해, 거기에 등장하
는 핵심 개념들에 대한 상세한 해설을 먼저 하였다. 왜냐하면 제7단락
까지는 예컨대 ‘사유’, ‘추상(적)’이라는 용어가 반복해서 등장하고,
‘형이상학’, ‘교양’, 그리고 ‘양심’이라는 주요 개념들이 사용되면서 이
후의 본격적인 일화의 이해를 위한 예비 작업이 이루어지고 있기 때문
이다. 주요 개념들에 대한 설명이 이루어진 후, 제1단락부터 제14단락
까지의 해설이 이어진다. 제7단락까지의 해설에서는, 앞서 이루어진 주
요 개념들에 대한 해설에서 등장했던 내용들이 부분적으로 중첩되어
등장하며, 따라서 이미 이루어진 해설을 통해 제7단락까지의 내용을 잘
이해할 수 있을 것이라 생각하여 긴 해설을 피하였다. 그리고 나는 이
어 제8단락부터 마지막 단락인 제14단락까지는 일화와 연관하여 좀 더
자세한 해설을 하였다. 물론 독일어 원문에는 단락 구분만 되어 있을
뿐, 단락을 나타내는 숫자가 붙어 있지는 않다는 점을 밝혀 둔다. 아울
러, 헤겔의 원문으로부터 인용한 문장 뒤의 괄호 속에 있는 숫자들 중
앞의 것은 단락을, 뒤의 것은 행을 가리킨다는 점을 밝혀 둔다. 그리고
원문 및 그 번역문에 앞서, 헤겔의 집필 의도와 집필 장소 및 시기 등,
텍스트에 관련된 몇 가지 사항에 대해 언급해 두었다. 철학을 전공하지
않는 일반 독자들은 이 부분을 건너뛰고 읽어도 좋을 것이며, 텍스트
해설도 우선, 일화들이 소개되는 제8단락부터 마지막 단락까지를 읽은
후에, 다시 처음으로 돌아와 주요 개념들에 대한 해설과 제7단락까지의
해설을 읽는 순서를 택하면 좋을 것이다.

　끝으로, 이 저술이 나오게 된 배경에 대해 잠시 언급하고자 한다. 필

자는 2003년 9월 27일에 한국 헤겔학회의 월례 발표회에서, 국내에서는 처음으로 헤겔의 이 글에 대한 연구 논문을 발표한 바 있다.[12] 그리고 연구 결과는 그 해에 철학회지[13]에 실렸다. 당시에 많은 헤겔 연구자들은 이 작은 에세이와도 같은 소논문에 별 관심들을 갖지 않았던 것 같다. 그러나 필자로서는 이 논문이 헤겔철학의 핵심 개념들 가운데 하나인 '추상'과 '구체'라는 개념을 다루고 있다는 점에서 눈여겨보지 않을 수 없었고, 이 점에 착안하여, 헤겔의 이 논문과 그의 『논리학』, 그리고 『정신현상학』에 나타난 추상 및 구체 개념과 연관하여 논의를 펼쳤던 것이다. 그리하여 본 저술이 나오게 된 데에는 무엇보다도 필자의 선행연구가 결정적인 도움이 되었다.

아무쪼록 이 글을 통해 헤겔의 핵심 사상 가운데 하나인 〈추상〉과 〈구체〉, 〈반성〉, 〈사변〉 등의 개념의 정확한 의미를 파악할 수 있게 되고, 궁극적으로는 우리 모두가 구체적이고 총체적인 사유를 하게 됨으로써 우리 각자가 살고 있는 사회를 아름답고 훌륭한 사회로 만드는 데 일조할 수 있기를 바란다. 어려운 출판 여건에서도 흔쾌히 출판을 맡아주신 서광사의 이숙 부사장님과 김찬우 상무님께 감사의 마음을 전한다.

2017년 10월에

백훈승

---

12 당시 나의 논문에 대한 논평은 안재오 교수가 맡아 주었고, 논평문은 http://cafe.daum.net/hegel에서 찾아볼 수 있다.

13 「누가 구체적으로 사유하는가? 헤겔과 총체적 사유」, 『범한철학』 제30집 (249-270), 2003. 나의 저술은 이 논문에 힘입은 바 크며, 이 논문으로부터 가져오는 내용들은 별 다른 인용 처리를 하지 않을 것이다.

: 작품 소개: 논문의 작성 연대 및 장소, 헤겔의 의도

이 논문은 헤겔의 저작에서 거의 유일한 종류에 속하는 작품이며 즉흥적으로 쓴 글인데, 철학적·학문적인 글이라기보다는 풍자적인 색조(色調)를 띠고 있는 작품이지만, 결정적으로 철학적인 명제들을 포함하고 있다.[1] 이 글은 원고(原稿)의 형태로 전해졌다. 벤홀트-톰젠(Anke Bennholdt-Thomsen)[2]에 의하면, 헤겔이 이 글을 출간했는지의 여부, 그리고 출간했다면 언제 했는지—만약에 출간했다면, 아마도 신문이나 잡지를 통해 했을 텐데—는 오늘날까지 알려져 있지 않다(BT, 165). 이 작품은 헤겔 사후 회어스트(D. F. Först)와 보우만(D. L. Bou-

1 Walter Jaeschke, *Hegel Handbuch. Leben-Werk-Wirkung*, Stuttgart, 2003, 200 참조.
2 베를린 자유대학의 독일 및 네덜란드 문헌학과[Institut für Deutsche und Niederländische Philologie] 교수로서, 그녀는 1969년에 바로 이 헤겔의 글의 문체 분석을 시도하였고, 필자도 그녀의 연구에 힘입은 바 크다. 그녀의 논문은 다음과 같다. "Hegels Aufsatz: Wer denkt abstract? Eine Stilanalyse," in: *Hegel-Studien 5*, Bonn, 1969, 165-199. 앞으로 이 글로부터의 인용은 'BT'로 줄이고 쪽수만 덧붙인다.

mann)에 의해 1835년에 간행된 헤겔전집["고인 친우회에 의한 전집".
속칭 친우회(親友會)판] 중 제2권인 *Vermischte Schriften* 속에 포함되
었다.[3] 수고(手稿) [수정(가필)된 최초의 문서]는 유고(遺稿)로 발견되
었다.

　1835년의 전집 제2권에서 이 논문은 "여러 가지가 섞여 있는 내용으
로 된 여섯 편의 논문들"[4] 가운데 두 번째 논문으로 실려 있다. 그런데
헤겔 전집의 최초의 발행인들은 수고(手稿)에 있는 "프로이센의"[preus-
sischen] 군대라는 표현을 "오스트리아의"[österreichischen]로 바꿨는
데, 그것은 정치적인 고려에서였다. 그 이후의 모든 발행인들도 이를
따랐다. 그러나 오히려 이러한 사실은 바로, 이 논문이 베를린 시절에
쓰이지 않았다는 증거라고 할 수 있다. 왜냐하면, 헤겔 자신이 프로이
센의 군대를 부정적인 예로 감히 인용하지는 않았을 것이기 때문이다
(BT, 193 참조). 글록크너(Hermann Glockner, 1896-1979)[5]에 의해
편찬된 기념판[Jubiläumsausgabe][6]은 이 논문을, 옛 판본을 사진으로
복사하여 베를린 시절의 여러 저술들[Vermischte Schriften aus der
Berliner Zeit][7]이라는 표제를 지닌 저술들의 제20권(1930) 속에 배열
하고 있다. 그는 이 글을 "베를린 시기의 마지막 몇 년 간 지역 신문에

3　Hegel, *Werke. Vollständige Ausgabe durch einen Verein von Freunden des
Verewigten*, Bd 17. Berlin, 1835, 400-405.

4　그 밖의 다섯 편의 논문들은 「독일문예잡지의 격률들」("Maximen des Journals der
deutschen Literatur"); 「렛싱과 그의 아내의 서신 교환에 대하여」("Über Lessings
Briefwechsel mit seiner Frau"); 「발렌슈타인에 대하여」("Über Wallenstein"); 「변심
자들에 대하여」("Über die Bekehrten"); 「영국의 개혁 법안에 대하여」("Über die
englische Reformbill")이다.

5　독일의 철학자로 신헤겔주의의 중요한 대표자다.

6　이 기념판은 1927년부터 1940년에 걸쳐 총 24권으로 간행되었다.

7　Bd. 20. Stuttgart, 1930, 3 Aufl. 1958, 445-450.

기고한 네 개의 문예물들(가벼운 비평들)에 포함시켰다. 그러나 글록크
너는 "불행하게도 정확한 출판지는 내가 모른다"고 인정했다. 여기서
이 글은 "소논문들"[Kleine Aufsätze]이라는 표제 하에 「렛싱과 그의 아
내의 서신 교환에 대하여」, 「발렌슈타인에 대하여」, 「변심자들에 대하
여」에 앞서 첫 번째로 실려 있다.[8] 로젠크란쯔(Karl Rosenkranz, 1805-
1879)[9]는 이 글에 대해 짧게 논의하며, 이 글이 "헤겔이 (…) 베를린 방
식에 얼마나 많이 빠져 있었는지를"[10] 보여 준다고 말함으로써, 이 글이
베를린 시절에 쓰였다고 주장한다.

　그 이후 호프마이스터(Johannes Hoffmeister, 1907-1955)에 의해 출
간된 전집(Hegel-Ausgabe der Philosophischen Bibliothek)에서 이 논문
은 더 이상 베를린 시절의 저술들(Berliner Schriften 1818-1831, Ham-
burg, 1956) ─ 헤겔의 『1818년에서 1831년에 이르는 베를린 시절의 저
술들』(Berliner Schriften: 1818-1831, 1956)이라는 그의 비판적 판본이
글록크너의 것보다 훨씬 더 포괄적이다(800쪽 대 550쪽) ─ 속에 포함
되지 않는다. 각주에서 그는 이 글이 헤겔의 예나 시절(1807/08)에 속
한다고 말한다.[11] 그러나 이것은 그답지 않은 실수다. 즉, 1807년 초에

8　Vorwort zu *Vermischte Schriften aus der Berliner Zeit*, 1930 (Werke. Jub.aus-
gabe, Bd. 20) XIX(BT, 165 f. 참조).

9　헤겔의 제자로, 헤겔 관련 저술로는 『헤겔의 생애』(*Georg Wilhelm Friedrich Hegels
Leben*, Berlin 1844), 『독일의 국가 철학자 헤겔』(*Hegel als deutscher Nationalphilos-
oph*, 1870), 『헤겔의 『철학강요』 해설』(*Erläuterungen zu Hegels Encyklopädie der
philosophischen Wissenschaften*, 1871) 등이 있다.

10　"Wie sehr Hegel nach dieser heiteren, witzwortigen Seite hin auf die Berliner
Manier einging, (…)"(Karl Rosenkranz, *Georg Wilhelm Friedrich Hegels Leben*, Mit
einer Nachbemerkung zum Nachdruck 1977 von Otto Pöggeler, Darmstadt, 1977,
355.

11　J. Hoffmeister, *Hegel: Berliner Schriften*, Hamburg, 1956, XIII, Vorwort,
Fußnote.

헤겔은 밤베르크로 갔고, 1808년에는 뉘른베르크로 갔다. 그리고 예나를 떠나기 전인 1807년의 첫 몇 주 동안에 그는 이 글을 쓸 만한 시간도 마음의 평화도 갖지 못했던 것이다. 호프마이스터는 자기가 로젠크란쯔나 글록크너보다 훨씬 더 이른 것으로 이 논문의 연대를 추정하는 이유를 제시하지 않고 있다. 아마도 코체부(August von Kotzebue, 1761-1819)[12]의 명예를 실추시키는 언급[13]이 코체부가 독일의 신학생[14]에 의해 단도에 찔려 죽기 전의 시기를 암시하는 것으로 보인다.[15] 호프마이스터가 편찬한 전집에는 글록크너가 인용하고 있는 네 편의 논문들 가

---

12   'Kotzebue'에서의 'e'는 묵음(默音)이고, 그 대신 'u'가 장음이다. 즉, 우리말 발음은 '코체부에'가 아니라 '코체부'다. 코체부는 1761년 바이마르에서 태어났다. 1781년 예나대학을 졸업한 그는 러시아로 가서 기대하지도 않았던 경력을 쌓게 되었다. 즉, 그는 1785년 러시아 황제로부터 귀족 작위를 받았을 뿐만 아니라 러시아 귀족 딸과 결혼함으로써 막대한 부도 상속받게 되었다. 극작가로 활동했던 코체부는 200편이 넘을 정도의 많은 작품을 썼다. 그의 대표 작품으로는 1803년에 발표된 『소도시의 독일인』(Die deutschen Kleinstädter)을 들 수 있다. 이렇게 연극 작가로 활동했던 코체부는 1818년부터 정치적 문제를 공식적으로 거론하기 시작했다. 즉 그는 1818년부터 『문예주간지』(Literarisches Wochenblatt)를 독자적으로 발간했고, 거기서 루덴의 민족운동을 신랄하게 비판했다. 그의 견해에 따를 경우, 독일 민족은 민족운동을 활발하게 전개하더라도 통합 국가를 형성할 수 없다는 것이었다. 아울러 프랑스 혁명, 얀의 체조연맹[Turnverein]을 중심으로 한 새로운 청소년 운동과 대학생 학우회의 활동에 대해서도 비판하였다. 한 마디로 말하면 그는 독일대학 내의 '자코뱅주의' 경향을 러시아 정부에 알리는 첩자(諜者)였고, 독일 전역에 퍼지고 있던 모든 개혁안을 드러내 놓고 반대한 사람이었다(백훈승, 『헤겔 『법철학』 강요(綱要) 해설: 〈서문〉과 〈서론〉』, 서광사, 2016, 40-43).

13   이것은 제10단락에 등장하는 "코체부(Kotzebue)풍(風)의 화해[eine Kotzebuische Versöhnung]이며, 감상주의와 악함 사이에 이루어진 일종의 경박한 타협"이라는 표현을 가리킨다.

14   잔트(Karl Ludwig Sand, 1795-1820)를 가리킨다. 그는 예나대학의 신학생으로, 1819년 3월 23일 극작가인 코체부를 만하임(Mannheim)의 그의 집에서 네 번의 단도질로 살해했다.

15   Hegel-by-HyperText Home Page@marxists.org.

운데 「변심자들에 대하여」라는 글만이 실려 있다. 그 논문은 호프마이스터가 서문[Vorwort]의 각주(XIII)에 쓰고 있듯이, "예나 시절의 소저(小著)들"[Kleine Jenaer Schriften]에 포함되어야 했다. 호프마이스터는 다음과 같이 쓰고 있다: "그리하여 「발렌슈타인에 대하여」라는 글은 필적(필체)의 증거를 토대로 하여 볼 때 프랑크푸르트 시절(1800년)까지 (…) 그리고 「누가 추상적으로 사유하는가?」라는 논문은 예나 시절(1807/1808)까지 소급될 수 있다." 글록크너는 아마도 이 진술을 토대로 하여 기념판의 제3판 서문에서, 위에 말한 네 편의 문예물이 "베를린 후기 시절"(Bd. 20, 1930, XIX)에 성립된 것이라는 주장을 부정하고 연대 확인 문제를 미해결 상태로 남겨 놓은 것으로 보인다.

바이어(Wilhelm Raimund Beyer, 1902-1990)는 호프마이스터가 "자세한 근거도 제시하지 않고" 헤겔의 이 저술을 예나 시기 속에 편입시킨다고 비판한다. 바이어는, 헤겔이 이 논문을 실제로는 뉘른베르크 시절에 썼다고 추론하게 하는 근거들을 찾아서 발견한다. 그는 다음과 같은 점을 지적한다. 즉, 살인범과의 비교는 헤겔의 예나 시절에도 들어맞을 수 있다. 왜냐하면 헤겔은 프랑스인들이 예나를 점령했을 때 살인범이 처벌받을 "권리[Rechts]" 문제를 세밀하게 손질했기 때문이다. 그러나 시장의 여인과의 비교, — 시장의 여자 상인은 추상적으로 불평(모욕)한다 — 그리고 전체의 이야기는 예나와 맞지 않는다. 왜냐하면 예나에서 헤겔은 하인들에 대해서, 그리고 하인들이 프랑스 점령군과 갖는 관계에 대해서는 아주 적은 경험만을 얻을 수 있었기 때문이다.[16] 문체나 서술, 그리고 불평(모욕)하는 말들에 대한, 삶에 밀접한 묘사로 볼 때, 이 논문에 나오는 사건은 뉘른베르크 시절 이후에 일어났을 수

---

16   Ebd.

있다. 헤겔은 뉘른베르크에서, 오늘날까지도 잘 알려진 뉘른베르크의 시장(市場)의 여인들의 불평(모욕)의 방식을 체험할 수 있었고, 당시에 그의 가정 일을 도와주던 두 명의 하인들을 통해서 경험들을 모을 수 있었다.[17]

구(舊)소련에서 1956년에 간행된 『철학의 물음들』(*Waprossi filasso-fii*)이라는 잡지(제6호, 138-140)에서도 헤겔의 이 논문이 번역되어 소개되었는데, 편집자는 여기(138쪽)에서, 헤겔이 이 논문을 베를린에서 "그의 말년에" 썼다고 언급했다. 슈틸러(Gottfried Stiehler, 1924-2007) 역시, 헤겔이 이 논문을 베를린 시절에 쓴 것이 분명하다고 생각했다.[18]

그러나 이 논문은 1969년 이래 간행된 수어캄프판 전집에서는 예나 시절의 저술들 속에 포함되어 있는데, 수고(手稿)와 1835년의 전집의

---

17 Gentscho Dontschev, "Wer denkt abstrakt und die Phänomenologie des Geistes," in: *Hegel-Studien Bd. 12*, Bonn, 1977 (190-200), 191 f. 참조. 더 자세히 말하면, 바이어는 다음과 같은 이유들을 제시하고 있다. "1. 이 텍스트를 쓸 때에는 프랑스의 점령에 대한 기억이 현존했었음이 분명하거나 아니면 여전히 가지고 있었어야 한다. 2. 청년의, 신선한 문체를 주목해야 한다. 3. 뉘른베르크의 중앙 시장에서 오늘날에도 수다 떨며 돌아다니는 시장 여자 상인들이 저자의 기억 속에 있었음이 분명하다. 4. 하인과의 생활에 밀접한 경험들을 처리할 수 있었음이 분명하다. 이 모든 것은 헤겔의 뉘른베르크 시절에 들어맞는다. 그런데 1-3까지는 밤베르크(Bamberg) 시절에도 해당되지만, 4번의 경우, 즉 하인의 구매 풍습에 대한 지식에 있어서만은 밤베르크 시절에 대해, 헤겔이 "신문 판매대"로 갈 때마다 야채 시장을 지나갔던 사실 외에 그 어떤 추가적인 근거도 알지 못한다고 바이어는 주장한다. 그리고 헤겔의 장모의 편지로부터 증명되듯, 뉘른베르크에서 헤겔은 결혼 이후 두 명의 하인을 두었다는 사실이 알려져 있다"(Wilhelm Raimund Beyer, *Zwischen Phänomenologie und Logik. Hegel als Redakteur der Bamberger Zeitung*, Köln, 1974, 130).

18 G. Stiehler, "Die Methode des Aufsteigens vom Abstrakten zum Konkreten bei Hegel und Marx," in: *Hegel-Jahrbuch* 1961. Halbband 2. München, 1961, 44 참조. 그리고 Gentscho Dontschev, ebd., 191 참조.

표현에 있어 몇 군데에서 차이점을 보이고 있다. 그런데 그 사이에 호프마이스터의 연대 확인은 수정되었다. 그것은 킴멀레(Heinz Kimmerle, 1930-2016)가 필적 감정을 근거로 하여, 그리고 논문에 포함된, 『교양 계층을 위한 조간신문』(Morgenblatt für gebildete Stände)의 현상 모집 ─현상 모집 원고 접수는 1807년 1월 2일부터 시작되고, 원고 마감일은 1807년 7월 1일로 언급되었다 ─에 대한 언급을 근거로 하여, 원고 작성 시기를 "빨라도 1807년 4월부터 7월 1일로", 따라서 작성 장소도 밤베르크로 추측할 수 있다고 주장했기 때문이다.[19] 바이어도 킴멀레의 연구 결과에 의한 날짜 및 장소 확정이 결정적인 것이 될 수 있음을 인정하고 있다.[20] 그런데 헤겔의 이 텍스트는 현상 공모를 위한 기고문으로 생각될 수 없었다. 왜냐하면 이 텍스트는 규정들 ─운(韻)을 맞

---

19 Heinz Kimmerle, "Zur Chronologie von Hegels Jenaer Schriften," in: *Hegel-Studien. Bd 4*, Bonn, 1967 (125-176), 173 f. 참조. 그리고 GW 5, 678 f.와 GW 8, 360 참조. 『교양 계층을 위한 조간신문』은 1807년 1월 1일부터 간행되었다. 그리고 바이어에 의하면 헤겔은 1807년 3월 1일부터 밤베르크 신문을 편집했다(Beyer, ebd., 33 참조).

20 Beyer, ebd., 130 f. 참조. 그러면서도 바이어는 여전히 다음과 같은 의문점들을 제기한다. 즉, 헤겔은 밤베르크에서, 좌절된 계획들에 대해 가장 짜증이 난 상태에서 화가 나고 굶주리면서, 그리고 의욕 없이 이리저리 돌아다녔을 것이다. 그리고 단지 완전히 몰락하지 않기 위해서 어쩔 수 없이 신문사 편집장직을 수행하였다. 그리고 이제 이 언짢은 세상과 자기 자신에게 만족하지 못하고 당황한 헤겔이 갑자기 이와 같이 신랄(辛辣)하고 재미있는 고십작을 옹호해야만 하는가? 밤베르크에 있는 헤겔은 "훌륭한 사회", "고상한 사회"와 무슨 관계가 있는가? 그러나 헤겔은 걱정 속에서 은거하며, 불쾌해하며 기력을 잃고 생기 없이, 철학적 사유 없이 살았다. 우둔해진 헤겔은 이제 갑자기, 자기의 옛 주제들─예컨대 범죄자, 사형 판결을 받은 자, 십자가의 장미, 하인과 영웅 등과 같은 ─을 세련된 철학적 형태로 시사성(時事性) 있게 변화시키는, 쾌활하고, 멋지고 대담하게 끌어올린 논문의 저자가 되어야 하는가? 맑스주의가 결코 함께 만들지 않은, 헤겔에 대한 옛 동화들은 붕괴된다. 정신 차린 고찰만이 이러한 평가의 오류들을 바로 잡을 수 있다고 바이어는 말한다(Beyer, ebd., 131 참조).

추어야 함, 그리고 주제는 '이기주의'임 —을 충족시키고 있지 못하기 때문이다. 그리고 헤겔이 이 텍스트를 출간하지 않은 이유는 —적어도 출간되지는 않았는데, 연구에 의해서도 출간된 사실은 확인되지 않았다 —확실하게 알려지지 않고 있다.[21]

글록크너는, 「누가 추상적으로 사유하는가?」라는 문예물은 특히 강조되어야 한다. 왜냐하면, 여기서 헤겔은 자기 철학의 중심 문제를 장난기 있는 능숙함으로 18세기의 풍으로 유머스럽게 다루고 있기 때문이다"[22]라고 말하며, 로젠크란쯔에 의하면 헤겔은 이 글로 "사회를 즐겁게" 해 주려고 했다. 로젠크란쯔는 다음과 같이 말한다: "평범한(천박한) 노파가 교수대 위에 놓인 살인범의 잘린 머리에 햇빛이 비치고 있을 때, '하나님의 은혜로운 태양이 빈더의[Binders] 머리를 얼마나 아름답게 비추고 있는가!' 라고 외치는 것을 살펴볼 때에 일어나는, 형이상학, 농담, 풍자, 아주 날카로운 풍자, 그리고 실로 놀랄 만한 유머가 얼마나 진기하고 탁월하게 섞여 있는지! 이 논문으로 헤겔은 사회를 즐겁게 해 주려고 했다. 그리고 이런 연관에서 볼 때, 그가 거기서 택한 길은 아주 매력적이다. (…) 그는 여러 예들을 통해서 사태를 명확하게 하기 시작한다."[23] 이에 반(反)해 애쉬케는 헤겔이 이 글로 사회를 즐겁게 해 주려고 했다기 보다는 사회를 계몽하려고 한 것으로 본다.[24]

헤겔은 당대의 사회가 추상적으로 사유한다는 것을 자기의 독자에게 알리려는 의도를 가지고 있었다. 그런데 이러한 사실은, 그들이 추상적

---

21   GW 5, 679 f. 참조.

22   Werke. Bd 20. 3. Aufl. 1958. XVI.

23   Karl Rosenkranz, *Georg Wilhelm Friedrich Hegels Leben*, Mit einer Nachbemerkung zum Nachdruck 1977 von Otto Pöggeler, Darmstadt, 1977, 355.

24   Jaeschke, ebd. 참조.

사유가 무엇인지를 알고 있다는 것을 전제한다. 따라서 헤겔이 취하고 있는 절차는 두 가지의 관점에 의해 인도된다: 우선 그는 추상적인 것과 사유에 대해서 사회를 계몽해야만 한다. 그리고 두 번째로는 사회 자체가 가지고 있는 추상적인 사유 및 더욱이 사회 자체를 계몽해야만 한다. 따라서 그는 논문의 첫 부분(1-7단락)에서, 사회가 사유에 관해서 추상적으로 사유한다고, 그리고 두 번째 부분(8-14단락)에서는 사회가 사회 자신에 관해서 추상적으로 사유한다고 폭로한다. 그러므로 첫 번째 부분은 본질적으로, 추상적인 사유란 무엇인가? 라는 물음을 향하고 있고 두 번째 부분은, 누가 추상적으로 사유하는가? 라는 물음을 향하고 있다(BT, 169).

헤겔의 텍스트

1. 독일어 원문

WER DENKT ABSTRACT?

2. 우리말

누가 추상적으로 사유하는가?

WER DENKT ABSTRACT?[1]

1

Denken? Abstract? — **Sauve qui peut!** Rette sich, wer kann! — So höre ich schon einen vom Feinde (des bl. Bl.) erkaufften Verräther ausruffen, der diesen Aufsatz dafür ausschreyt, daß hier von Metaphysik die Rede seyn werde. Denn Metaphysik ist das Wort, wie Abstract und beynahe auch Denken ist das Wort, vor dem, jeder, mehr minder,[2] wie vor einem mit der Pest behaffteten davon läufft.

---

1 헤겔이 이 글을 쓴 19세기 초의 독일어 표현은 현대 독일어 표현과 몇 가지 다른 점이 있다. 예컨대 Sein은 Seyn으로, Satire는 Satyre, Beispiel은 Beyspiel, gemeint는 gemeynt로, Meinung은 Meynung 등으로 쓰였는데, 이는 i가 y로 쓰인 경우다. 오늘날엔 f가 하나인 것이 두 개의 f로 사용된 경우는 erkaufften, ausruffen(1, 2), behaffteten, läufft(1, 5), Gesellschafft(3, 5/ 3, 8), Straffe(10, 8/11, 7)등이고, k가 c로 쓰인 경우는 abstract(제목/1, 1/ 1, 4 등), concurriren(7, 4), Prädicate(13, 5), Canaille(14, 2와 3)이고, z가 c로 사용된 경우는 Erkennungs-scenen(3, 9-10), Officiere(12, 6/ 12, 13), Principal(13, 13)이고 h가 첨가된 경우는, Noth(2, 3), Räthsels(4, 2), Nahmen(4, 12), Christenthum(9, 9), thut(13, 4) 등이고, ie가 i로 쓰인 경우는 concurriren(7, 4), subsumirt (12, 10), 등을 들 수 있다. e가 빠진 경우는 Erinnre(9, 8), abgeschlagne (11, 2)이고, c가 빠진 경우는 Verwiklung(3, 7), aufdekte(3, 8), Überroks(4, 8), Flik(12, 8)이고, Stikerey(5, 16)는 c가 빠지고 ei는 ey로 표기된 경우다. d가 첨가된 경우는 tödten(11, 2)이다. Diß(4, 3/ 5, 1 등)는 Dies이고, itzt(9, 5)는 jetzt이며, schröklich(2, 3/9, 11)는 schrecklich이고, nemlich(3, 8)는 nämlich이다. 원문에 헤겔이 굵은 글씨로 강조한 것은 그대로 굵은 글씨로 표시하였고, 격자체(隔字體)로 강조한 것은 이탤릭체로 표시하였다.

2 Suhrkamp판에서는 'mehr oder minder'로 표기되었다.

누가 추상적으로 사유하는가?[1]

1

사유한다고? 추상적으로? — 할 수 있는 사람은 자신(自身)을 구하시오!(**Sauve qui peut!**) 그리하여 분명히(이미, schon) 나는, 적에게 매수된 배신자가 이렇게 외치는 소리를 듣고 있는데, 그는 이 논문에서 형이상학에 관해서 언급될 것이라고 소리쳐 알린다. 왜냐하면 형이상학은 추상적이라는 말이나 혹은 거의 또한 사유라는 말처럼, 누구든 많든 적든, 마치 페스트에 걸린 사람 앞에서와 마찬가지로 그로부터 도망치는 그런 말이기 때문이다.

---

1 헤겔이 강조한 부분은 우리말에서는 모두 굵은 글씨(고딕)로 표시하였다.

2

Es ist aber nicht so bös gemeynt, daß, was Denken und was abstract sey, hier erklärt werden sollte. Der schönen Welt ist nichts so unerträglich, als das Erklären. Mir selbst ist es schröklich genug, wenn einer zu erklären anfängt, denn, zur Noth, verstehe ich alles selbst. Hier zeigte sich die Erklärung des Denkens und des Abstracten ohnehin schon als völlig überflüssig; denn gerade nur, weil die schöne Welt schon weiß, was das Abstracte ist, flieht sie davor. Wie man das nicht begehrt, was man nicht kennt, so kann man es auch nicht hassen.

3

Auch wird es nicht darauf angelegt, hinterlistigerweise die schöne Welt mit dem Denken oder dem Abstracten versöhnen zu wollen; etwa daß unter dem Scheine einer leichten Conversation das Denken und das Abstracte eingeschwärzt werden sollte, so daß es unbekannterweise und ohne eben einen Abscheu erweckt zu haben, sich in die Gesellschafft eingeschlichen,[3] und gar von der Gesellschafft selbst unmerklich hereingezogen, oder wie die Schwaben sich ausdrücken, hereingezäunselt worden wäre, und nun der Autor dieser Verwiklung diesen |[4] sonst fremden Gast,

---

3 Suhrkamp판에서는 ʾeingeschlichen hätteʾ로 표기되었다.
4 본문의 사이에 삽입되어 있는 일곱 개의 세로 선은 *Manuskript: Hegelsnachlaß Stiftung Preußischer Kulturbesitz — Staatsbibilothek Berlin* (Bd.3, acc. ms. 1889, 256. Bl. 29-32. S. 29a-32b)의 쪽이 변경되는 지점을 표시한다.

2

그러나 여기서 사유가 무엇인지 그리고 추상적인 것이 무엇인지 설명되어야 한다는 것에는 그리 나쁜 의도가 포함되어 있는 것이 아니다. 아름다운 세상에서는 설명하는 일만큼 참을 수 없는 것은 없다. 어떤 사람이 설명하기 시작하면, 나 자신도 그것을 아주 끔직한 것으로 생각한다. 왜냐하면 궁(窮)하게 되면 내 스스로 모든 것을 이해하기 때문이다. 여기에서는 사유가 무엇인지, 추상적인 것이란 무엇인지 하는 설명은 어쨌든 분명히 전적으로 불필요한 것으로 드러날 것이다. 왜냐하면 아름다운 세상은 추상적인 것이 무엇인지 분명히 알고 있다는 바로 그 이유만으로, 추상적인 것으로부터 도망치기 때문이다(추상적인 것을 피하기 때문이다). 우리는 우리가 알지 못하는 것을 욕망할 수 없는 것과 마찬가지로, 그것을 또한 싫어할 수도 없는 것이다.

3

아름다운 세상을 사유 혹은 추상적인 것과 교활하게 화해시키려는 것 역시 내가 의도하는 바가 아니다. 예컨대, 가벼운 대화를 가장하여, 결국 사유와 추상적인 것이 아무도 모르게, 그리고 곧바로 혐오감을 일으키지 않고 사회 속으로 몰래 숨어들어 오도록 감추어져야 한다는 것이, 그리고 심지어 그것들이 사회 자체에 의해 눈에 띄지 않고(감지되지 않고) 받아들여져야 하는 것처럼, 혹은 슈바벤 사람들이 표현하는 것처럼, 울타리 속으로 들어와야(포함되어야) 한다는 것이 내가 의도하는 바가 아니다. 또한 이제 이 복잡한 내용을 쓰고 있는 저자인 나는 이 낯선 손님을, 즉 사회 전체가 다른 호칭으로 마치 좋은 지인(知人)인 듯 대하고 인정한 추상적인 것을 드러내려는 의도를 갖고 있지 않다. 그것으로 말미암아 세상의 뜻에 반하여 세상을 가르쳐야 하는

nemlich das Abstracte, aufdekte, den die ganze Gesellschafft unter einem andern Titel als einen guten Bekannten behandelt und anerkannt hätte. Solche Erkennungsscenen, wodurch die Welt wider Willen belehrt werden soll, haben den nicht zu entschuldigenden Fehler an sich, daß sie zugleich beschämen, und der Maschiniste[5] sich einen kleinen Ruhm erkünsteln wollte; so daß jene Beschämung und diese Eitelkeit die Wirkung aufheben, denn sie stossen eine um diesen Preis erkauffte Belehrung vielmehr wieder hinweg.

4

Ohnehin wäre die Anlegung eines solchen Planes schon verdorben; denn zu seiner Ausführung wird erfordert, daß das Wort des Räthsels nicht zum voraus ausgesprochen sey. Diß ist aber durch die Aufschrifft schon geschehen. In dieser, wenn dieser Aufsatz mit solcher Hinterlist umginge, hätten die Worte nicht gleich von Anfang auftreten dürffen, sondern wie der Minister in der Komödie, das ganze Spiel hindurch im Überrocke herumgehen und erst in der letzten Scene ihn aufknöpfen und den Stern der Weisheit herausblitzen lassen müssen. Die Aufknöpfung eines metaphysischen Überroks nähme sich hier nicht einmal sogut aus, als die Aufknöpfung[6] des ministeriellen, denn was jene an den Tag brächte, wäre weiter nichts, als ein paar Worte; denn das Beste vom Spasse sollte ja eigentlich darin liegen, daß | es sich zeigte, daß die Gesellschafft längst im Besitze der Sache selbst war; sie gewänne[7] also am Ende nur den Nahmen, da hingegen der Stern des

---

5 Suhrkamp판에서는 ‘Maschinist’로 표기되었다.
6 Suhrkamp판에서는 ‘so gut aus wie die Aufknöpfung’으로 표기되었다.
7 Suhrkamp판에서는 ‘gewönne’로 표기되었다.

그러한 인식의 분야들은 다음과 같은 용서받지 못할 오류를 지니고 있다. 즉, 그것들은 세상을 가르치는 동시에 세상을 모욕하며 꼭두각시를 조종하는 사람은 거짓을 꾸며 작은 명성을 얻으려고 하지만 그러한 모욕과 이러한 허영심은 효과를 파괴한다. 왜냐하면 그것들은 이러한 값을 치르고 얻은 교훈을 오히려 다시 밀어 내치기 때문이다.

4

어쨌든 그러한 계획의 수립은 분명히 파괴될 것이다. 왜냐하면 그 계획을 실행하기 위해서는 수수께끼 같은 그 단어를 처음부터 말하지 않았어야 하기 때문이다. 그러나 이 글의 제목을 통해서 이미 이 일은 일어났다. 만약에 이 논문이 그러한 간계(奸計, 술책)를 부린다면 그 단어들은 이 논문의 시작부터 바로 등장할 수 없었을 것이고 오히려, 희극 속에 등장하는 장관(長官)이 극(劇) 중 내내 외투를 걸치고 주변을 맴돌다가 마지막 장면에 가서야 외투의 단추를 풀고 지혜의 별이 비춰지게 해야 하는 것처럼 했을 것이다. 여기서 형이상학의 외투의 단추를 푸는 일은 결코 장관의 외투의 단추를 푸는 일만큼 효과적이지 않을 것이다. 왜냐하면 그것은 더 나아가 약간의 말들(단어들)을 드러내 줄 뿐이기 때문이다. 그리고 실로 농담의 가장 훌륭한 부분은 본래, 사회가 문제 자체를 오랫동안 가지고 있었다는 사실이 드러난다는 점에 있어야 할 것이기 때문이다. 그래서 그들이 결국 얻게 될 것은 단지 이름에 불과한 반면에, 장관의 별은 더욱 현실적인 것, 즉 돈이 들어 있는 주머니를 뜻한다.

Ministers etwas reelleres,[8] einen Beutel mit Geld, bedeutet.

5

Was Denken, was Abstract ist, daß diß jeder Anwesende wisse, wird in guter Gesellschafft vorausgesetzt, und in solcher befinden wir uns. Die Frage ist allein danach, *wer* es sey, der abstract denke? Die Absicht ist, wie schon erinnert, sie nicht mit diesen Dingen zu versöhnen,[9] ihr zuzumuthen, sich mit etwas Schwerem abzugeben, ihr ins Gewissen darüber zu reden, daß sie leichtsinniger Weise[10] so etwas vernachlässige, was für ein mit der Vernunft begabtes Wesen rang und stands-gemäß sey. Vielmehr ist die Absicht, die schöne Welt mit sich selbst darüber zu versöhnen, wenn sie sich anders, eben nicht ein Gewissen über diese Vernach-lässigung macht, aber doch vor dem abstracten Denken als vor etwas Hohem einen gewissen Respect wenigstens innerlich hat, und davon wegsieht, nicht weil es ihr zu gering, sondern weil es ihr zu hoch, nicht weil es zu gemein, sondern zu vornehm, oder umgekehrt, weil es ihr eine **Espèce**, etwas Besondres zu seyn scheint, etwas, wodurch man nicht in der allgemeinen Gesellschaft sich auszeichnet, wie durch einen neuen Putz, | sondern wodurch man sich vielmehr wie durch ärmliche Kleidung, oder auch durch reiche, wenn sie auch aus alt gefaßten Edelsteinen, oder einer noch so reichen Stikerey besteht, die aber längst chinesisch geworden ist, von der Gesellschaft ausschließt, oder sich darin lächerlich macht.

---

8 Suhrkamp판에서는 'Reelleres' 로 표기되었다.

9 Suhrkamp판에서는 'nicht die, sie mit diesen Dingen zu versöhnen' 으로 표기되었다.

10 Suhrkamp판에서는 'leichtsinnigerweise' 로 표기되었다.

5

"현존하는 모든 사람은 사유가 무엇인지 그리고 추상적인 것이 무엇인지를 알아야만 한다는 사실은 훌륭한 사회에 전제되어 있다. 그리고 우리는 훌륭한 사회에 살고 있다. 문제는 단지, 추상적으로 사유하는 자가 누구인가 하는 것이다. 이미 언급한 것처럼 나의 의도는 훌륭한 사회를 이런 것들과 화해시키는 것이 아니며, 훌륭한 사회가 어려운 것을 다루기를 기대하는 것도 아니며, 이성을 부여받은 자의 신분과 지위에 적합한 그런 문제를 경솔하게 무시하지 않도록 훌륭한 사회의 양심에 호소하는 것도 아니다. 나의 의도는 오히려, 아름다운 세상이 이러한 무시에 대해서 달리 별다른 마음의 거리낌을 가지고 있는 것 같지는 않지만, 이러한 무시에 대해서, 아름다운 세상을 그 자신과 화해시키려는 것이다. 그러나 아름다운 세상은 여전히, 적어도 깊은 곳에서는, 추상적인 사유를 고상한 것으로 생각하는 어떤 존경심을 가지고 있다. 그리고 아름다운 세상이 추상적인 사유로부터 시선을 돌리는 이유는, 그것이 너무 미약(微弱)하게 보여서가 아니라 너무 고상한 것으로 보이기 때문이며, 그것이 너무 천박한 것으로 보여서가 아니라 너무 고귀하게 보이기 때문이며, 혹은 반대로 말하면 그것이 특별한 것으로 보이기 때문이다. 즉, 그것은 새 옷처럼 일반적인 사회 속에서 어떤 사람을 눈에 띄게 하는 어떤 것으로 보이지 않고, ―오히려 초라한 옷이나, 혹은 오랫동안 중국의 것이 되었던 고대의 거미발이 둘러진 보석들이나 아니면 더욱 화려한 자수물(刺繡物)로 장식된 화려한 옷[부자의 옷]처럼, ―어떤 사람을 사회로부터 배제하거나 사회 속에서 우스운 사람으로 만드는 그런 것으로 보인다."

6

Wer denkt abstract? Der ungebildete Mensch, nicht der gebildete. Die gute Gesellschafft denkt darum nicht abstract, weil es zu leicht[11], weil es zu niedrig ist, niedrig nicht dem äussern Stande nach, nicht aus einem leeren Vornehmthun, das sich über das wegzusetzen stellt, was es nicht vermag; sondern wegen der innern Geringheit der Sache.

7

Das Vorurtheil und die Achtung für das abstracte Denken ist so groß, daß feine Nasen hier eine Satyre oder Ironie zum voraus wittern werden; allein da sie Leser des Morgenblattes sind, wissen sie, daß auf eine Satyre ein Preis gesetzt ist, und daß ich also ihn lieber zu verdienen glaube und darum concurriren, als hier schon ohne weiteres meine Sachen hergeben würde.

8

Ich brauche für meinen Satz nur Beyspiele anzuführen, von denen jedermann zugestehen wird, daß sie ihn enthalten. Es wird also ein Mörder zur Richtstätte geführt. Dem gemeinen Volke ist er nichts weiter als ein Mörder. Damen machen vielleicht die Bemerkung, daß er ein kräfftiger, schöner | interessanter Mann ist. Jenes Volk findet die Bemerkung entsetzlich; was ein Mörder schön? wie kann [man] so schlecht denkend seyn, und einen Mörder schön nennen; ihr seyd wohl

---

11   Suhrkamp판에서는 'weil es zu leicht ist'로 표기되었다.

6

누가 추상적으로 사유하는가? 교양 있는 자[교육받은 자]가 아니라 교양 없는 자[교육받지 못한 자]다. 훌륭한 사회는 추상적으로 사유하지 않는데, 그 이유는 추상적인 사유는 너무 쉽고, ─외적인 지위에 따라서 볼 때 그런 것이 아니고, 자기를 자기가 할 수 없는 것 위에 두려는 공허한 겉치레의 고귀함 때문이 아니라, 사안(事案)의 내적 빈약함 때문에─너무 저차원적이기 때문이다.

7

추상적인 사유에 대한 선입견[편견]과 존경심은 너무 커서, 민감한 코는 이 지점에서 어떤 풍자(諷刺)나 반어(反語)의 냄새를 미리 맡을 것이다. 그러나 그들은 조의 조간신문[2]의 독자들이기 때문에, 풍자에 대한 상금을 줄 것이라는 사실과, 그렇기 때문에 내가 여기서 분명히 나의 일들을 거리낌 없이 포기하기보다는, 상금을 받을 수 있다고 믿고 상금을 받으려고 경쟁할 것이라는 사실을 알고 있다.

8

나의 명제를 위해서는, 그 예들이 나의 명제를 포함하고 있다는 사실을 누구나 인정할 몇 개의 예들을 인용하기만 하면 된다. 예컨대 어떤 살인범이 형장(刑場)으로 끌려간다. 보통 사람이 볼 때 그는 살인범에 불과하다. 여인들은 아마도, 그가 힘이 세고 잘 생기고 흥미를 끄는 남자라고 말할는지도 모른다. 보통 사람들은 이런 언급이 무시무시한 것

---

2 『교양 계층을 위한 조간신문』(*Morgenblatt für gebildete Stände*)은 1807년 1월 1일부터 간행되었다. 그리고 1807년 1월 2일에 풍자에 대한 현상 모집을 하였고, 마감일은 1807년 7월 1일이었다.

auch nicht viel besseres![12] Diß ist die Sittenverderbniß, die unter den vornehmen Leuten herrscht, setzt vielleicht der Priester hinzu, der den Grund der Dinge und die Herzen kennt.

9

Ein Menschenkenner sucht den Gang auf, den die Bildung des Verbrechers genommen, findet in seiner Geschichte schlechte Erziehung, schlechte Familienverhältnisse des Vaters und der Mutter, irgend eine ungeheure Härte bey einem leichtern Vergehen dieses Menschen, die ihn gegen die bürgerliche Ordnung erbitterte, eine erste Rückwirkung dagegen, die ihn daraus vertrieb, und es ihm itzt nur durch Verbrechen sich noch zu erhalten möglich machte. — Es kann wohl Leute geben, die wenn sie solches hören, sagen werden : der will diesen Mörder entschuldigen! Erinnre ich mich doch, in meiner Jugend einen Bürgermeister klagen gehört [zu haben], daß es die Bücherschreiber zu weit treiben, und Christenthum und Rechtschaffenheit ganz auszurotten suchen; es habe einer eine Vertheidigung des Selbstmordes geschrieben; schröklich, gar zu schröklich. — Es ergab sich aus weiterer Nachfrage, daß *Werthers Leiden* verstanden waren.

---

12 Suhrkamp판에서는 ‘etwas nicht viel Besseres!’로 표기되었다.

이라고 생각한다. 뭐라고! 살인범이 미남이라고? 어떻게 그렇게 사악
(邪惡)하게(불쾌하게, 부적절하게) 생각할 수 있는가? 그리고 어떻게
살인범을 미남이라고 부를 수 있는가? 그러나 물론 여러분 자신도 훨씬
더 나은 것은 아니다. 사물의 깊은 곳과 인간의 마음을 알고 있는 사제
(司祭)는, 이것이 상류층 인사들 사이에 널리 퍼져 있는 도덕의 타락이
라고 아마도 첨언할 것이다.

9

　　인간을 잘 아는 사람[인간 전문가]은 그 범죄자의 성장 과정을 추적
하여 다음과 같은 사실들을 발견한다. 즉, 그의 경력에서 그가 교육을
잘못 받았으며 아버지와 어머니의 가족 관계가 좋지 않았다는 점, 그리
고 이 사람이 어떤 사소한 잘못을 범했을 때 그 어떤 엄청난 가혹함을
당하게 되었고, 이 일이 그로 하여금 사회질서에 대해 격분하게 하였는
데, 사회질서에 대한 최초의 반응은 그를 사회로부터 몰아냄으로써, 이
제 그로 하여금 범죄를 통해서만 자기를 보호할 수 있도록 만들었다는
사실이다. 이런 이야기를 들을 때 다음과 같이 말할 사람들이 있을는지
도 모른다: "그는 이 살인범을 용서하고 싶어 한다!" 결국 나는 젊었을
때, 작가들이 너무 도(度)가 지나쳐서 기독교와 정의(正義) 모두를 완전
히 근절하려고 한다는 어떤 시장(市長)의 한탄을 들었던 일을 기억한
다. 그런데 자살을 옹호하는 글을 쓴 사람도 있다. 끔찍하다. 정말로 너
무 끔찍한 일이다! ― 계속해서 물음으로써, 그것이 『베아터의 고뇌』(괴
테, 1774)를 의미했다는 사실이 드러나게 되었다.

10

Diß heißt abstract gedacht, in dem Mörder nichts als diß Abstracte, daß er ein Mörder ist, zu sehen, und durch diese einfache Qualität alles übrige menschliche Wesen an ihm vertilgen. Ganz anders | eine feine empfindsame Leipziger Welt. Sie bestreute und beband das Rad und den Verbrecher, der darauf geflochten war, mit Blumenkränzen. — Diß ist aber wieder die entgegengesetzte Abstraction. Die Christen mögen wohl Rosenkreuzerey, oder vielmehr Kreutzroserey treiben, das Kreuz mit Rosen umwinden. Das Kreutz ist der längst geheiligte Galgen und Rad. Es hat seine einseitige Bedeutung, das Werkzeug entehrender Straffe zu seyn, verloren, und kennt im Gegentheil die Vorstellung des höchsten Schmerzes und der tiefsten Verwerfung, zusammen mit der freudigsten Wonne und göttlicher Ehre. Hingegen das Leipziger mit Veilchen und Klatschrosen eingebunden, ist eine oberflächliche, kotzebuische Versöhnung, eine Art liederlicher Verträglichkeit der Empfindsamkeit mit dem Schlechten.

11

Ganz anders hörte ich einst eine gemeine alte Frau, ein Spitalweib, die Abstraction des Mörders tödten und ihn zur Ehre lebendig machen. Das abgeschlagne Haupt war aufs Schaffot gelegt, und es war Sonnenschein; wie doch so schön, sagte sie, Gottes Gnadensonne Binders Haupt begläntz! — Du bist nicht werth, daß dich die Sonne bescheint, sagt man zu einem Wicht, über den man sich erzürnt. Jene Frau sah, daß der Mörderskopf von der Sonne beschienen wurde, und

10

이것이 추상적인 사유다. 즉 그가 살인범이라는 이 추상적인 사실을 제외하고는 그 살인범 속에서 아무것도 보지 않는 것, 그리고 이런 단순한 성질을 가지고, 그 사람에게 있는 그 밖의 모든 인간적인 본질을 지워 버리는 것이다. 라이프찌히에 있는 세련되고 감상적인 사람들에게 있어서는 상황이 아주 다르다. 거기서 그들은 처형 바퀴에, 그리고 그 바퀴 위에 묶여 있는 범죄자에게 화환(花環)[화관(花冠)]들을 뿌리기도 하고 묶기도 했다. ―그러나 이것 또한 반대편의 추상화다. 기독교인들은 아마도, 장미십자가회 혹은 오히려 십자가장미회에 종사하여 십자가 주위에 장미 화환을 만들 수도 있을 것이다. 십자가는 오랫동안 신성한 것으로 여겨진 처형 도구이자 수레바퀴다. 십자가는 수치스러운 형벌 기구라는 그것이 지닌 일면적인 의미를 잃어버렸다. 그리고 반대로, 가장 즐거운 환희와 신의 영광을 함께 지닌, 가장 고귀한 고통과 가장 심오한 포기라는 관념을 보여 준다. 라이프찌히의 수레바퀴는 이와는 반대로, 제비꽃과 양귀비로 장식되어 있는데, 그것은 코체부풍(風)의 화해이며, 감상주의와 악함 사이에 이루어진 일종의 경박한 타협이다.

11

아주 다른 방식으로, 어떤 병원에서 일하는 평범한 노파가 살인범이라는 추상화(抽象化)를 소멸시키고, 그를 명예롭게 생동적으로 만드는 이야기를 들은 적이 있다. 살인범의 잘려진 머리는 단두대 위로 떨어졌고 태양이 비치고 있었다. 이를 보고 그 노파는 '하나님의 은혜로운 태양이 빈더의 머리를 얼마나 아름답게 비추고 있는가!' 라고 말했다. 사람들은 자기들이 분노하는 그 녀석에게, '당신에겐 태양(빛)이 비춰질

es also auch noch werth war. Sie erhob ihn von der Straffe des Schaffots in die SonnenGnade Gottes, und brachte nicht durch ihre Veilchen und ihre empfindsame Eitelkeit die Versöhnung zu Stande, sondern | sah in der höhern Sonne ihn zu Gnaden angenommen.[13]

12

Alte, ihre Eyer sind faul, sagt die Einkäufferin zur Hökersfrau! Was, entgegnet diese, meine Eyer faul? Sie mag mir faul seyn! Sie soll mir das von meinen Eyern sagen? Sie? Haben ihren Vater nicht die Läuse an der Landstrasse aufgefressen, ist nicht ihre Mutter mit den Franzosen fortgelauffen, und ihre Großmutter im Spital gestorben —Schaff sie sich für ihr Flitterhalstuch ein ganzes Hemde[14] an; man weiß wohl wo sie diß Halstuch und ihre Mützen her hat; wenn die Officiere nicht wären, wär itzt manche nicht so geputzt, und wenn die gnädigen Frauen mehr auf ihre Haushaltung sähen, sässe manche im Stokhausse[15], —Flik sie sich nur auch[16] die Löcher in den Strümpfen. —Kurz sie läßt keinen guten Faden an ihr. Sie denkt abstract, und subsumirt sie nach Halstuch, Mütze, Hemd u.s.f. wie nach den Fingern und andern Parthieen[17], auch nach Vater und der ganzen Sippschafft, ganz allein unter das Verbrechen, daß sie die Eyer faul gefunden hat; alles an ihr ist durch und

---

13 Suhrkamp판에서는 'aufgenommen' 으로 표기되었다.
14 Suhrkamp판에서는 'Hemd' 로 표기되었다.
15 Suhrkamp판에서는 'Stockhause' 로 표기되었다.
16 Suhrkamp판에서는 'flick sie sich nur die' 로 표기되었다.
17 Suhrkamp판에서는 'Partien' 으로 표기되었다.

가치가 없어'라고 말한다. 그런데 저 여인은 살인범의 머리에 태양(빛)
이 비춰지고 있다는 사실뿐만 아니라, 그럴 만한 가치가 여전히 있다는
것을 보았다(알았다). 그녀는 살인범을 단두대의 처벌(형벌)로부터 하
나님의 태양(빛)의 은총에로 고양시켰고, 그녀의 제비꽃이나 감상적인
허영심을 통해 화해를 이룬 것이 아니라, 태양이 높이 빛나는 가운데
그가 은총 속으로 받아들여진 것을 보았다.

12

할머니, 할머니의 달걀들이 상했어요!라고, 장 보러 간 여인이 시장
의 여자 상인에게 말한다. 뭐라고요? 내 달걀들이 상했다고요?라고 그
녀가 대답한다. 아마도 당신이 상했겠지요. 당신은 내 달걀들에 대해서
얘기하고 있나요? 당신이? 이(蝨)들[Läuse]이 지방도(地方道)에서 당신
의 아버지를 다 먹어치우지 않았나요? 당신의 어머니는 프랑스 남자들
과 도망치지 않았나요? 그리고 당신의 할머니는 병원에서 돌아가시지
않았나요? 그녀에게 그렇게 얇은 목도리 말고 온전한 셔츠를 주세요.
우리는 그녀가 어디서 이 목도리와 모자들을 얻었는지 잘 알고 있어요.
만약에 그 장교들이 없다면, 많은 사람들이 지금 그처럼 치장하지 않았
을 거예요. 만약에 그 장교들의 (귀)부인들이 가사(家事)에 더 신경 쓴
다면 많은 사람들이 감옥에 가게 될 거예요. 그녀로 하여금 자기 스타
킹에 난 구멍들이나 꿰매라고 하세요. 요컨대, 그녀는 자기 위에 실오
라기도 남기지 않습니다. 시장의 여자 상인은 추상적으로 사유하며, 다
른 여성을, 그녀의 목도리, 모자, 셔츠 등에 의해서, 그리고 그녀의 손
가락이나 신체의 다른 부분들에 의해서, 그리고 또한 그녀의 아버지와
전 가족에 의해서, 달걀들이 상했다는 것을 그녀가 발견했다는 범죄 아
래로만 포섭한다. 그녀에게 있어서 모든 것은 철저히 상한 이 달걀들로

durch mit diesen faulen Eyern gefärbt, da hingegen jene Officiere, von denen die Hökersfrau sprach, wenn anders, wie sehr zu zweifeln, etwas daran ist, ganz andre Dinge an ihr zu sehen bekommen mögen.

13

Um von der Magd auf den Bedienten zu kommen, so ist kein Bedienter schlechter daran, als bey einem Manne von wenigem Stande und wenigem Einkommen; und um so besser daran, je vornehmer sein Herr | ist. Der gemeine Mensch denkt wieder abstracter, er thut vornehm gegen den Bedienten, und verhält sich zu diesem nur als zu einem Bedienten; an diesem einen Prädicate hält er fest. Am besten befindet sich der Bediente bey den Franzosen. Der vornehme Mann ist familiär mit dem Bedienten, der Franzose sogar gut Freund mit ihm; dieser führt, wenn sie allein sind, das grosse Wort, man sehe **Diderots Jacques et son maître**, der Herr thut nichts als Prisen-Tabak nehmen und nach der Uhr sehen; und läßt den Bedienten in allem übrigen gewähren. Der vornehme Mann weiß, daß der Bediente nicht nur Bedienter ist, sondern auch die Stadtneuigkeiten weiß, die Mädchen kennt, gute Anschläge im Kopfe hat; er fragt ihn darüber, und der Bediente darf sagen, was er über das weiß, worüber der Principal frug. Beym französischen Herrn darf der Bediente nicht nur diß, sondern auch die Materie aufs Tapet bringen, seine Meynung haben und behaupten, und wenn der Herr etwas will, so geht es nicht mit Befehl, sondern er muß dem Bedienten zuerst seine Meynung einräsonniren und ihm ein gutes Wort darum geben, daß seine Meynung die Oberhand behält.

채색되어 있다. 그 반면에, 시장의 여자 상인이 말한 저 장교들은 —만약에 우리가 심각하게 의심할 수 있듯이, 거기에 어떤 것이 있다면— 그녀에게서 전혀 다른 것들을 발견했을는지도 모른다.

13

이야기를 하녀로부터 하인에로 옮겨 보면, 신분이 낮고 수입도 적은 사람을 위해 일하는 하인보다 더 지내기 어려운 하인은 없다. 하인은 자기의 주인이 고상하면 할수록 더 잘 지낸다. 보통 사람은 다시 더욱 추상적으로 생각하여, 하인에 대해서 고상하게 행동하며 그를 하인으로만 대한다. 즉, 보통 사람은 하인이라는 이 하나의 술어만을 고수하는 것이다. 하인이 가장 잘 지내는 것은 프랑스인들에게 있어서다. 고상한 사람은 하인과 가족처럼 친밀하게 지내며, 프랑스인은 심지어 하인과 좋은 친구이기도 하다. 그들끼리만 있을 때, 하인은 수다(허풍)를 떤다. 예컨대 디드로의 『자크와 그의 주인』(Jacques et son maître)을 보라. 주인은 단지 한 줌의 코담배 향(香)을 들이맡고, 몇 시인지 보고서는, 그 밖의 모든 것은 하인이 돌보게 한다. 그 고상한 사람(귀족)은, 그 하인이 단지 하인에 불과한 것이 아니라 최근의 도시의 소식과 여자들도 알고 있을 뿐만 아니라 좋은 안내문들을 기억하고 있다는 사실도 알고 있다. 그는 하인에게 그것들에 대해 물어보며, 하인은 주인이 물은 것에 대해 자기가 알고 있는 것을 말할 수 있다. 프랑스인(人) 주인에게 있어서 하인은 단지 이런 일만을 할 수 있는 것이 아니라, 문제를 제기하고 자기의 의견을 가지고 주장할 수도 있다. 그리고 주인이 어떤 일을 하고자 할 때에는 명령으로 하는 것이 아니라 먼저 하인에게 자기의 의견을 논증하여 그를 설득해야 하며, 자기의 의견이 우위를 견지하고 있다는 것을 확신시킬 수 있는 충분한 말을 해 주어야 한다.

14

Im Militär kommt derselbe Unterschied vor ; beym preussischen kann der Soldat geprügelt werden, er ist also eine Canaille ; denn was geprügelt zu werden das passive Recht hat, ist eine Canaille. So gilt der gemeine Soldat dem Officier, für diß Abstractum eines prügelbaren Subject,[18] mit dem ein Herr der Uniform und **Port**[19] **d'épée** hat, sich abgeben muß, und das ist um sich zu den Teufel zu ergeben. | [20]

---

18 Suhrkamp판에서는 'Subjekts' 로 표기되었다.
19 Suhrkamp판에서는 'Porte' 로 표기되었다.
20 Suhrkamp판에서는 'um sich dem Teufel zu ergeben' 으로 표기되었다.

14

군대에서도 똑같은 차이점이 등장한다. 프로이센의 군대에서 병사는 구타당할 수 있다. 말하자면 병사는 하층민이다. 왜냐하면, 구타당할 수 있는 수동적인 권리를 갖는 것이 하층민이기 때문이다. 그러므로 일반 병사는 장교에게는, 구타당할 수 있는 주체라는 이러한 추상물이다. 제복(制服)과 군도(軍刀)의 술을 가진 신사는 구타당할 수 있는 이 주체와 관계하는 것이 분명하며, 이로 인해 자기를 악마에게 바치게 된다.

해설

1. 헤겔이 말하는 ‘추상’과 ‘구체’

2. 헤겔이 말하는 ‘사유’

3. 헤겔이 말하는 ‘형이상학’

4. 헤겔이 말하는 ‘사변’(思辨)

5. 헤겔이 말하는 ‘양심’(良心)

6. 헤겔이 말하는 ‘교양’(敎養)

7. 단락별 해설

헤겔은 자신의 논문의 첫 구절을 "사유한다고? 추상적으로? — 할 수 있는 사람은 자신(自身)을 구하시오!(Sauve qui peut!)"[1]라는 표현으로 시작한다. 이러한 표현들이 가리키고 있는 바는 과연 무엇이고, 또 헤겔은 왜 이런 식으로 자신의 글을 시작하고 있는 것일까? '사유'라는 표현과 '추상적으로'라는 표현은 모두 바로 헤겔의 논문 제목으로부터 가져온 것들이다. 그런데 이렇게 외치는 자는 과연 누구인가? 그것은 바로 "적에게 매수된 배신자"다. 그는 헤겔이 이 논문에서 형이상학에 관해서 말할 것이라고 생각하고, 헤겔의 논문으로부터 도망칠 것이라고 헤겔은 말한다. 왜냐하면 — 헤겔의 생각에 의하면 — 당시의 사람들은, 형이상학은 추상적인 사유에 관련되어 있어서 페스트 환자를 피하듯 자신들이 피해야 할 대상으로 생각하고, 그래서 할 수만 있으면

---

1 "Sauve qui peut"는 프랑스어로, '급하게 도망감'[a rush to escape]을 뜻한다. 문자 그대로는, "할 수 있으면 자신을 구하시오"를 뜻하며, 따라서 "각자는 자기 자신을 위한다"를 뜻하게 되었다(http://www.yourdictionary.com/sauve-qui-peut).

형이상학이나 추상적인 사유로부터 벗어나야 한다고 외친다는 것이다. 그런데 여기서 헤겔이 말하는 "적에게 매수된 배신자"란 누구를 가리키는가? 이것은 하나의 상징적인 표현으로, 처음에는 형이상학 · 추상 · 사유에 대해 헤겔과 같은 입장에 서 있었으나, 당시에 유포(流布)되어 있던 통속적인 견해에 유혹되어 본래의 입장을 버린 사람들을 가리킬 것이다. 그렇다면 헤겔에 있어서 '추상', '구체', '형이상학', 그리고 '사유'가 무엇을 뜻하는지 살펴보면 이에 대해 자연스럽게 이해할 수 있게 될 것이다.

1

헤겔이 말하는 '추상'과 '구체'

이 소논문의 제목은 "누가 추상적으로 사유하는가?"이다. 이 물음에서 중요한 개념은 '추상적'과 '사유'라는 두 개념이다. 여기서 헤겔이 부정적으로 간주하는 것은 '사유'라는 개념이 아니라 '추상적'이라는 개념이다. 즉, 문제되는 것은 '추상적인 사유'이지, 사유 일반이 아니라는 말이다. 추상적 사유와 대립하는 것은 '구체적 사유'다. 헤겔이 말하고자 하는 바를 이해하기 위해서는 먼저, '추상'과 '구체'가 뜻하는 바를 살펴보아야 한다.

'추상'(抽象)이라는 것은 어떤 '모양(것)'[상(象)]을 '뽑아내다', '추출(抽出)하다'라는 말이다. 이때에 두 측면을 고려해야 한다. 즉 하나는, 뽑히는(추출되는) 것이고, 다른 하나는 그것으로부터 어떤 것이 추출되는 '바탕'이다. 예컨대 우리는 어떤 용액(溶液)에서 어떤 성분을 추출해 낸다. 나의 많은 머리카락들로부터 흰 머리를 뽑아낸다. 잔디밭에서 잡초를 뽑아낸다. 논문의 전체 내용에서 핵심적인 내용을 추출해 낸다. 그렇기 때문에 '추상'이란, '타자(他者)로부터의 일자(一者)의 이

탈'을 뜻한다. 혹은 '추상'이란, 타자가 존재한다 하더라도 일자가 타자
와 통일되지 못하고 분리된 채로 존재하는 상태를 뜻한다. 헤겔이 말하
고 있는 것처럼, 사실 "모든 추상적인 것은 어떤 것으로부터의 추상태
다."[1] 즉, 'das Abstrakte'나 'Abstraktion'에서의 'Ab'이 이미 일자의
타자를 지시하고 있다. 즉 추상은 '~으로부터의(일자의 타자로부터
의)' 추상이다.[2] '추상하다'와, 이 동사의 형용사 형태인 '추상적'에 해
당하는 영어인 'abstract'는, 'ab(from) + tract(draw)'로부터 유래하
며, 이것은 또 '추상하다'를 뜻하는 라틴어 'abstrahere' 및 이것의 과
거분사인 'abstractus'에서 유래하는 바, '타자로부터의 이탈'을 뜻한
다.[3] 그리고 라틴어 명사형 'abstractum'은 아리스토텔레스에서 등장하
는 표현인 ta ex aphaireseōs(τὰ ἐξ ἀφαιρέσεως)과 chōristos
(χωριστός)의 번역어로 보에티우스(Anicius Manlius Severinus Boe-
thius 480/485경–524/526경)가 철학 용어로 도입했다. 전자의 경우, 아
리스토텔레스가 사용한 동사 aphairesis(ἀφαίρεσις)[4]는 사물에서 본질
적인 것으로부터 비본질적인 것을 제거하는 작용을 가리킨다. 예컨대
해변에 그려진 여러 개의 삼각형들에서 비본질적인 것을 제거하고 본질

---

1 "Alles abstracte ist eine abstraction von Etwas"(Hegel, *Vorlesungen über die Phi-
losophie des Geistes. Berlin 1827/28*, Nachgeschrieben bon Johann Eduard Erdma-
nn und Ferdinand Walter, hg.v. Franz Hespe und Burkhard Tuschling unter
Mitarbeit von Markus eichel, Werner Euler, dieter Hüning, Torsten Poths und Uli
Vogel, Hamburg, 1994, 161).
2 백훈승, 「헤겔에 있어서 구별되어야 할 세 가지 종류의 욕구」, 『대동철학』 제3호, 대
동철학회, 1999 (115–135), 118 참조.
3 M. Inwood, *A Hegel Dictionary*, Cambridge, Massachusetts, 1993, 29 참조.
4 ἀφαίρεσις라는 동사는 ἀπό (apo) [= "away"] + αἱρέω (haireo)[= "to take"]로 이
루어진 것으로, '분리하여 취하다', '떼어 내다'라는 의미를 지니고 있다 [https://
en.wikipedia.org/wiki/Apheresis_(linguistics) 참조].

적인 것을 그것들로부터 분리해 내는 작용을 가리킨다. 아리스토텔레스
가 사용한 또 하나의 용어인 chōristos는 각각의 질료로부터 분리되어
자립적으로 존재하는 예지적(叡智的) 존재자, 즉 플라톤의 이데아들의
존재론적 지위를 나타낸다.[5] 따라서, 이 두 용어가 지니고 있는 본래 의
미에 필수적인 것은, 분리, 구분, 고립, 선택, 부분성이라는 함의들이다.[6]

한편, '구체(具體)'라는 것은 '구'(具: 갖추다, 온전하다), 즉 일자가
타자로부터 이탈하여 존재하는 것이 아니라, 일자가 타자와 더불어 존
재하는 것을 의미한다. '구체적'에 해당하는 영어 'concrete'는, 'con
(together) + crescere(grow)'에서 나왔는데, '타자와 더불어 성장함'
을 뜻한다.[7] 예컨대 인간의 본래적인 존재 방식은 추상적인 것이 아니
라 구체적인 것이다. 즉, 사람은 누구나 혼자서는 살 수 없다. 사람은
어떤 공동체의 일원(一員)으로서만 존재할 수 있다. 로빈슨 크루소와
같은 삶은 며칠, 몇 개월간은 지속될 수 있을지 모르나, 계속 그렇게 살
수는 없는 것이다. 아니, 그런 방식으로 삶을 영위한다 할지라도, 그것
은 인간적인 삶의 방식은 아닌 것이다.

그런데 헤겔은 '추상적'과 '구체적'이라는 용어를 우리의 일상적인
용법과는 반대로 사용한다. 즉, 일상적인 용법에 따르면, 예컨대 우리
눈앞에 있는 이 한 그루의 나무가 구체적인 것이고, '나무'라는 개념은
추상적인 것이다. 왜냐하면 개념 —이 경우의 개념은 '특수개념'이 아
니라 '일반개념'을 가리킨다— 은, 공통의 성질을 지니고 있는 다수의

5 Met. VI, 1, 1026 a 8, 16: De anima III, 5, 430 a17. Joachim Ritter (hg.), *Histo-
risches Wörterbuch der Philosophie*. Bd.1, Basel, 1971, 33 f.; Alexander Ulfig,
Lexikon der philosophischen Begriffe, Wiesbaden, 1997, 10 f. 참조.
6 Ross Atkinson, "The Role of Abstraction in Bibliography and Collection Devel-
opment," in: *Libri* 1989, vol. 39, no. 3 (201–216), 203 참조.
7 M. Inwood, ebd. 참조.

개체들에 대해 붙인 이름이거나, 아니면 공통의 성질을 지니고 있는 다수의 개체들로부터 특수한 것들을 사상(捨象)하고 그러한 개체들로부터 추출해 낸 하나의 이름이기 때문이다. 그러나 헤겔에 의하면 우리 눈앞에 존재하는 특정한 하나의 사물(事物)은, 그것 자체로만 놓고 보면, —그것의 타자에 매개되어 있지 않으므로—추상적인 것이고, 보편자로서의 개념은 자신 속에 여러 원소들을 지니고 있는 구체적인 것이다. 그러면 헤겔이 『정신현상학』(Phänomenologie des Geistes, 1807)과 『논리학』(Wissenschaft der Logik, 1812-1816)에서 '추상'과 '구체'를 어떻게 설명하고 있는지 살펴보자.

1) 『정신현상학』에서의 '추상'과 '구체'

일상적인 사유에 있어서, 구체적인 것이란 바로 우리 눈앞에 나타나 있는 것, 물화(物化)되어 현전하는 것, 현실적인 개체·개물을 가리키며, 추상적인 것이란 이러한 현실 개체가 아닌, 일반화된 개념에 대하여 사용하는 용어일 것이다. 우리가 만약 인간에 대해 생각할 경우, 지금 여기 우리 앞에서 숨 쉬고 말하고 활동하고 있는 '한 인간'이 구체적인 것이고, '인간이라는 개념'은 추상적인 것이라고 생각한다. 일상적인 이해로는, 감각에 의해 파악된 것, 즉 지각된 것이 구체적인 것이라고 여겨진다. 그러나 헤겔에 의하면 이러한 사고는 잘못된 것이다. 왜냐하면, 내 눈앞에 존재하는 '이 한 인간'만을 생각한다면, 우리는 그 인간을 다른 인간들이나 다른 존재자들로부터 고립시켜 생각하는 것이며, '인간 일반'이나 '인간이라는 개념'을 생각하는 경우에는, 어떤 하나의 인간만을 생각하는 것이 아니라 인간 전체를 생각하기 때문이다. 그는 이러한 점을 『정신현상학』의 〈의식〉장(章)의 '감각적 확신'에서 잘 보여 주고 있다. 헤겔은 감각적 확신의 성격을 다음과 같이 말하고 있다: "최초로 혹은 직접적으로 우리의 대상이 되는 지(知)는 그 자체가 직접적인 지, 즉 **직접적인 것에 대한 지(知)**나 존재자에 대한 지(知) 이외의 다른 어떤 것일 수 없다"(PG, 79).

의식의 최초의 단계인 감각적 확신의 단계에서 의식은 자기가 가장 풍부한 지식을 소유하고 있다고 확신하고 있지만, 사실은 가장 빈곤한 내용을 지니고 있을 뿐이다. 감각적 확신은 "대상으로부터 아무것도 아직 제외하지 않고 대상을 온전하게 자기 앞에 가지고 있기 때문에, 가장 참된 것으로 보인다"(PG, 79). 그러나 "이러한 확신은 사실, 가장 추상적이고 가장 빈곤한 진리를 자기 자신에게 산출한다. 이 확신은 자기가 알고 있는 것에 관해서, '그것이 존재한다'는 것만을 언표한다. 그래서 이 확신의 진리는 사상(事象)의 존재만을 포함하고 있다"[8] 이 단계에서의 대상은 "순수한 이것"에 불과하며, 이러한 대상에 대응하는 자아도 마찬가지로 "순수한 자아" 혹은 "순수한 이것"(ebd.)에 불과하다. 다른 말로 하면, 감각적 확신의 단계에서는, 대상도 타자와의 관계를 갖지 않은 추상태이고, 그에 대응하는 의식으로서의 자아도 무매개적인 자아, 따라서 '순수한' 자아다. 그러므로 여기서 "자아와 사물은 다양

---

8 "Diese *Gewißheit* aber gibt in der Tat sich selbst für die abstracteste und ärmste *Wahrheit* aus. Sie sagt von dem, was sie weiß, nur dies aus : es ist; und ihre Wahrheit enthält allein das Sein der Sache; (⋯)"(ebd.).여기서 헤겔은 '진리'라는 용어를 강조체로 씀으로써, 감각적 확신의 내용이 사실은 진리가 아니지만, 그 자신의 입장에서는 진리로 여기고 있다는 점을 나타내고 있다. 감각적 확신의 이러한 추상성 및 빈곤에 관하여 헤겔은 『정신현상학』의 〈종교〉장에서도 다음과 같이 언급하고 있다: "감각적 의식이라고 불리는 것은 바로 이러한 순수한 추상이며, Sein 혹은 직접태가 있다고 하는 이러한 사유다. 그러므로 가장 저급한 것이 최고의 것이기도 하며, 전적으로 표면에 드러난 것이 바로 그 점에서 가장 심오한 것이다"(PG, 529).

한 매개라는 의미를 지니고 있지 않다"(PG, 80).⁹ 감각적 확신의 대상
은—타자와 매개되어 있지 않기 때문에—타자와의 구별도 있을 수 없
으므로 추상적이고, "모든 암소가 검게 보이는 밤¹⁰"(PG, 19)이다. 따라
서, 감각적 확신을 우리가 만약에 지(知)라고 부를 수 있다면, 그것은
가장 풍부하고 심오한 지(知)가 아니라, 가장 빈곤하고 피상적인 지
(知)인 것이다. 이렇듯, 타자에 매개되어 있지 않은 직접적인 것은 헤겔
이 보기에 진정한 것이 아니다. 참된 것은 직접적인 것이 아니라 "생성

---

9 이러한 무매개성은 자아와 감각적 확신의 대상의 각각을 분리시켜서 고찰할 경우
에, 자아가 다른 자아(들)에 매개되어 있지 않고, 자아의 대상도 다른 대상(들)에 매개
되어 있지 않다는 의미의 무매개성이다. 그러나 다른 한편에서 보면, 자아는 자기의 대
상을 가지고 있고, 대상도 자아의 대상이므로 이들 양자는 이미 매개되어 있는 것이다.
이 점을 헤겔은 다음과 같이 밝히고 있다: "우리가 이러한 구별을 살펴보면, 감각적 확
신 속에서 일자도 타자도(자아도 대상도: 필자 주) 단지 직접적인 것만이 아니라, 매개
되어 있기도 하다는 사실이 드러난다; 자아는 타자, 즉 사물로 인해 확신을 갖는 것이
며 사물도 마찬가지로 타자, 즉 자아를 통한 확신 속에서 존재하는 것이다"(PG, 80).
10 헤겔은 무차별적 동일성을 "모든 암소가 검게 보이는 밤"[die Nacht (⋯), worin,
(⋯) alle Kühe schwarz sind, (⋯)]이라고 말한다. 그런데 로마의 시인 오비디우스
(Publius Ovidius Naso, BC 43-AD 17)의 『사랑의 기술』(*Ars amatoria I*, 249)에 보
면 "Nocte latent mendae"라는 말이 나오는데, 이것은 "밤에는 결점(실수)이 감추어진
다"라는 뜻이다. 이런 표현에서 "밤에는 모든 고양이가 잿빛(회색)이고 (⋯) 모든 암소
가 검은 색이다"(Bei Nacht sind alle Katzen grau (⋯) alle Kühe schwarz)[Hubertus
Kudla, *Lexikon der lateinische Zitate. 3500 Originale mit deutschen Übersetzungen*.
3., durchgesehene Aufl., München, 2007, 294], 혹은 "밤에는 모든 고양이가 잿빛이
다"(Nachts sind alle Katzen grau)라는 독일 속담이 나온 것으로 생각된다. 괴테도
『파우스트』(*Faust*)에서 황제의 입을 빌려 다음과 같이 말한다:
"깊은 밤에 누가 악당을 정확하게 알아보겠는가?
암소는 검게, 그리고 고양이는 잿빛으로 보인다."
"Wer kennt den Schelm in tiefer Nacht genau?
Schwarz sind die kühe, so die Katzen grau"(Goethe, *Faust I und II, in: Goethe
Werke*, hg.v. Friedmar Apel u.a., Darmstadt, 1998, dritter Band, 179. 〈5막으로
구성된 비극 제2부〉 중 제1막에서 황제가 메피스토펠레스에게 하는 말이다). 헤겔
도 이런 맥락에서 "모든 암소가 검게 보이는 밤"이라는 표현을 사용하고 있다.

되어 가는 직접성"(PG, 21 f.), 즉 매개된 것이고, 매개를 통해 도달된 "전체"(PG, 21)다. 다시 말하면 그것은 부동(不動)의 점으로 머물러 있는 생기(生氣) 없고 순수하게 자기동일적인 직접태가 아니라, 자기동일성을 유지하면서도 타자와의 관계 속에서 자기의 영역을 넓혀 가는, 끊임없는 운동 가운데 존재하는 것이다. 헤겔은 이런 의미에서 "실체는 주체로도 생각되어야 한다"(PG, 19)고 말한다.

그런데 감각적 확신만이 추상적인 것이 아니라, 감각적 확신이 언표된 것 역시 추상적일 수밖에 없다. 감각적 확신이 단지 주관적인 '확신'의 단계에 머물러 있지 않고 지(知)의 단계로 나아가야 한다면, 그것은 반드시 언표되어야 한다. 그러나 개별자를 염두에 두고 있는 감각적 확신의 내용이 언표되는 동시에 그것은 보편자로 화한다. 엄밀히 말하면, 감각적 확신이 사념(私念)하는 것은 언표될 수 없다. 확신의 대상의 측면에 속하는 보편자는 물(物)로서의 '이것', 시간으로서의 '지금', 그리고 공간 규정인 '여기'다. 확신의 주체의 측면에 속하는 보편자는 '자아'다. 이러한 모든 용어들은 보편성을 지니고 있으므로, 어떤 특정한 개별자를 지시할 수 없다. 즉, 그것은 '그 어떤 것도 다 가리킬 수 있으며, 바로 이러한 이유 때문에, 아무것도 가리키지 않는다.' 이에 관해 헤겔은 다음과 같이 말한다: "우리는 감각적인 것 또한 하나의 일반자로 언표한다. 즉, 우리가 말하는 것은 이것, 다시 말하면 보편적인 이것이며, 또한 무엇이 있다는 경우에도 존재일반을 말한다. 이 때 우리가 보편적인 이것, 혹은 존재일반을 염두에 두고 있지 않은 것이 분명하지만, 우리는 보편자를 언표한다. 이것을 또 다른 말로 하면, 우리는 결코 이러한 감각적 확신 속에서 사념하는 그대로 말하지는 않는다. 그런데 우리가 알고 있듯이 언어가 더 진실에 가까운 것이다. 언어 속에서 우리 스스로는 우리들의 사념을 직접적으로 부정한다. 그리고 보편자가 감각적 확신의 진리이고 언어는 단지 이러한 진리를 표현할 뿐이므로, 우리가 사념하는 감각적 존재를 말할 수 있다는 것은 도저히 불가능하다"(PG, 82).[11] 이러한 보편자는 추상적인 것이어서 그 어떠한 개별자도 구체적으로 지시할 수 없다.[12] 앞에서 말했듯이 그것은 그 어떤 것도 지시할 수 있기 때문에, 아무것도 지시하지 않는다. 바로 이러한 사상이, 『정신현상학』 이후의 저술인 헤겔의 『논리학』을 시작하는 존재론의 첫 부분에서 반복하여 서술되고 있는데, 이 문제를 살펴보자.

2) 『논리학』에서의 '추상'과 '구체'

〈존재론〉에서의 추상과 구체

『정신현상학』에서의 감각적 확신의 대상인 추상적 보편자로서의 '이것'에 대응하는 것은 『논리학』에서는 〈존재론〉의 첫 부분에 나타나는 "Sein", 더 정확히 말하면 "reines Sein"[13], 즉 '순수한 하나'다. 이것은 물리적인 시공간을 초월하여 존재하지만 무어라고 규정할 수 없기 때문에, '존재' 혹은 '있음'이라는 추상적인 규정 이외의 더 이상의 구체적인 규정을 결여한 '하나', 그래서 '순수한 하나'다.[14] 이 '순수한 하나'

---

11 헤겔은 여기서 〈meinen(사념하다, 뜻하다)〉라는 단어가 〈mein(나의)〉라는 단어와 유사하게 발음된다는 점에 착안하여, 〈meinen〉은 나의 주관적인 생각에 불과하다는 점을 암시하고 있는 것으로 보인다.

12 이러한 보편자는 자신 속에 아무런 구별도 지니고 있지 않은 추상적 보편자다. 진정한 보편자는 자신 속에 구별된 계기들을 내포하고 있는 '구체적 보편자'다.

13 Hegel, *Wissenschaft der Logik I*, TW 5, 82.

14 그러나 의식의 경험의 학인 『정신현상학』의 단초(端初)는 가장 추상적인 의식의 형태인 '감각적 확신'이며, 감각적 확신의 대상은 가장 추상적인 대상인 'das Sein'이다. 『논리학』의 단초 역시 가장 추상적인 'das Sein' 혹은 'das reine Sein'이다. 그러나 『정신현상학』을 출발하는 최초의 가장 저차적인 의식의 대상은, 현실에 존재하는 어

혹은 '순수한 일자(一者)'는 헤겔 『논리학』에서 학(學)의 시원(始原)[15] 및 존재자의 시원을 이루는 것이다. 이러한 순수한 하나(일자)가 지니고 있는 규정이 바로 '순수한 존재' 혹은 '순수한 있음'이다. '순수한 있음' 이란, 아무런 규정을 지니지 않은 '그저 있음'에 불과하다. 그러므로 순수존재는, 거기에 타자가 개입되지 않은 무매개적·직접적 존재이고, 아무런 규정이 없으므로 무규정적 존재이며, 구체적 존재가 아닌 추상적 존재다. 그러므로 이러한 순수존재는 '없음', '무(無)'와도 같다.[16] 즉,

---

떤 구체적인 대상의 'Sein'인 반면, 사변철학으로서의 『논리학』의 단초는 물리적인 시공간을 초월하여 존재하지만 무어라고 규정할 수 없는 '순수한 하나(das reine Sein)' 라는 점에서 근본적인 차이가 있다. 나는 헤겔의 『논리학』에서의 학(學)의 시원(始原) 이자 존재자의 시원인 das (reine) Sein을 '(순수)존재' 라고 번역해서는 안 된다는 점을 나의 논문에서 밝힌 바 있다. 'das (reine) Sein'은 '(순수한) 하나' 혹은 '(순수한) 일자(一者)'이며, 그것이 지닌 규정이 바로 '(순수)존재', 즉 '순수하게 있음', '그저 있음'이다. 이에 관해서는 백훈승, 「헤겔에 있어서의 학(學)의 시원(始原)의 문제」, 『동서철학연구』 제68호, 한국동서철학회, 2013 (115-134)를 참조할 것.

15 '시원(始原)'이라는 용어는 '시초(始初)'와 '원리(原理)'라는 두 가지 의미를 동시에 뜻하고 있다. 여기에 대응하는 헬라스어는 아르케(archē, ἀρχή)다. 시초에 있는 것은 그 후에 생겨나는 것의 원인이기도 하므로 아르케는 원인, 원리도 뜻하게 되며, 사물의 근거를 말하기도 한다(백훈승, 『철학입문』, 전북대학교 출판문화원, 2015, 30 참조). 헤겔이 사용한 독일어는 Anfang인데, 독일어에는 '시작', '출발'을 가리키는 말로 Beginn이라는 단어가 또 있다. 이 두 단어는 같은 뜻으로 사용하기도 한다. 그러나 굳이 양자를 구별하자면, Anfang은 '근원적인 시작·출발'을 가리키고, Beginn은 (반드시 처음일 필요는 없고, 중단했다가 다시) 시작하는 것을 가리킬 수 있다. 예컨대, 내가 처음으로 독일어 공부를 시작할 경우, 그것은 anfangen이다["Aller Anfang ist schwer,": "시작이 반(半)이다"(모든 시작은 어렵다)]. 그런데 독일어 공부를 쉬었다가 다시 시작할 경우, 그것은 beginnen이다.

16 여기서 주의할 점은, 헤겔은 어떤 특정한 사물의 '있음'과 '없음'을 동일시하지 않는다는 점이다. 예를 들면, "여기 한 송이의 장미가 있다"고 말하는 것과, "여기 한 송이의 장미가 없다"고 말하는 것은 전혀 다르다. 그가 말하고자 하는 바는, 아무런 규정이 없이 그저 '있다'고 하는 것은 그 어떤 내용도 구체적으로 말하고 있지 않으므로 없는 것이나 마찬가지라는 것이다.

여기서의 "존재는 오직 순수한 무규정성이며 공허이고"(ebd.), 이렇게 볼 때 "무규정적인 직접태인 존재는 사실은 무이며, 결코 이것은 무 이상도 이하도 아니다"(ebd., 83). 이러한 사정은 '무' 혹은 '순수 무'에도 동일하게 적용된다. 결국, "순수존재와 순수 무는" "동일한 것이다"(같은 곳). 헤겔이 결국 여기서 말하고 있는 것은, 타자에 매개되어 있지 않은 추상적인 유(有)나 추상적인 무는 결국 무규정적이므로 동일하다고 할 수 있다는 것이다.[17]

그러면, Sein이 물리적 시간과 공간의 제약을 받는 현실적인 Dasein으로 되었을 때, 이 Dasein이 갖는 성격은 과연 어떻게 규정되는가? 현존재는 "규정된 존재"(TW 5, 115)이고 이러한 규정성이 바로 "질(質)"(ebd.)이다. 어떤 것[Etwas]이 질을 가진다는 것은, 그것이 다른 것[타자 ein Anderes]으로부터 구별된다는 것, 다른 것과의 차이를 드러낸다는 것을 뜻한다. 그러므로 "현존재 자체는 자기 자신에 있어서, 대타존재와 즉자존재라는 계기들의 구별을 지닌 것으로 규정된다. 혹은 그것은 이 두 계기의 통일을 이룸으로써 실재성으로 규정되며, 또한

---

17 『논리학』에서의 '순수존재'는 헤겔의 『종교철학 강의』에서는 세계 창조 이전의 '신'에 해당된다. 세계 창조 이전에 홀로 존재하는 신은, 이러한 헤겔의 사고방식에 따르면 무규정적인 신, 아무런 내용이 없는 공허한 신, 추상적인 신이며, 따라서 진정한 신이 아니다. 그러므로 신은 자신의 타자인 세계를 창조할 수밖에 없다. 신 없는 '세계'가 세계가 아니듯이, 세계 없는 '신'도 신이 아니다. 헤겔에 의하면, 존재하는 것은 모두 타자에 의해 매개되어 있다. 예를 들면 헤겔은 『신의 현존 증명에 관한 강의』에서, "하늘에서나 땅 위에서나 그리고 땅 아래에서도, 직접성이라는 규정뿐만이 아니라 매개라는 규정을 자신 속에 지니지 않은 그 어떤 자연의 대상이나 정신의 대상도 존재하지 않을 뿐만 아니라, 매개되지 않거나 매개하지 않는 지, 감각, 표상, 의욕 등 정신에 귀속되는 그 어떤 활동도 존재하지 않는다"라고 말하고 있다(*Vorlesungen über die Beweise vom Dasein Gottes*, hg. v. G. Lasson, Leipzig, 1930, 3. Vorlesung, 26). 이와 유사한 내용이 『논리학』(TW 5, 66)에도 서술되어 있다.

더 나아가서는 현존재자나 어떤 것으로 규정되기도 한다."[18] 다시 말하면, 물리적인 시공간의 제약을 받고 있는 존재자, 즉 실재하는 존재자인 현존재자는 첫째로는, 그 자체로 존재하는 측면, 즉 즉자적인 측면을 한편으로 가지고 있기는 하지만, 두 번째로는 이에 못지않게, 타자에 대해 존재하는 측면, 즉 대타적인 측면을 지니고 있다. 현존재의 이러한 특징을 헤겔은 "현존재는 존재와 무의 단순한 통일이다"(GW 11, 59), 혹은 "비존재와 더불어 있는 존재"(ebd., 60)라고 표현하고 있다. 이 문장들이 뜻하는 바는 과연 무엇일까? 그것은 다음과 같다. 즉 현존재의 즉자적 측면을 헤겔은 '존재'라는 말로 표현하고 있고, 대타적인 측면을 '무'라고 표현하고 있는 것이다. 현존재는 즉자적인 면과 대타적인 면을 함께 지니고 있으므로, 그는 현존재를 존재와 무의 통일이라고 말한 것이다. 예를 들면, 어떤 하나의 현존재자 A에 대하여 다른 하나의 현존재자인 B가 있다고 생각해 보자. 이 경우에 B는 A의 타자로 규정된다. 그러나 이와 마찬가지로, B의 입장에서 보면 A가 B의 타자가 된다. 이러한 규정은 상호 의존적이어서 언제든지 일자와 타자라는 규정은 뒤바뀔 수가 있는 것이다. 헤겔이 말하고 있는 바는, 이 때 타자

---

18 "Das Daseyn als solches bestimmt sich an ihm selbst, zu dem Unterschiede der Momente des *Seyns-für-anderes*, und des *Ansichseyns*, oder es bestimmt sich, indem es deren Einheit ist, als *Realität*; und weiter zum *Daseyenden* oder *Etwas*"(*Wissenschaft der Logik*. Erster Band (1812/1813), hg. v. F. Hogemann u. W. Jaeschke, Hamburg, 1978, 59 / Gesammelte Werke in Verbindung mit der Deutschen Forschungsgemeinschaft, hg. v. der Rheinisch-Westfälischen Akademie der Wissenschaften Bd. 11(이하 GW 11로 줄임). 물론 여기서 헤겔은 '현존재[das Daseyn]'와 '현존재자[das Daseyende]'를 구별하지 않고 사용하고 있다. 그리하여 우리는 계속되는 그의 진술에서 나타나는 '현존재'를 '현존재자'와 동일한 의미로 이해해야 하는 경우도 있다. 필자의 견해로는, 예를 들면 하이데거(Martin Heideger)가 『존재와 시간』(*Sein und Zeit*)에서 인간을 가리켜서 '현존재자'라고 하지 않고 '현존재'라고 표현한 것도 이와 동일한 경우라고 생각한다.

는 일자에 대해 '무' 라는 것이다. 왜냐하면, 타자는 일자에게 '없는 것', 일자가 소유하고 있지 않은 것이기 때문이다. 그러나 일자는 이러한 타자에 어떻게든 관계되어 있고 매개되어 있다. 그러므로 타자는 전적인 무가 아니라 "관계로서의"(ebd., 61) 무인 것이다. 지금까지 살펴본 내용에서, 현존재의 즉자적인 측면이 바로 추상적인 측면이고, 태타적인 측면이 구체적인 측면이다.

동일성의 명제에서의 추상과 구체 ― 추상적 동일성과 구체적 동일성

동일성의 명제는 "A＝A"로 표현된다. 그런데 이 명제는 두 가지의 의미를 지니고 있는 것으로 분석될 수 있다. 한편으로 보면, 이 명제는 A 대신 그 어떤 명사(名辭, term)나 진술이 대치되더라도 그 값이 항상 옳은 항진명제(恒眞命題)다. 그러나 이러한 명제는 세계에 관해 아무런 정보도 우리에게 제공하지 않는다. 그저 같은 말을 되풀이하는 동어반복에 불과하기 때문이다. 이러한 동일성은 A에 A의 타자가 매개되어 있지 않으므로 추상적 동일성이라고 부른다.[19] 그러나 동일성의 명제는 단지 이런 측면만 지니고 있는 것은 아니다. 즉, A에 A의 타자인 B, C, D, (…) 등이 매개되어 있는 것으로 생각될 수 있는 경우도 있다. 이 경우의 동일성을 우리는 구체적 동일성이라고 부른다.[20] 이렇게 차이를

---

19 항진명제는, 논리실증주의의 구분에 따르면 '무의미한' [sinnlos, meaningless] 진술이다. 이러한 명제는 그른 명제는 아니지만, 우리의 지식을 확장해 주지 못한다. 이와는 달리, 검증되지[verifiable]도 논증되지[demonstrable]도 않는 진술은 '말도 안 되는', '얼토당토않은' [unsinnig, nonsensical] 진술이라고 말한다.

20 우리는 일상생활에서도 이러한 표현들을 종종 사용하고 있다. 예컨대, "나는 나다"라고 말하는 경우, 형식적으로 보면 동어반복에 불과하지만, 일상생활에서 이렇게 무의미한 말을 할 사람은 아무도 없다. 다른 사람이 어떤 사람의 일에 이래라 저래라

통해 매개된 동일성을 헤겔은 현실적인 동일성으로 보고 있다: "그러므로 동일성이 표현된 명제의 형식 속에는 단순한 추상적 동일성 이상의 것이 존재한다. 즉, 타자가 가상(假象)으로서만, 직접적인 소멸로서만 등장하는 속에서는 이러한 순수한 복귀(반성)운동이 존재한다."[21] 헤겔이 이 문장을 통해 말하고자 하는 바는 다음과 같다. ⓐ 일자인 A가 대자존재자인 인간인 경우: A가 자기 자신을 긍정하여 동일성의 명제를 주장할 때, 거기에는 자기의 타자인 B, C, D, (…) 등이 매개되어 있고, A는 자기의 타자를 부정하고 다시 자기 자신에로 돌아와 자신을 긍정하는 구조를 갖는다. 그리고 ⓑ 일자인 A가 기타의 존재자인 경우 : 언표자가 A의 타자를 부정하고 다시 A로 돌아와 A를 긍정하는 구조를 갖는다는 것이다. 이러한 복귀운동에서 A는 본질적인 존재자로, A의 타자는 잠시 존재했다가 소멸되어 버리는 가상으로 나타난다.

그러므로 헤겔에 의하면, 동일성의 명제 혹은 동일률은 구체적 동일성으로 나타나야만 한다. 이러한 구체적 동일성의 성격을 그는 다음과 같이 말한다: "진리는 동일성과 상이성의 통일 속에서만 온전히 존재한다. (…) 구체적인 것과 그것의 적용은 실로, 단순한 동일자가 자기와 상이한 다양한 것들과 맺는 관계다. 명제로 표현한다면, 구체적인 것은 우선 종합명제가 될 것이다. (…) 이로부터 밝혀지는 사실은, 동일률 자체, 그리고 더욱이 모순율은 분석적인 성질만이 아니라 종합적인 성질도 지니고 있다는 점이다. (…) 동일률 자체는 (…) 반성운동을, 타재(他

간섭할 때, 그 사람이 "나는 나야!"라고 말하는 경우, 이것은 추상적 동일성의 명제를 언표하고 있는 것이 아니라, "나는 [너도 그 사람도, 그 어느 누구도 아닌] 나일 뿐이야. 그러니 내 일에 간섭하지 마!"라는 정도의 실질적인 내용을 이야기하고 있는 것이다. 이러한 사실은, "애들은 애들이다[Kids ard kids)]", "약속은 약속이다" 등의 진술의 경우에서도 마찬가지다.

21 Hegel, *Wissenschaft der Logik II*(이하 TW 6으로 줄임), 44＝GW 11, 264.

在)의 소멸로서의 동일성을 포함하고 있다"(TW 6, 42 ff.). 헤겔은 철학이라는 이름을 얻기에 합당한 것과 거짓된(악한, schlechte) 모든 철학을 구별하는 지점은 바로, 동일성을 추상적 동일성, 즉 구별을 배제한 동일성으로 파악하는가 아닌가의 여부라고 말하고 있다.[22] 고립을 주장하고 계기들을 고수하는 것은 헤겔에 있어서는 연관성으로부터 도망치는, 부정적인 추상이다. 그러나 구체적 보편을 목표로 하는 변증적 운동의 계기로서의 추상적인 것은 헤겔에 있어서 그 자신의 권리를 가지고 있을 뿐만 아니라 전적으로 포기할 수 없는 것이다.[23] 추상적 동일성은 그 자체로는 세계에 대해 아무런 정보도 우리에게 제공하지 않지만, 구체적 동일성의 계기로서 그 가치를 지니고 있는 것이다.

---

[22] Enz §115. TW 8, 238 참조.

[23] Andreas Arndt, "Wer denkt abstract? Konkrete Allgemeinheit bei Hegel," in: *Konkrete Psychologie. Die Gestaltungsanalyse der Handlungswelt.* hg. v. Gerd Jüttemann und Wolfgang Mack, Lengerich u.a.: Pabst Science Publishers 2010 (127-137), 136. 이런 의미에서 헤겔은 자신의 『논리학』의 〈존재론〉[Seinslehre]을 출간한 다음해인 1812년의 김나지움에서의 철학 수업에 대해 니이트하머에게 보내는 평가서에서도, 초보적이지만 우선적인 주요 사안으로, 추상적인 사유를 고차적·사변적인 철학적 사유에로 인도하는 긍정적인 의미를 지닌 것으로 간주하고 있다(Hegel, *Nürnberger Gymnasialkurse und Gymnasialreden*(1808-1816), hg.v. K. Grotsch, Hamburg, 2006. GW 10, 2. Beilagen und Anhang, 830-832 참조).

헤겔이 말하는 '사유'

위의 설명을 통해 우리는, 헤겔에서의 '추상적'인 것은 참된 것이 아니라 거짓된 것이며, 우리의 사유에서 버려야 할 것이라는 점을 알게 되었다. 그러면 이제 헤겔이 말하는 '사유'(思惟)가 무엇인지를 살펴보자. 헤겔은 『철학강요(哲學綱要)』(*Enzyklopädie der philosophischen Wissenschaften*)[1]에서 다음과 같이 말한다:

> 분열시키는 열등(劣等)한 지성에 의하면, 철학과 종교는 서로를 배제하거나 혹은 양자(兩者)는 어쨌든 분리되어 있어서 이들은 외부로부터만 결합된다고 생각한다. 그러나 오히려 지금까지도 존재하는 생각은, 종교는 철학 없이도 존재할 수 있지만, 철학은 종교 없이는 존재할 수 없고 오히려 자신 속에

---

1 이 저술은 헤겔 철학 체계의 전모를 압축해 서술한 책으로, 헤겔이 하이델베르크대학에 근무하던 1817년에 출간되었고 1827년에 제2판이, 1830년에 제3판이 출간되었다. 『철학적 제학문의 집대성』, 『철학대계(哲學大界)』 혹은 그냥 『엔쮜클로패디』 등으로도 부르는데, 나는 『철학강요』라고 부르고, 'Enz'로 인용할 것이다.

종교를 포함하고 있다는 것이다. (…) 감정으로서의 정신은 대상화되지 않는(비대상적인) 내용 자체이며 — 뵈메의 표현을 사용하면, 단지 고통을 느낀다[qualiert nur] — 의식의 가장 낮은 단계일 뿐이어서, 실로 동물과 공통된 혼(魂, Seele)의 형태를 지니고 있다. 동물에게도 부여된 혼을 비로소 정신으로 만드는 것은 사유[das Denken]다.[2]

감정(感情, 느낌, Gefühl)으로서의 정신은 가장 낮은 단계의 의식이다. 예컨대 고양이가 통증을 느끼는 경우, 이것은 그에게 특수한 느낌이다. 감정의 단계는 특수성의 단계다. 동물들은 이런 단계에 머물러 있는 것으로 헤겔은 생각한다. 이것이 보편성의 단계로 고양되는 것은 사유에 의해서다. 헤겔은 인간이 동물과 구별되는 것은 "사유를 통해서"라고 말한다. 그렇다면 동물은 사유를 하지 못한다는 말인데, 과연 그러한가? 우리의 텍스트를 조금 앞질러서 『철학강요』〈서론〉§2의 헤겔의 주장을 인용해 보자: "그런데 만약 인간이 사유를 통해 동물과 구별된다는 말이 옳다면(그리고 이 말은 분명히 옳을 것이다), 인간적인 모든 것은 그것이 사유를 통해서 실현된다는 사실을 통해서, 그리고 오로지 그러한 사실을 통해서만 인간적인 것이다."[3] 우리 집 고양이는 내가 아침에 일어나 인사를 하면 소파에 올라가서 자기에게 간식 주기를 기다린다. 그는 나를 인지하고, 먹을 것을 얻어먹기 위해 소파에 올라가기로 결심하고 소파에 올라가, 내가 간식을 줄 것이라 생각하고 기다린다. 이 모든 일련의 과정이 고양이의 생각 속에서 이루어지는 것이 아닌가?! 물론 그럴 것이다. 그러나 헤겔이 동물은 사유를 하지 못한다고 말할 때의 '사유'[Denken]란, 개념화 작용으로서의 사유를 말한다.

---

2 Enz §2. TW 8, 24 f.
3 Enz §2. TW 8, 41-42.

이런 의미에서 헤겔은 위의 〈보유(補遺)〉에 이어지는 설명에서 "이러한 일반화는 사유[Denken]에 속한다"고 말하는 것이다. 즉, 고양이는 자기 앞에 여러 종류의 '먹을 것들'이 있을 때 그것들 모두가 '먹을 것'이라는 집합에 속하며, 자기가 지금 먹고 있는 먹이는 그것들 가운데 속하는 일부라는 사실을 알지 못한다는 말이다. 뿐만 아니라 동물은 이런 개념화 작용에 따르는 언어를 가지고 있지 못하다는 점에서도 그들의 '생각'은 인간의 '(개념적) 사유'와 본질적으로 다르다고 생각한다. 물론 헤겔도 넓은 의미에서는 '감정'[Gefühl], '직관'[Anschauung], '표상'[Vorstellung]이 사유에 속하는 것으로 본다. 그러나 그것들은 "형식으로서의 사유와"[von dem Denken *als Form*][4] 구별된다. 그런데 이런 구별은 데카르트(R. Descartes, 1596-1650)에 있어서와 대동소이하다. 즉 데카르트에 있어서 '사유' 혹은 '생각한다'[cogito]라는 것은, 좁은 의미에서의 '생각[사유(思惟)]'이 아니라 '지(知)·정(情)·의(意)' 모두를 포함하는 넓은 의미의 사유다. 다시 말하면 "의심하고 이해하며 긍정하고 부정하며, 의욕하고 의욕하지 않으며, 상상하고 감각하는"[5] 모든 '의식 활동'을 말한다: "나는 사유라는 용어를, 그것들에 대한 의식이 우리 안에 존재하는 한, 우리가 의식하는 동안에 우리 안에서 발생하는 모든 것이라고 이해한다. 그리하여 이해(理解), 의욕(意欲), 그리

---

4 Enz §2. TW 9, 42.

5 "그렇다면 이제 나는 무엇인가? 사유하는 것이다. 사유하는 것이란 무엇인가? 의심하고 이해하며 긍정하고 부정하며, 의욕하고 의욕하지 않으며, 상상하고 감각하는 것이다"("8. Sed quid igitur sum? res cogitans; quid est hoc? nempe dubitans, intelligens, affirmans, negans, volens, nolens, imaginans quoque sentiens." *Meditationes de Prima Philosophia in Quibus Dei Existentia et Animae Humanae A Corpore Distinctio Demonstrantur*, in : René Descartes, *Philosophische Schriften in einem Band*. Mit einer Einführung v. Rainer Specht und "Descartes' Wahrheitsbegriff" von Ernst Cassirer. Hamburg, 1996, 50).

고 상상(想像)뿐만이 아니라 감각 작용까지도 여기서는 사유 작용과 같은 것이다"[6] 이 내용을 대체로 다음과 같이 정리할 수 있다:

생각(生覺)/사유(思惟)
1) 지(知)(지적 작용)[intellect, intelligence]: 개념화[conceptualization], 판단[judgment], 추론[추리, inference, reasoning], 상상(력) 및 기억, 학습 능력 등
→ 이론적 사유
2) 정(情)[정서(情緒), emotion 〈 e+movere]: 지(知)·정(情)·의(意) 모두가 포함되어 있음
cf. 감정(感情, feeling): 예컨대, 한국철학의 〈사단칠정론(四端七情論)〉에서의 칠정(七情): "희(喜), 로(怒), 애(哀), 구(懼), 애(愛), 오(惡), 욕(欲)"(『禮記』)
→ 정서적 사유
3) 의(意)[의지(意志)]: 행위를 결정하는 능력 → 실천적 사유

※ 이때, 넓은 의미의 '사유'는 1)·2)·3) 모두를 가리키며, 좁은 의미의 사유는 1)만을 가리킨다.

6 René Descartes, *Principles of Philosophy*, tr., with explanatory notes, by V.R. Miller and R.R. Miller, Dordrecht/Boston/London, 1991 (1983[1]), 5. Part I, 9.

3

헤겔이 말하는 '형이상학'

또한 형이상학에 대한 헤겔의 입장은 어떠한가? 헤겔 당대의 독일 사회
에서, 교육받지 못한 자(교양 없는 자)들은 형이상학을 망상(妄想)과,
그리고 현실이나 경험과 거리가 먼 사유·추상적인 사유와 동일시하여,
마치 페스트를 대하듯 두려워하여 뒷걸음친다고 말한다. 사회는 형이
상학을 두려워하여 뒷걸음친다. 왜냐하면 사회는 형이상학을 존경함에
도 불구하고, 그것을 망상(妄想), 현실이나 경험과 거리가 먼 사유라고
이해하고 있기 때문이다. 형이상학이라는 단어가 추상적인 것들
[Abstraktionen]을 뜻하는 한, 헤겔은 사회의 판단을 수용할 수 있다.
그러나 사회의 판단은 형이상학에 대한 칸트 및 칸트 이후의 "선입관"
에 근거하고 있는데, 헤겔은 자기 자신의 철학적인 이해에 근거하여 이
러한 선입관을 공유할 수 없다. 사회가 사유, 추상적인 것, 그리고 형이
상학을 동일한 것으로 간주하는 한, 헤겔은 이것들을 구별해야만 한다.
헤겔이 생각하기에, 그로부터 우리가 도주(逃走)해야 할 대상은(그것으
로부터 피해 달아나야 할 대상은), 사변적·구체적 사유와 다른 한에 있

어서의 추상적인 철학, 추상적인 형이상학일 뿐이다(BT, 173).

교양 없는 사람들은 형이상학을 추상적인 것이고, 사유와 같은 것이라고 생각한다. 그러나 이러한 생각은 잘못된 것이고, 교양 있는 사람은 이와는 반대로 생각한다. 즉, 형이상학은 추상적인 것, 사유와 동치관계에 있지 않다. 즉, 추상적인 사유와 추상적인 형이상학만이 존재하는 것이 아니라, 구체적인 사유, 구체적인 형이상학도 존재한다. 우리가 버리고 피해야 할 것은 전자, 즉 추상적인 사유와 추상적인 형이상학이지, 결코 후자의 것들이 아니다. 그러나 이러한 사실들을 교양 있는 사람들이나 아름다운 세상은 알고 있지만, 교양 없는 사람들은 모르고 있다. 그래서 헤겔은 이 점을 알리기 위해 이 글을 쓰고 있는 것이다. 아름다운 세상은 이미 이 사실들을 알고 있기 때문에 이 점을 설명할 필요가 없고, 이미 알고 있는 사실에 대해 다시 설명을 듣는 일은 참을 수 없고, 아주 끔찍하고 불필요한 일이지만, 교양 없는 사람들을 위해서는 설명이 불가피하다는 점을 헤겔은 밝히고 있다. 아름다운 세상은 진정으로 추상적인 것이 무엇인지 분명히 알고 있기 때문에 그것을 잘 피할 수 있지만, 교양 없는 사람들은 그것을 올바로 알고 있지 못하기 때문에 그것을 피할 수도 없는 것이다. 우리가 어떤 대상을 진정으로 욕망하거나 싫어하기 위해서는 그 대상을 알아야 한다. 알지도 못하는 것을 바라거나 꺼려할 수는 없는 것이다. 교양 없는 사람들은 형이상학이 무엇인지, 사유가 무엇인지, 그리고 추상적인 것이 무엇인지 알지 못하기 때문에 그것을 욕망할 수도 싫어할 수도 없다고 헤겔은 말하는 것이다.

「누가 추상적으로 사유하는가?」라는 이 글을 쓴 지 4년 후인 1811년에 발표한 『논리학』[*Wissenschaft der Logik*] 제1부의 제1권인 〈존재론〉[*Seinslehre*] ──이 저술은 1812년에 간행된 것으로 되어 있지만 사

실은 한 해 전인 1811년에 출간되었다[1] ─의 서문[Vorrede]에서 다음
과 같이 말하고 있다:

(…) 그런데 이 시기에 앞서서 형이상학이라고 불리던 것은 소위 뿌리째 뽑
혀 버렸으며, 학문의 대열(隊列)에서 사라져 버렸다. 예전의 존재론, 이성적
심리학, 우주론 혹은 더 나아가서는 예전의 자연신학이 뿜어 대던 그 소리를
어디서 아직도 들을 수 있으며 또 그것이 허용된다고 할 수 있겠는가? 예컨
대 영혼의 비물질성(非物質性)이나 기계(론)적 원인 또는 목적인(目的因)에
관한 연구들이 어디서 아직까지도 관심을 불러일으킬 수 있단 말인가? 또한
신의 현존에 관한 그 밖의 증명들도 역사적으로만 인용되거나, 아니면 신앙
심(信仰心)이나 심성(心性)을 북돋을 목적으로 인용되고 있다. (…) ─이제
이렇듯 학문과 상식이 다 같이 형이상학의 몰락을 초래하는 데 합세한 나머
지 급기야는─마치 갖가지 장식으로 꾸며져 있지만 가장 존귀한 신(神)은
모시지 않고 있는 사원(寺院)의 경우와도 같이 ─형이상학이 없는 교양 있는
민족[Ein gebildetes Volk ohne Metaphysik]이라고 하는 해괴한 광경이 빚어
지는 사태에 다다랐다.[2]

그런데 여기서, "이 시기에 앞서서"라고 한 것은, 헤겔이 『논리학』

---

1 헤겔이 살던 시대에 책의 출판 연도는 일반적으로 그 책이 최초로 책 박람회에 전시
된 해를 말했다. 그러므로 책의 출간 연도는 종종 그것이 최초로 판매된 시기보다 늦었
다. 이것은 헤겔의 『논리학』의 경우도 마찬가지다. 즉, 헤겔의 『논리학』 제1부 제1권인
〈존재론〉[Seinslehre]은 1812년에 출간된 것으로 알려져 있지만, 헤겔은 자신의 『논리
학』이 1811년에 출간되었다고 말한다[Berliner Schriften 1818-1831(=TW 11), 240을
볼 것. Terry Pinkard, *Hegel. A Biography*, Cambridge, 2000 (Pinkard로 줄임), 715
참조].

2 Hegel, *Wissenschaft der Logik*. GW 11, 5 (=TW 5, 14).

〈존재론〉을 쓰기 약 25년 전인 1786년경에 앞서서라는 말이다. 칸트의
『순수이성 비판』(*Kritik der reinen Vernunft*)은 칸트가 57세가 되던 해
인 1781년에 출간되었고『실천이성 비판』(*Kritik der praktischen
Vernunft*)은 1788년에 출간되었다. 그리고 그에 뒤이어 피히테(Johann
Gottlieb Fichte, 1764-1812))의『전 학문론의 기초』(*Die Grundlage der
gesamten Wissenschaftslehre*, 1794/95)가 나왔고, 쉘링(F.W.J.
Schelling, 1775-1854)의『철학의 원리로서의 자아에 관하여, 혹은 인
간의 지(知) 속의 무제약자(無制約者)에 대하여』(*Vom Ich als Prinzip
der Philosophie oder über das Unbedingte im menschlichen Wissen*,
1795)도 발표되었다. 1786년경 이전의 형이상학은 소위 라이프니쯔-
볼프학파[Leibnizsche-Wolffische Schule]의 형이상학을 가리킨다. 그
리고 볼프(Christian Wolff, 1679-1754)는 형이상학을 일반 형이상학
[metaphysica generalis]과 특수 형이상학[metaphisica specialis]으로
나누었다. 그리하여 모든 존재자에 일반적으로 해당되는 규정들을 다
루는 존재론을 일반 형이상학이라고 하고, 특수 형이상학을 다시 세 영
역으로 나누었는데, 이 세 영역은, 살아있는 모든 것들의 혼(魂) 내지는
정신을 다루는 이성적 심리학[rational psychology]과, 정신이 아닌 자
연의 근거에 대해 탐구하는 이성적 자연철학 내지는 이성적 우주론
[rational cosmology], 그리고 마지막으로, 정신과 자연의 성립 근거로
서의 신의 문제를 다루는 이성적 신학[rational theology] 내지는 자연
신학[natural theology][3] 혹은 철학적 신학[philosophical theology]이
바로 그것이다. 자연신학(=이성신학)이란, 자연의 빛[lumen natu-
ralis]만으로 탐구하는 신학으로, 이때의 '자연' 혹은 '자연의 빛'은 '이

---

3 이성적 신학은 '자연신학'[natural theology]라고도 한다.

성'을 가리킨다. 즉 '초자연적인 것' 내지 '계시(啓示)'에 의거하지 않고 순전히 이성만으로 하는 신학이라는 말이다. 예컨대 아리스토텔레스의 신학은 자연신학이다. 그는 존재자들의 존재근거를 물어 들어가, 더 이상 그 근거를 물을 수 없는 것을 '부동(不動)의 원동자(原動者)' [πρῶτον κινοῦν ἀκίνητον, prôton kinoun akinêton][4]라고 불렀는데, 그가 우주의 이러한 근거에 도달한 것은, 어떤 종교적인 계시의 도움 없이 순전히 그의 이성적인 사유를 통해서다. 그러므로 그의 신학은 이성신학 혹은 자연신학, 철학적 신학이라고 한다. 그러나 이와는 달리, 각 종교와 관련된 여러 신학들이 있는데, 그것들은 자연의 빛 외에도 은총(恩寵)의 빛[lumen gratiae]인 계시(啓示)나 종교의 경전(經典)을 필요로 한다. 예컨대 기독교 신학[christian theology]을 위해서는 이성만이 아니라, 기독교의 신의 (특별)계시인 기독교 경전도 필요하다. 이슬람교 신학의 경우에는 이성 외에, 알라의 계시가 기록되어 있다고 하는 꾸란이 요구되는 것이다. 이러한 계시 없이 이성만으로 그들의 신학을 하는 경우에 그들은 '이단(異端)'이라는 비판을 받게 된다. 여기서 우리가 주의할 것은 '이성적'이라는 표현인데, 지금 설명한 것처럼 이것은 '(감각) 경험적'과 상반되는 용어일 뿐만 아니라 '초자연적'인 것과도 대립되는 용어다. 즉, 혼(정신), 자연 그리고 신에 대해 탐구하지만, 감각 경험이나 계시에 의존하지 않고 순전히 이성적인 사유에 의해서만 그렇게 한다는 것이다.

　그런데 헤겔은 "이제 이렇듯 학문과 상식이 다 같이 형이상학의 몰락을 초래하는 데 합세한 나머지 급기야는 — 마치 갖가지 장식으로 꾸며져 있지만 가장 존귀한 신(神)은 모시지 않고 있는 사원(寺院)의 경우와

4　최초의 원동자와 그의 활동에 관해서는 *Metaphysica*, Buch XII Kapitel 7. 1072 a f.를 참조할 것.

도 같이 ─ 형이상학이 없는 교양 있는 민족[*Ein gebildetes Volk ohne Metaphysik*]이라고 하는 해괴한 광경이 빚어지는 사태에 다다랐다"고 한탄한다. 일찍이 데카르트는 자기가 쓴『철학의 원리』(*Principia Philosophiae*, 1644)를 프랑스어로 옮긴 피코(Picot)에게 형이상학은 철학의 뿌리라는 점을 강조하는 다음과 같은 편지를 보낸 바 있다: "그러므로 온 철학은 하나의 나무와 같은데, 그 뿌리는 형이상학이요, 그 줄기는 자연학이요, 또 그 줄기로부터 뻗어 있는 가지는 그 밖의 학문들이다. (…)"[5] 헤겔 역시 철학의 근본을 이루는 것은 형이상학이라고 생각한다. 그러므로 "형이상학이 없는 교양 있는 민족"이라는 표현은 역설적(逆說的)인 표현이다. 진정으로 교양 있는 민족이라면 마땅히 그에 걸맞은 형이상학을 가지고 있어야 한다는 말이다.

그런데 그렇게 되기 위해서는, 즉 독일 민족이 진정으로 교양 있는 민족이 되게 하기 위해서는 그들에게 올바른 형이상학을 되돌려 주어야 할 것이다. 그러나 그것은 과연 어떻게 가능한 것인가? 헤겔은 그것이 가능한 것은 바로 자신의 절대적인 학(문)의 방법인 "사변적 사유"(사변적 방법)를 통해서라고 말한다.

---

5 "Ainsi toute la Philosophie est comme un arbre, dont les racines sont la Métaphysique, le tronc est la Physique, et les branches qui sortent de ce tronc toutes les autres sciences (…)"[René Descartes, *Oeuvres*, edited by Charles Adam and Paul Tannery (Paris: Vrin, 1971 [1897–1910]), Volume IX, 2, 14. Heidegger, "Einleitung zu: Was ist Metaphysik?," in: Ders., *Wegmarken*, Ffm., 1976, 365에서 재인용].

헤겔이 말하는 '사변'(思辨)

'사변'이라는 용어는, 현실적이고 지성적으로 사유하는 사람들 사이에서는 예로부터 별로 신뢰받지 못하고 있는 말이다. 자기가 설정한 목표의 실현이 자기 자신의 행위에도, 그리고 어느 정도 확실하게 계산될 수 있는 요소들에도 의존하지 않을 때 우리는 'spekulieren'[투기(投機)]한다고 말한다. 그리고 철학의 영역에서도, 자연과학의 학문 이해에 정향(定向)된 경험론적 철학이 존재한 이래, 형이상학은 일반적으로 사변이라는 의혹을 받아 온 것이 사실이다. 그러나 사변에 대해서 항상 그렇게 생각했던 것은 아니다. Spekulation의 어원이 되는 라틴어 Speculatio는 보에티우스에 의해 헬라스어 theōria(θεωρία)에 대한 용어로 사용되었다. 아우구스티누스(Aurelius Augustinus, 354-430), 스콜라 철학자[예컨대 토마스 아퀴나스(Thomas Aquinas, 1225-1274)], 그리고 신비주의자—예컨대 수소[Heinrich Seuse, 1295?-1366], 쿠자누스(Nicolaus Cusanus, 1401-1464)—는 이것을 speculum[거울]과 결합시키고 사도 바울을 따라서(고린도전서 13:12), 신은 직접 보이거나 알려질 수 없고, 마치 거울 속에서처럼 그의 일이나 성과 속에서만 보이거나 알려질 수 있다고 논증한다. 그러므로 사변은 감각 경험을 초월하여, 신적인 것 혹은 초자연적인 것에로 나아간다. 토마스 아퀴나스는 결과—예컨대 우주론적 신 증명에서 나타나는—로부터, 결과를 야기하는 원인에로 소급할 수 있는 가능성과 사변개념을 연관시킴으로써 이 개념의 의미를 더 정확하게 규정했다(*Summa theol. II.* 2, qu. 180, art. 3. 무엇보다도 여기서 그는 다음과 같이 말한다: "어떤 것을 거울을 통해서 본다는 것은, 결과를 통해서 원인을 보는 것을 뜻한다. 그런데 결과 속에서는 원인과 유사한 것이 다시 발생한다.") 'Speculatio'는 현실적으로 주어진 것을 초월하여 그것의 궁극적인 규정근거들에로 고양되는 것을 뜻했다.[1]

헤겔은 자신의 철학의 방법으로서의 변증법의 세 계기(契機, Momente = 본질적 요소) 혹은 단계를『철학강요(哲學綱要)』§79에서 다음과 같이 설명한다. 즉, 논리적인 것은 그 형식에 따라 다음의 세 가지 측면을 가지며, 이것은 모든 논리적·실재적인 것의 제계기(諸契機)가 된다고 말한다.

1) 추상적·지성적 단계[추상적인 면이거나 지성적인 면]
2) 부정적 이성의 단계[변증적인 면이거나 부정적·이성적인 면]
3) 긍정적[혹은 사변적] 이성의 단계[사변적인 면이거나 긍정적·이

1 Michael Inwood, *A Hegel Dictionary*, ebd., 271; Walther C. Zimmerli, *Die Frage nach der Philosophie. Hegel-Studien Beiheft 12*, Bonn, 1974, 99 ff. 그리고 Werner Becker, "Der Begriff der Spekulation und seine Stellung im Rahmen der transzendentalphilosophischen Erkenntnistheorie der Neuzeit," in: Ders., *Selbstbewußtsein und Spekulation. Zur Kritik der Transzendentalphilosophie*, Freiburg, 1972, 45 f. 참조.

성적인 면]²

1)단계는, 문제되고 있는 사상(事象)에 관해서 어떤 사유규정을 정립
하고 그것을 고집하며, 오직 그것만을 진리라고 주장하는 입장이다. 그
러나 우리가 진리, 즉 사상(事象)을 온전하게 알려고 할 때에, 하나의
규정은 그것과 대립되는 규정으로 이행하며, 그 어떤 하나의 규정만으
로는 진리라고 주장될 수 없다. 그러나 어떤 한 규정만을 진리라고 주
장하는 것이 바로 '독단주의' 다: "이 형이상학은 독단주의가 되어 버렸
다. 왜냐하면 이것은 유한한 규정의 본성에 의하여 상술한 제명제도 이
러한 주장에 불과했기 때문이다. 따라서 부득이 두 가지 정반대되는 주
장 중 하나가 진리라면 다른 하나는 오류가 분명할 것이라고 생각하지
않을 수 없기 때문이다"(Enz §32).

2)단계는 하나의 규정이 자신을 넘어서 반대의 규정으로 이행하는
것을 나타내며, 바로 여기에 '독단주의'를 부정하는 회의주의[der
Skeptizismus]의 의의가 있으며, 이 입장은 철학적 인식에 불가결한 계
기다. 그러나 회의주의와, 헤겔이 말하는 부정(否定)의 차이점은, 회의
주의가 행하는 부정은 '전면적인 부정'인 데 반하여, 헤겔에 있어서의
부정은 '제한적 부정'·'규정적 부정'[die bestimmte Negation, the de-
terminate negation]이라는 점이다.

여기서 또한 놓쳐서는 안 될 점은, 이 2)단계가 단지 1회에 걸쳐서만
발생하는 것으로 보아서는 안 된다는 사실이다. 부정(否定)은 단 한 번
만 이루어지는 것이 아니다. 참된 옳음인 진리에 도달하기 위한 부정의
과정은 무수히 반복될 수 있다. 헤겔의 변증적 사유를 '정-반-합'이라

2 Enz §79, TW 8, 168.

는 단조로운 3항1조도식[Triade]으로 규정해 버린 오류는 바로 이 제2) 단계를 '단 하나의 것'으로 생각한 데서 발생하는 것이다.

　3)의 단계는 대립이 통일되는 단계다. 이 단계에서는 통일 속에 존재 하는 대립을 파악할 수 있다. 긍정적 이성은 대립된 규정들의 해체와 이행 속에 포함된 긍정적인 것이다.[3] 대립이 통일되었다고 해서 대립이 완전히 사라진 것이 아니라 통일을 이루는 계기들로서 '지양(止揚)되 어' 있다. 로미오와 줄리엣이 사랑할 때, 그들은 이 사랑 속에서 '하나 로' 통일되지만, 그럼에도 불구하고 로미오는 로미오대로, 줄리엣은 줄 리엣대로 여전히 존재하는 것이다. 이것이 바로 '사변(思辨)'[Spekula- tion]의 단계다. 그런데 이러한 통일 내지 동일성에서 구별 내지 차이의 특면을 사상(捨象)할 때에 성립하는 것이 바로 신비주의(神秘主義, Mystizismus)다(Enz §82. Zus. 참조).

　사변[Spekulation]의 입장은 이성(理性, Vernunft)의 입장이기도 하 다. 사변적 사유라고 해서, 그것이 경험을 무시하거나 배제하는 것이 아니라는 점에 유의해야 한다. 즉, 사변적 사유는 우리의 사유가 일면 적·부분적이어서는 안 된다는 입장에 서서, 우리의 경험을 점진적으로 누적시켜 나아가 마침내 총체적인 인식에 이르는 것을 의미한다. 따라 서 사변에 있어서 하나하나의 경험과 인식은 전체의 인식을 이루는 계 기들로서 중요한 의미를 지니게 된다. 이러한 사유는 예컨대 쉘링이 주 장하는 '예지적 직관(叡智的 直觀)'[intellektuelle Anschauung, intellek-

---

3　"그리하여 결국은 지금 다루어진 방향에서의 변증적인 것 속에, 다시 말하면 대립자 를 통일성 속에서, 혹은 긍정적인 것을 부정적인 것 속에서 파악한다는 데에 바로 사변 적인 것[*das Spekulative*]이 존립한다. 이것은 가장 중요한, 그러나 아직 이에 숙달되지 않음으로써 부자유로운 사고력에게는 가장 힘겨운 측면이기도 하다"(TW 5, 52. 그리 고 TW 5, 168도 참조).

tuale Anschauung]과는 구별되는 것이다. 헤겔에 있어서 진리란, 쉘링
에 있어서처럼 "권총에서 총알이 발사되듯"(PG, §27) 단박에 얻어지는
것이 결코 아니라, 매개(媒介)와 부정(否定)과 도야(陶冶)의 과정을 거
쳐 가는 '개념의 노동'[die Arbeit (Anstrengung) des Begriffs]을 통해
서만 획득되는 것이며, 마치 선불교에서 말하는 '돈오점수(頓悟漸修)'
에서의 '돈오(頓悟)'와 같이 '단박에 깨닫는 것'(sudden enlighten-
ment)이 아니다. 즉, 진리에 도달하는 과정은 예지적 직관과 같은 '직
선(直線)의 길'이 아니라, 매개와 부정을 통한 '우여곡절(迂餘曲折)의
길'인 것이다. 헤겔에 있어서는 쉘링의 직접지(直接知)의 입장은 부정
된다.

　헤겔은 사유가 무엇인지, 추상적인 것이 무엇인지를 구태여 설명하
려고 하지 않는다. 왜냐하면, 아름다운 세상은 이것들에 대해 잘 알고
있을 뿐만 아니라, 만약에 모른다고 하더라도 필요하게 되면 스스로 알
려고 할 것이기 때문이다. 아름다운 세상은 추상적인 것이 좋은 것·옳
은 것이 아니라는 것을 알고 있기 때문에 그것으로부터 도망치려고 한
다. 우리가 어떤 것을 좋아하거나 싫어할 경우, 우리는 그것이 무엇인
지 알고 있거나 혹은 적어도 그것이 어떤 것이라고 이미 판단을 내린
것이다.

　헤겔에 의하면 훌륭한 사회는 추상적으로 사유하지 않는다(6, 60-61
참조). 훌륭한 사회의 전제는 곧, 추상적인 것과 사유에 관하여 사회가
알고 있어야 한다는 사실이다. 추상적인 사유와 구체적인 사유의 차이
를 알지 못하는 사회는 훌륭하지 않은 사회, 교양이 없는 사회다.

헤겔이 말하는 '양심'(良心)

헤겔은 제5단락에서 다음과 같이 말한다: "이미 언급한 것처럼 나의 의도는 사회를 이런 것들과 화해시키는 것이 아니며, 사회가 어려운 것을 다루기를 기대하는 것도 아니며, 이성을 부여받은 자의 신분과 지위에 적합한 그런 문제를 경솔하게 무시하지 않도록 사회의 양심에 호소하는 것도 아니다. 나의 의도는 오히려, 사회가 이러한 무시에 대해서 달리 별다른 마음의 거리낌을 가지고 있는 것 같지는 않지만, 아름다운 세상을 그 자신과 화해시키려는 것이다."

그런데 나는 여기서 'ihr ins Gewissen darüber zu reden'을 '(…) 사회의 양심에 호소하는 것'이라고 번역하고, 'wenn sie sich anders eben nicht ein Gewissen über diese Vernachlässigung macht, (…)'라는 구절을 '사회가 이러한 무시에 대해서 달리 별다른 마음의 거리낌을 가지고 있는 것 같지는 않지만,'으로 옮겼다. 그 이유는, 'Gewissen'이라는 용어가 맥락에 따라 두 가지 다른 의미로 사용되기 때문이다. 이것은 비단 헤겔의 경우에만 그런 것이 아니고 다른 많은 철학자들에게도 마찬가지로 적용되는 사항이며, 우리말 내지 한자 '양심'(良心)의 경우에도 마찬가지다. 이 점에 관해 좀 더 상세히 살펴보자.[1] 이 문제를 천착하기 위하여 먼저 '양심'이라는 용어의 출전에 대한 검토로부터 시작하여, 우리말에서 '양심'이 어떤 의미로 사용되고 있는지를 살펴본 후에, 이와 관련된 서양어의 의미를 탐구하고 나서, 『법철학』의 해당 본문을 분석할 것이다.

1) 동양에서의 '양심(良心)'의 출전(出典)과 그 의미

양심(良心)이라는 말의 출전은 『맹자(孟子)』인데, 우리의 논의를 위해서, 좀 길다고 생각되는 원문을 인용해 본다.

맹자가 말했다. 우산(牛山)의 나무가 원래 아름다웠다. 그런데 제(齊)나라의 큰 국도(國都) 교외에 있었기 때문에 도끼로 그것을 잘라 대니 어찌 산이 아름다울 수 있었겠느냐? 그러나 밤낮으로 숨을 쉬고 비와 이슬이 적셔 주었으므로 새싹이 돋아나지 않은 것도 아니다. 그러나 또 소와 양이 와서 뜯어 먹었다. 그래서 그와 같이 뻔질뻔질하게 된 것이다. 사람들은 그렇게 뻔질뻔질하게 헐벗은 모습만 보고는 처음부터 그곳에 재목이 없었다고 생각하지만, 어찌 그렇게 헐벗은 것이 그 산의 본 모습이겠느냐?

사람에게 있는 본성에 어찌 인의(仁義)의 마음이 없겠는가? 사람들이 그 양심(良心)[2](착한 마음)을 놓아 버리는 것은 마치 도끼로 나무를 잘라 버리는

---

1 양심 및 Gewissen에 관한 다음의 설명은 백훈승, 「헤겔 『법철학』에서의 Gewissen 의 문제」(『동서철학연구』 제79호, 한국동서철학회, 2016.3)를 부분적으로 수정하여 옮겼다.

2 『맹자(孟子)』의 영어번역서에는 양심(良心)을 "proper goodness of mind", "the

것과 같다. 매일 자르고 버리니 어찌 아름다울 수가 있겠느냐! 하지만 (사람
의 착한 마음도) 밤과 낮으로 더욱 자라나고자 하며, 새벽녘 청명한 기(氣)
를 받고 새싹이 돋아나게 마련이다. 그런데도 좋아하는 바와 싫어하는 바가
사람의 본성과 가까운 점이 거의 없으니, 그렇게 되는 까닭은, 낮에 하는 세속
적인 일 때문에 밤에 자라나고 또 새벽에 돋아난 새싹이 구속되고 스러지기
때문이다. 양심의 싹이 구속되고 스러지는 일이 반복되면, 결국에는 양심의
싹을 키워 주는 야기(夜氣)가 부족해지고 양심의 싹을 살아나게 하지 못하게
된다. 야기가 부족하여 양심의 싹이 더 살아나지 못하게 되면, 금수와의 거리
가 멀지 않게 된다. 사람들은 그를 금수로만 보고 본래부터 인간적인 재질
(才質)이 없었다고 생각하겠지만, 어찌 그것이 인간의 실상이라 하겠는가!
그러므로 잘 맞게 배양하면 자라지 않는 것이 없고, 배양하지 못하면 소멸하
지 않는 것이 없다.

공자께서도 말하셨다. '잡으면 있고, 버리면 없다. 들어오거나 나가거나 때
가 없고, 그 향방을 알지 못하는 것이 바로 마음을 말하노라.'[3]

---

good mental constitution or nature" 등으로 번역하고 있다(*The Chinese Classics
with A Translation, Critical and exegetical Notes Prolegomena, and copious Indexes
by James Legge*, Vol. II, Oxford, 1894, 408).

3 "孟子曰 牛山之木嘗美矣, 以其郊於大國也, 斧斤伐之, 可以爲美乎? 是其日夜之所息,
雨露之所潤, 非無萌蘖之生焉, 牛羊又從而牧之, 是以若彼濯濯也. 人見其濯濯也, 以爲未嘗
有材焉, 此豈山之性也哉? 雖存乎人者, 豈無仁義之心哉? 其所以放其良心者, 亦猶斧斤之
於木也, 旦旦而伐之, 可以爲美乎? 其日夜之所息, 平旦之氣, 其好惡與人相近也者幾希, 則
其旦晝之所爲, 有梏亡之矣. 梏之反覆, 則其夜氣不足以存; 夜氣不足以存, 則其違禽獸不遠
矣. 人見其禽獸也, 而以爲未嘗有才者, 是豈人之情也哉?
故苟得其養, 無物不長; 苟失其養, 無物不消. 孔子曰: '操則存, 舍則亡; 出入無時, 莫知其
鄕. 惟心之謂與?'"(『맹자(孟子)』, 고자장구(告子章句) 상(上), 제8장). 번역은 『개정
(改訂)신역(新譯) 맹자(孟子)집주(集註)』(張基槿 편저, 명문당, 2009, 597-601)를 기
본으로 하고, 필자가 부분적으로 수정하였음.

맹자는 사람의 양심을 우산(牛山)에 있는 나무에 비유하고, 사람들이 우산의 나무를 마구 베어가므로 나무를 보존하기 어렵듯이 양심도 지키기 어렵다고 경고하고, 우리의 마음을 단단히 붙잡을 것, 즉 늘 조심(操心)할 것을 권하고 있다. 그렇다면 과연 양심은 항상 선한 것인가, 아니면 경우에 따라서는 악한 것이 될 수 있는 것인가? 『맹자(孟子)』에서 말하는 '양심'은 그 자체로는 악한 것으로 바뀔 수 없는 것이다. 다만 그 자체로 착한(선한) 마음인 '양심'이 어떤 이유에서든지 조금씩 소멸될 수 있고, 양심이 조금씩 소멸됨으로써 우리의 마음의 다른 한편에 악한 마음이 생길 수 있는 것으로 이해해야 한다. 이러한 마음의 상태를 가리켜 맹자는, 사람들이 우산의 나무를 도끼로 베어 내고, 소와 양들이 새싹들을 먹어 버려 민둥산이 되어 버린 것이라고 한다. 즉, 인간의 본성은 선한 것인데, 그것을 잘 길러 주지[양(養)] 않아 자라지 않고[부장(不長)] 소멸할[소(消)] 수 있다는 것이다. 그리하여 '붙잡으면 있게 되고, 놓아 버리면 없어진다'(操則存, 舍則亡)고 공자(孔子)가 말하듯이, 마음을 잘 붙잡아야 한다는 것을, 즉 조심(操心)하라는 것을 강조하고 있다. 그러나 맹자가 양심을 인간의 본성으로 보고 있는 이상, 본성 자체가 변하는 것은 아니고, 착한(선한) 마음이 차차 가려지고 그 기능을 제대로 발휘하지 못함으로써 양심과 대립되는 악한 마음이 양심을 누르고 그 힘을 과시하게 되는 것으로 보아야 할 것이다. 그러므로 양심은 항상 선한 것이지, 결코 악한 것이 될 수 없다. 맹자가 생각하는 '양심'은 그 자체로 선한 것이다. 다만, 그 자체로 선한 '양심'이 어떤 이유에서든지 조금씩 소멸되는 것을 안타까워할 뿐이지, 양심 자체가 악한 것으로 바뀌는 것이 아니라는 말이다.

2) 우리말에서의 '양심(良心)의 의미

우리말의 일상적인 용법을 살펴보면, '양심'이라는 말이 상이한 의미로 사용되고 있음을 알 수 있다. 네이버 국어사전에서 양심은 다음과 같이 정의된다: "사물의 가치를 변별하고 자기의 행위에 대하여 옳고 그름과 선과 악의 판단을 내리는 도덕적 의식." 만약 이 정의가 옳다면, 우리는 여기서 "그렇다면 양심이 위와 같은 판단을 내리는 기준이나 척도는 무엇인가?"라고 물을 수 있다. 그리고 이때 척도가 양심 자체인지 아니면 양심의 외부에 있는 그 무엇인지가 또 문제가 된다. 또한, 양심 자체가 도덕적 판단의 척도라고 할 경우에, 인간 각 개인마다 자기 자신의 양심이 척도가 되는지, 아니면 인간 모두에게 공통된 보편적인 척도가 있는지도 문제다. 이러한 문제는, 도덕적 판단의 척도가 각 개인의 양심의 외부에 있다고 주장하는 경우에도 마찬가지로 발생한다. 과연 우리는 이에 대한 해답을 찾을 수 있는가? 예컨대, 대한민국의 헌법은 제19조에서 양심의 자유를 규정하고 이와 별도로 제20조에서 종교의 자유를 규정하고 있다. "모든 국민은 양심의 자유를 가진다"는 헌법의 규정은, 우리는 '강요에 의하지 않고 자기 자신의 신념에 따라 자유롭게 행동할 수 있다'는 것을 뜻할 것이다. 예컨대 '양심수(良心囚)'를 생각해 보자. 양심수란, ─우리나라의 실정에서─자기 자신의 신념에 따라 공산주의 사상을 끝까지 포기하지 않는다거나, 또한 자기 자신의 소신에 의해 군복무를 거부함으로써 투옥된 사람들을 가리킨다. 이 경우, 자신의 양심, 즉 소신에 따른 행위는 옳을 수도 있고 그를 수도 있다. 유대인과 이슬람교도들은 자신들의 양심에 따라 돼지고기를 먹지 않는다. 기독교인들은 자신들의 양심에 거리끼지 않고 돼지고기를 먹는다. 이런 경우들에 있어서의 '양심'에 따른 행위란, 전적으로 선한 것, 오류를 범할 수 없는 '선'이 아니라, 단지 자신들의 도덕적 신념에 따른 행위로서, 얼마든지 악이 될 수도 있는 행위인 것이다.

그러나 다른 한편 우리는, 비도덕적인 행위나 파렴치한 행위를 한 사람을 보고, "양심도 없는 사람"이라고 비난하고, 그런 행위를 "비양심적인 행위"라고 말한다. 이 경우의 '양심'이란, 개인에 따라 다를 수 있는 주관적인 소신이라는 의미로 사용되고 있는 것이 아니고, 어떤 객관적 내지 ―더 강화된 의미로는 ―절대적인 도덕 기준에 따르는 마음을 가리키고 있다. 위키백과에서도 양심에 대하여, "양심(良心)은 선악을 판단하고 선을 명령하며 악을 물리치는 도덕의식이다. 양심의 가책이나 양심에 부끄럽지 않다고 말하듯이 자기가 행하거나 행하게 되는 일 특히, 나쁜 행위를 비판하고 반성하는 의식"이라고 말하고 있다. 이처럼, '양심'은 전자의 경우처럼, '선할 수도 악할 수도 있는 마음'이라는 의미로 사용되기도 하고, 후자의 경우처럼, 항상 선한 마음이라는 의미로 사용되기도 한다는 것을 알 수 있다.

그러나 우리가 이러한 일상어의 용법을 무시할 수는 없겠으나, 이를 그대로 용인한다면 언어상의 혼란을 야기하게 된다. 예컨대 "네 양심에 손을 얹고 생각해 봐라!"라고 말할 때의 '양심'이란 과연 무엇을 뜻하는가? 우리 안에는 절대적으로 선한 마음이 있는데, 그 마음에 기초해서 생각하라는 말인가, 아니면 우리 안에 선악을 분별하는 마음인 '도덕의식'[moral consciousness]이 있는데, 이러한 도덕의식을 활용하여 어떤 것이 선하고 악한지를 분별해 보라는 말인지가 분명하지 않다. 오늘날 대한민국에서는 특히 청소년들에 의한 우리말 왜곡 현상이 심각한 수준에 이르렀음을 알 수 있다. 국적도 알 수 없는 괴상한 말들이 난무하고 있다. 과연 잘못된 말들이, 그것들이 단지 많이 사용되고 있다는 이유로, 옳은 것으로 인정되어서는 안 될 것이다. 필자는 '양심'이라

는 말에 대해서도 의미 구분을 명확히 하여 언어상의 혼란을 피하는 것
이 좋겠다고 생각한다. 그리하여, 『맹자』에서 본래 말하고 있는 의미의
'양심', 즉 ─ '선'의 척도가 우리의 외부에 있든, 아니면 우리의 내면
에 있든 간에 ─전적으로 '선한 마음'에 대해서만 '양심'이라는 표현을
사용하고, 사전(辭典)에 '양심'에 대해 정의된, '사물의 가치를 변별하
고 자기의 행위에 대하여 옳고 그름과 선과 악의 판단을 내리는 도덕적
의식 내지 판단'에 대해서는 '도덕(적) 의식' 내지는 '도덕적 확신'이
라는 용어를 사용할 것을 제안하는 바다. 그리고 이러한 제안은, 이 논
문을 통해 드러나듯이, 서양어의 용례와도 들어맞을 것이며, 헤겔의 텍
스트를 해석하는 데에도 결정적인 역할을 하게 될 것이다.

3) 서양어 syntērēsis(συντήρησις) 혹은 synderesis와 syneidēsis(συνείδησις), conscientia, conscience, Gewissen의 의미

syntērēsis(συντήρησις)는 고대 헬라스어로, '보호하다, 지키다'를
뜻하는 동사 syntērein(συντηρεῖν)으로부터 나와, '주의 깊게 살
핌'[careful watching]이라는 의미를 지니고 있다. 그리하여 이 용어는,
"도덕법칙의 근본원리들을 아는 습성", "실천적 질서의 보편적인 제1원
리들을 아는 지식" 등의 의미를 지니게 되었고,[4] 스콜라철학자들은 이
것을 도덕의식의 핵심으로, 그리고 인간이 범죄할 경우에 잘 드러나지
않게 저항하는, 도덕법칙에 대한 근원적이고 본질적인 의식(意識)으로
불렀다. 이 헬라스어에 대응하는 고전 라틴어가 synderesis인데, 철학자

---

4 http://www.textlog.de/5161.html. https://en.wiktionary.org/wiki/synteresis.
https://www.catholicculture.org/culture/library/dictionary/index.cfm?id=36754.

들에 따라 조금 다르게 사용되기도 하는 synderesis는 대체로, 행위의
제1원리·척도로서의 선한 것, 혹은 그것에 관한 선천적 지식이나 능력
을 가리킨다. 예컨대 토마스(Thomas Aquinas)에 있어서 synderesis는
도덕 판단의 제1원리[5]인 동시에, 도덕 판단의 능력[6]이기도 하다. 도덕
판단의 능력으로서의 synderesis는 항상 선에로 기울고[7] 항상 선만을 부
추기며 결코 악을 부추기지는 않는다.[8] synderesis는 결코 실수하거나

---

5 "인간적 행위들의 제1척도는 conscientia가 아니라 synderesis다"(*De veritate*, q.
17 a. 2 ad 7).

6 "판단에는 두 종류가 있는데, 그 하나는 보편적인 것에 관한 판단으로, 이것은 syn-
deresis에 속한다. 그리고 다른 하나는 특수한 활동들에 관한 판단인데, 이것은 선택에
관한 판단으로서, 자유로운 선택(자유의지)에 속한다."("Ad decimumquintum dicen-
dum, quod iudicium est duplex, scilicet in universali, et hoc pertinet ad synderesim; et in particulari operabili, et est hoc iudicium electionis, et hoc pertinet ad
liberum arbitrium, (…)"[CORPUS THOMISTICUM. Sancti Thomae de Aquino,
Quaestiones disputatae de veritate (*De veritate*로 줄임). q. 16 a. 1 ad 15]. http://
www.corpusthomisticum.org/qdv15.html.

7 "synderesis는 항상 선에로 기운다." "(…) synderesis semper inclinat ad bonum,
(…)"(*Summa Theologiae* Vol. 11, London/NY., 1970, I a. q.79 a.12); "감각성은
synderesis에 대립된다. 왜냐하면 감각성은 늘 악에로 기우는 데 반해서 synderesis는
늘 선에로 기울기 때문이다."("Praeterea, sensualitas synderesi opponitur, quia sicut
sensualitas inclinat semper ad malum, ita synderesis semper ad bonum.")(*De veritate*, q. 16 a. 1 arg. 7); "욕망[fomes]은 항상 악에로 기울고, synderesis는 항상 선에
로 기운다" "Praetera, fomes semper inclinat ad malum, synderesis autem semper ad
bonum"(*De veritate*, q. 16 a. 1 s. c. 3).

8 "그러므로 synderesis는 (…) 항상 선을 부추기며 결코 악을 부추기지는 않기 때문
이다"["Ergo synderesis (…) quia semper instigat ad bonum et numquam ad
malum"(*De veritate*, q. 16 a. 1 s. c. 1)]; "이것이 synderesis인데, 이것의 임무는 악
을 경고하고 선에로 기우는 것이다. 그러므로 우리는 synderesis에는 오류가 있을 수
없다는 데에 동의한다."("Et haec est synderesis, cuius officium est remurmurare
malo, et inclinare ad bonum; et ideo concedimus quod in ea peccatum esse non
potest." *De veritate*, q. 16 a. 2 co.); "그러므로 synderesis는 선을 부추기고 악을 저
지한다고 말해진다. (…)"["Unde et synderesis dicitur instigare ad bonum et mur-

죄를 범하지 않는다.[9]

이에 비해, syneidēsis(συνείδησις)는 — 동사형은 syneidenai, synoi-
da다 — 1. 타인과 공유하고 있는 지식, 2. 의사소통[communication],
정보, 지식, 3. 의식[consciousness], 자각[awareness]. 4. 옳은 행위와
그릇된 행위에 관한 의식, 도덕의식[conscience] 등의 의미를 갖는다.[10]
문자적으로는, '어떤 것을 함께 안다'라는 syneidenai(συνειδέναι)라는
동사['함께'(syn) '안다'(eidēsis)]로부터 유래한다.[11] 그래서 이 용어도,
전적으로 선한 마음이라는 의미의 '양심'이라는 의미를 가지고 있지는
않다. 기독교의 신약성서에 등장하는 용례에서도 이러한 사실을 확인
할 수 있다. 우선, 1) 쉬네이데시스[12]는 선할 수도 있고 아닐 수도 있
다.[13] 2) 그것은 악한 것, 더러운 것일 수도 있고, 더러워질 수도 있기
때문에 '선한' 혹은 '깨끗한(순수한)' 쉬네이데시스를 가지라고 권면
하고 있고, 그것을 "깨끗하게" 할 필요가 있다고 바울은 주장한다.[14] 그

---

murare de malo, (…)"](*Summa Theologiae* Vol. 11. I a. q.79 a.12).

9 "그러므로 (우리에게는) 늘 선에로 기우는 어떤 것이 존재할 것이다. 그런데 우리는
synderesis 외에는 이것을 볼 수가 없다. 따라서 synderesis는 결코 죄를 범하지 않는
다"("Ergo et aliquid erit quod semper inclinat ad bonum. Hoc nihil videtur esse
nisi synderesis. Et sic synderesis numquam peccat." *De veritate*, q. 16 a. 2 s. c. 1).

10 H.G. Liddell and R. Scott, *Greek-English Lexicon*, Oxford Univ. Pr., 1983,
1704 참조.

11 http://www.merriam-webster.com/dictionary/syneidesis 그리고
http://www.oxforddictionaries.com/definition/english/syneidesis.

12 συνείδησις라는 원형(原形)은 각 경우에 따라 어미변화를 동반하고 나타나지만,
우리말로는 원형 '쉬네이데시스'로 표기한다.

13 1) "선한 쉬네이데시스를 가지십시오"[συνείδησιν ἔχοντες ἀγαθήν](베드로전서
3:16).

14 2) "깨끗한(순수한) 쉬네이데시스에 믿음의 비밀을 간직한 사람이라야 합니
다"[ἔχοντας τὸ μυστήριον τῆς πίστεως ἐν καθαρᾷ συνειδήσει](디모데전서 3:9); "우
리들의 쉬네이데시스를 깨끗하게 하여"[καθαριεῖ τὴν συνείδησιν ἡμῶν](히브리서

리고 3) 쉬네이데시스는 강할 수도 약할 수도 있다.[15] 또한, 마지막으로, 4) 쉬네이데시스는 낙인(烙印)[화인(火印), 불도장]이 찍히거나 하여 그 기능을 발휘할 수 없도록 손상되는 경우도 있다.[16] 이를 종합해볼 때, 기독교의 신약성서에서 말하는 쉬네이데시스는 『맹자(孟子)』에서 말하는 '양심'과 일치한다고 할 수는 없다. 왜냐하면 용례 1)과 2)를 볼 때, 결코 쉬네이데시스 자체가 불변적으로 선하고 깨끗하다고는 말할 수 없기 때문이다. 그것은 경우에 따라서는 악한 것, 더러운 것, 약한 것, 손상된 것으로 될 수 있는 것이다. 쉬네이데시스는 선악을 분별하고, 그 가운데 어떤 것을 택할 것인가를 결정하는 우리의 마음에 해당하는 용어라고 할 수 있다. 그렇기 때문에 쉬네이데시스는 분별된 선을 따를 수도 있지만, 그 반대로 악을 택할 수도 있는 것이다. 전자의 경우에 대해 우리는 쉬네이데스가 선하다고 말하고, 후자의 경우에는 악하다고 평가하는 것이다.

라틴어 conscientia도 '함께'[con] '앎'[scientia]이라는 의미를 지닌 복합어다. synderesis가, 행위의 제1원리·척도로서의 선한 것, 혹은 그것에 관한 선천적 지식이나 능력을 가리키는 데 반하여, conscientia는 보편적인 실천 법칙을 특수한 도덕 행위와 결합하는 작용을 가리킨다.

9:14) : "도리어 그들의 생각과 쉬네이데시스까지도 다 더러워졌습니다."[ἀλλὰ μεμίανται αὐτῶν καὶ ὁ νοῦς καὶ ἡ συνείδησις](디도서 1:15).

15 3) "그들의 쉬네이데시스가 약(弱)하므로"[ἡ συνείδησις αὐτῶν ἀσθενὴς](고린도전서 8:7).

16 4) "그러한 교훈은, 그 쉬네이데시스에 낙인(烙印)이 찍힌 거짓말쟁이의 속임수에서 나오는 것입니다"[ἐν ὑποκρίσει ψευδολόγων κεκαυστηριασμένων τὴν ἰδίαν συνείδησιν](디모데전서 4:2) ; "그러므로 나도 언제나 하나님과 사람들 앞에서 거리낌 없는(손상되지 않은) 쉬네이데시스를 가지려고 힘쓰고 있습니다"[ἐν τούτῳ καὶ αὐτὸς ἀσκῶ ἀπρόσκοπον συνείδησιν ἔχειν πρὸς τὸν θεὸν καὶ τοὺς ἀνθρώπους διὰ παντός](사도행전 24:16).

그래서 conscientia는 '도덕적 행위에 대한 의식'이라고 할 수 있다. 즉 conscientia는 도덕 규칙을 특수한 사례에 적용한다. 영어 conscience도 conscientia에 대응하는 의미, 즉 '도덕의식'이라는 의미를 지니고 있다. 그러나 conscience[17]는, 오류를 범할 수 없는 실천이성 내지 양심에 해당하는 의미도 지니고 있는데,[18] 후자의 의미를 지닌 conscience라는 용어는 중세의 conscientia에 대응하는 것이 아니라 synderesis에 대응한다.[19] 즉, synderesis는 오류를 범할 수 없지만, conscientia는 오류를 범할 수 있다. conscientia는 제1척도가 아니라, 이러한 척도에 따라 도덕 판단을 내리는 과정에서 오류에 빠질 수 있기 때문이다.[20]

독일어 'Gewissen'은 고대고지(古代高地)독일어 wizzan[지(知, Wissen)라는 뜻]에 속한 과거분사 gewizzan에서 나온 gewizzani 내지

---

17 H. Reiner, "Gewissen," in: Joachim Ritter u. a. (hg.), *Historisches Wörterbuch der Philosophie, Band 3*, Basel/Stuttgart, 1974 (574–592), 585 참조.

18 *The Random House Dictionary of the English Language*. Second Edition. Unabridged. NY., 1987, 432 참조.

19 http://www.merriam-webster.com/dictionary/synderesis. https://en.wikipedia.org/wiki/Synderesis.
http://www.iep.utm.edu/synderes/. *Etymologisches Wörterbuch des Deutschen. A–G*, erarbeitet von einem Autorenkollektiv des Zentralinstituts für Sprachwissenschaft unter der Leitung von Wolfgang Pfeifer, Berlin, 1989, 566 참조.

20 예컨대 토마스는 "오류에 빠진 conscientia"[conscientia(e) errantis]에 관해서 말한다(*De veritate*, q. 17 a. 2 ad 6과 q. 17 a. 4 arg. 2). 이명곤은 synderesis는 '양심'으로, conscientia는 '도덕적 의식'으로 번역되어야 한다고 주장한다[이명곤, 「토마스 아퀴나스의 양심과 도덕적 의식에 대한 고찰 — 'synderesis'와 'conscientia'의 개념 규정과 한글 번역에 관하여 —」, 『인간연구』 제25호(2013/가을), 가톨릭대학교 인간학연구소 (99–144), 특히 140–141 참조]. 필자도 이에 기본적으로는 동의한다. 그러나 필자가 후자를 '도덕의식'으로 번역한 이유는, '도덕적 의식'이라는 표현은, 경우에 따라서는 '도덕과 관계된 의식'이라는 의미 외에도, '도덕적으로 칭찬받을 만한 의식'이라는 의미를 나타낼 수도 있기 때문에 아예 오해의 소지를 없애자는 취지에서다.

는 라틴어 conscientia(헬: syntērēsis, syneidēsis)로부터 유래하는데, 이것은 자기의 행위에 동반되는, 도덕적인 가치 평가를 내리는 '(함께) 앎'[(Mit-)wissen]을 가리킨다. 그리고 일반적으로 Gewissen은, 자기의 행위의 선악에 관한 의식(意識), 혹은 특정한 심급(審級, Instanz)에 대한 의무의식(義務意識)이라고 할 수 있다. 여기에서도 Gewissen은 전적으로 선한 것이라는 의미는 포함되어 있지 않다. 한 시대와 사회에 존재하는 다양한 사람들의 Gewissen은 상이한 내용을 가질 수 있는 것이다. 예컨대. (Gewissen의 자유에 입각한) 군복무 거부자가 있는가 하면, 지원병도 있다.[21] 독일어에는 'mit gutem Gewissen' 혹은 'guten Gewissens', 그리고 'ein schlechtes (böses) Gewissen haben' 등의 표현이 있다. 만약에 우리가 Gewissen을 '양심'으로 번역하게 되면, 일단 이들 표현은 '좋은(선한) 양심을 가지고', 그리고 '나쁜(악한) 양심을 가지다'로 옮겨질 수 있다. 그러나 '좋은(선한) 양심'이라는 표현은 중복된 표현 혹은 과잉 표현이고, '나쁜(악한) 양심'이라는 표현은 모순된 표현이다. 이 경우, Gewissen을 도덕의식 내지 도덕적 확신으로 옮기게 되면 아무런 문제가 없다. 도덕의식에는 선한 것도 있을 수 있고 악한 것도 있을 수 있기 때문이다. 그러나 다른 한편, 이 경우에 Gewissen을 '양심'으로 해석할 수 있는 가능성도 있다. 왜냐하면 'mit gutem Gewissen'이라는 말은, '양심을 훼손하지 않고 — 혹은 양심이 훼손당하지 않고 — 그대로 잘[gut] 보존(유지)된 상태로', '양심의 가

---

21 Hans Jörg Sandkühler (hg.), *Europäische Enzyklopädie zu Philosophie und Wissenschaften*, Bd.2, Hamburg, 1990, 455 참조. http://www.duden.de/rechtschreibung/Gewissen 참조. 그리고 *Etymologisches Wörterbuch des Deutschen*. *A-G*, erarbeitet von einem Autorenkollektiv des Zentralinstituts für Sprachwissenschaft unter der Leitung von Wolfgang Pfeifer, Berlin, 1989, 566 참조.

책 없이', '떳떳하게', '마음 편하게', '걱정(염려)하지 않는', '마음이 가벼운' 이라는 의미로 사용되고 있고,[22] 후자의 표현은, '죄책감을 가지다' 혹은 '양심의 가책을 받고 있다', 혹은 '떳떳하지 못한 마음을 가지고 있다' 는 의미로 사용되고 있기 때문이다[영어로는 'to have a bad (guilty) conscience'에 해당한다]. 그래서 이 표현은, '어떤 행위를 했는데, 그것이 자기의 양심에 걸린다', '그 행위가 나의 양심에 부담이 된다', '그 행위로 인해 나의 양심이 가책(呵責)을 받고 있다' 는 뜻이다.[23] 이것은 오히려 Gewissen이 선한 것, 좋은 것이라는 사실을 나타내고 있는 표현이라 할 수 있다. 그렇기 때문에 Gewissen은, 잘못된 —혹은 잘못되었다고 생각되는 — 행위에 대해 아파하고 가책을 받는 것이다. 이렇게 볼 때, 일상의 독일어에서는 Gewissen을, 중립적인 의미의 '도덕의식' 내지는 '도덕적 확신' 이라는 의미로 사용하기도 하고, 『맹자(孟子)』에 나오는 '양심' 의 의미로 사용하기도 한다고 볼 수 있다.

그래서 우리는 여기서 Gewissen의 과정과 Gewissen의 척도를 구별할 수 있다. 그리고 이 구별은 Gewissen의 어원적 출처가 되기도 하는 헬라스어 syntērēsis(συντήρησις) 혹은 라틴어 synderesis와, 이와 대비되는 헬라스어 syneidēsis 혹은 라틴어 conscientia의 구별과 관련된다. 전자, 즉 syntērēsis와 snderesis는 행위의 제1원리·척도로서의 선한 것, 혹은 그것에 관한 선천적 지식이나 능력을 가리키는 반면에, 후자, 즉 syneidēsis와 conscientia는 보편적인 실천 법칙을 특수한 도덕 행위와 결합하는 작용을 가리킨다. 그러므로 전자는 전적으로 선한 것 내지는 오류를 범할 수 없는 것인데 반하여, 후자는 경우에 따라서 선으로

---

22 http://synonyme.woxikon.de/synonyme/unbesorgt.php.

23 http://www.linguee.com/german-english/translation/ich+habe+ein+schlechtes+gewissen.html.

도 악으로도 될 수 있는 것이다.

프랑스어 conscience는 영어 conscience에 대응하고, syndérèse는 συντήρησις와 synderesis에 대응하는 용어로 사용된다.[24]

syneidēsis, conscientia, conscience, Gewissen은 모두, '함께'[syn-, con-, Ge-] '안다'[eidēsis, scientia, science, wissen]', 즉 '공지(共知)'라는 뜻을 지니고 있다. 그렇다면 이들 서양어 모두가 지니고 있는 의미인 '함께 안다'는 것은 과연 어디에서 유래한 것이며, '함께 아는 것'이 지시하고 있는 구체적인 내용이 무엇인가, 그리고 왜 그것이 '도덕적 의식'이나 '양심'이라는 의미와 관계가 있는지가 문제된다. 이시카와(石川文康)는 칸트에 있어서의 Gewissen 문제를 다룬 그의 책에서 '함께 앎'을 1) '자기 자신과 함께 앎', 2) '세상(의 타자)과 함께 앎', 그리고 3) '신(神)과 함께 앎'으로 구분하였다.[25] 이것은 1) 주관, 2) 객관, 3) 절대에 대응한 구분이라 할 수 있다. 그리고 여기서 1) '자기 자신과 함께 앎'이라고 하는 것은 위의 서양어에 내포되어 있는 중요한 의미들 가운데 하나다. 도덕의식이라고 하는 것은 어떤 행위가 선하고 어떤 행위가 악한지에 대해 생각하고 반성하는 의식이므로, 이것은 당연히 자기의식의 구조를 지니고 있다. 헤겔도 『법철학』에서 이 점을 말하고 있다. "너 자신을 알라!"[γνῶθι σεαυτόν]는 소크라테스의 외침 역시 이러한 사태에 관련되어 있는 것이다. 2)에 해당하는 내용 역시, 우리의 도덕의식은 고립되어 발생하고 성장하는 것이 아니라, 우리가 속한 사회 속에서 타인과 관계하면서 이루어지는 것임을 고려할 때 당연한 것이라 하겠다. 마지막으로 3)의 경우는 어떠한

---

24 https://fr.wiktionary.org/wiki/synd%C3%A9r%C3%A8se.

25 石川文康,, 『良心論—その哲学的試み』, 名古屋大学出版会, 2002, 16-73 참조. 이시카와는 2), 3), 1)의 순서로 서술하였으나, 필자가 순서를 바꾸었다.

가? 여기에는 종교적인 해석이 요구될 것인데, 예컨대 유대 · 기독교의 전통에서 볼 때 이 용어는 아담이 타락한 후에 신(神)이 다음과 같이 말한 바와 일치한다: "보라, 이 사람이 선악을 아는 일에 우리 중 하나같이 되었으니 (…)"(「창세기」 3:22). 즉, 아담과 하와가 신의 명령을 어기고 선악을 아는 '지식의 나무의 열매'를 먹기 전에 그들은 선과 악에 관한 지식을 가질 수 없었다. 그러나 선악과를 먹게 됨으로써 비로소 "그들의 눈이 밝아져"—이 점에서는 뱀의 말이 옳았다!—선악을 분별하게 되었다. 즉, 이제 그들은 "선악을 아는 일에" 신들 가운데 하나처럼 된 것이다. 그래서 신은 그들이 혹 자기들의 손을 내밀어서 삶의 나무의 과실도 따서 먹고 영원히 살 것을 두려워하여, 삶의 나무로 가는 길을 차단한 것이다(창세기 3:22-24). 여기서 '함께 안다'라는 의미를 지닌 헬라스어 συνείδησις에 해당하는 내용은 바로, "선악을 아는 일에 우리 중 하나같이" 되었다는 것, 즉 신과 인간이 '선악을 함께 안다'는 것이다. 물론, συνείδησις에 해당하는 히브리어 표현은 유대 · 기독교의 구약성서에서는 등장하지 않는다. 다만, 구약성서를 헬라스어로 번역한 70인역[Septuagint]에서 συνείδησις라는 단어는 한 번밖에 나오지 않는데(「전도서」 10:20), 이 단어는 히브리어 מַדָּע (마다)를 번역한 것인데, 한글 개역에서는 "심중(心中)"(RSV, Thought)으로 번역되어 있다.[26]

정리해서 말하면, syntērēsis 혹은 synderesis는 『맹자(孟子)』에서 말하는 '양심(良心)'에 대응하고, syneidēsis와 conscientia, 그리고 이들 두 용어로부터 파생된 독일어 Gewissen, 영어와 프랑스어 conscience

---

26 임칠환, 「기독교 윤리에서 본 양심」, 『국제신학』 1 (1999), (8-44), 20 참조. 이 히브리어 단어는 그밖에 역대하 1:10-12; 다니엘 1:4; 1:17에서도 나오는데, 거기서는 σοφία로 번역되어 있으며, 단순히 '지식'을 의미한다.

은 선할 수도 있고 악할 수도 있는 '도덕의식', '도덕적 확신'에 해당한
다. 그러나 이들 독일어, 프랑스어, 영어도 경우에 따라서는 선한 마음
인 '양심'이라는 의미로도 사용될 수 있다.

4) 헤겔 『법철학』에서의 Gewissen

헤겔 『법철학』의 전개는 〈추상법〉(추상적인 권리), 〈도덕〉, 그리고
〈인륜〉의 단계로 이루어진다. 〈추상법〉의 단계가 외면적인 것이라면,
〈도덕〉은 인간의 내면적인 것에 해당하고, 〈인륜〉은 외면적인 것과 내
면적인 것의 통일체다. 헤겔은 제2단계인 도덕의 단계가 인간의 내면
성·주체성의 입장으로서, 인간에게 필수적인 단계라는 점을 인정하지
만, 그것만으로는 추상적인 것, 즉 참되지 않은 것이어서 — 헤겔에 있
어서 "참된 것은 완전한 것"이므로 — '인륜'이라는 고차적인 단계로 지
양(止揚)되어야 한다고 본다. 다시 말하면, 외면적인 것만으로도, 내면
적인 것만으로도 진리가 될 수는 없고, 양자가 통일된 전체만이 참된
것이라는 말이다.

『법철학』 제2부 〈도덕〉에서 헤겔은 제1장: '기도(企圖)와 책임'[Der
Vorsatz und die Schuld], 그리고 제2장: '의도와 복지'[Die Absicht
und das Wohl]에 대한 고찰을 통해 〈선(善)〉의 문제로 이행한다. 〈도
덕〉장(章)에서 비판의 표적이 되고 있는 것은 바로 칸트다. 칸트 윤리학
은 의무의 윤리학으로서, 인간의 특수한 경향(傾向, Neigungen)이나
욕망(欲望, Begierden), 그리고 물질적인 의미를 지니고 있는 행복(幸
福, Glückseligkeit) 등을 도외시하고, 그 자체로 선한 것인 〈선의지(善
意志)〉[der gute Wille]를 좇을 것을 우리에게 요구한다. 칸트의 윤리학
이 인간의 자율(自律)을 바탕으로 한 의무를 주창하고 있는 점에서 숭

고함을 지니고 있다는 것을 헤겔도 인정하는 바이나, 칸트의 윤리학은 인간이 숨 쉬고 살아가고 있는 구체적인 현실이 지니고 있는 특수성을 고려하고 있지 않다는 점에서 헤겔의 비판의 대상이 된다. 칸트는 자신의 인식론에서 이미 현상계와 예지계(물 자체계)의 2원성을 극복하지 못한 것처럼, 실천철학에서도 이성과 감성, 의무와 행복, 형식과 내용을 통일하지 못하였다.

그리하여 헤겔은 칸트의 형식주의[Formalismus]·엄숙주의[Rigorismus] 윤리학에 반대한다. 칸트 윤리학은 아무런 실질적인 내용을 지니지 않은 채 단지 〈의무를 위한 의무〉를 주장한다. 그러나 헤겔에 의하면, 〈의무〉(보편적인 것)는 개인의 욕망, 정열, 관심 등(특수한 것)을 매개로 하여 실현되는 것이지, 이것들을 모두 배제한 채 순수한 의무만을 수행할 수는 없는 것이다. 예컨대 칸트는, 가난한 자에게 적선(積善)을 할 때의 동기가, '그 사람이 불쌍하다는 동정심(同情心)[혹은 측은지심(惻隱之心)]'이라면, 그것은 도덕적인 행위가 아니라고 주장한다.[27] 그러나 개인이 갖는 이런 감정(특수성)을 통해서도, 아니 이러한 매개를 통해서만 우리의 의무 내지는 선(善) (보편성)은 이루어지는 것이다. 헤겔은 이러한 입장을 다음과 같이 비판한다: "그러나 추상적인 반성은 이 계기[보편성에 대립되는 특수성의 계기: 필자 첨가]를 보편적인 것과의 구별과 대립 속에 고착시킨다. 그리하여 추상적인 반성은 도덕이란, 단지 자기의 만족에 맞서는 적대적인 투쟁으로서만 영속할 수 있다는 도덕관을 산출한다. ─ 말하자면 이것은 '의무가 명하는 것을 혐오하면서 행하는 것'이라는 요구다."[28] '의무가 명하는 것을 혐오하면서 행

---

27 I. Kant, *Grundlegung zur Metaphysik der Sitten*, hg. u. eingeführt v. Theodor Valentiner, Stuttgart, 1967, 33-35 참조.

28 "Die abstracte Reflexion fixiert aber dies Moment in seinem Unterschiede und

하는 것'이라는 표현은, 칸트 윤리학의 엄숙주의, 즉 좋아하는 것에 기
우는 감성적인 것을 도덕으로부터 완전히 몰아내는 이성주의에 저항하
는 쉴러(Johann Christoph Friedrich von Schiller, 1759–1805)의 시
(詩)를 헤겔이 인용한 것이다.[29]

특수한 의지의 입장에서 볼 때 "보편적이며 추상적인" 선은 의지가
이행해야 할 〈의무(義務, Pflicht)〉로 나타난다(§133 참조). "의무를 이
행함으로써 나는 바로 나 자신과 함께 하는 자유로운 상태에 있는"(§
133 보유) 것이며 "이러한 의무의 의미를 드러내 준 것이야말로 실천에

Entgegensetzung gegen das Allgemeine und bringt so eine Ansicht der Moralität
hervor, daß diese nur als feindseliger Kampf gegen die eigene Befriedigung peren-
niere —die Forderung »mit Abscheu zu tun, was die Pflicht gebeut«"(TW 7, 233.
§124 Anm.).

29 거듭 인용되는 쉴러의 두 2행시는 다음과 같다:
"양심의 가책(苛責)
기꺼이 나는 친구들에게 봉사하지만,
유감스럽게도 나는 마음이 그리로 기울어서 그렇게 한다:
그래서 나는 종종 화가 난다. 나는 덕(德)이 없기 때문이다.
결단(決斷)
거기에 다른 방법은 없다. 그것을 경멸하려고 해야 한다.
그리고 이제는 의무가 너에게 명령하는 바를 혐오하면서 행해야 한다."
"Gewissenscrupel
Gerne dien 'ich den Freunden, doch thu' ich es leider mit Neigung,
Und so wurmt es mich oft, daß ich nicht tugendhaft bin.
Entscheidung (Decisium)
Da ist kein anderer Rath: du mußt suchen, sie zu verachten,
und mit Abscheu alsdann thun, wie die Pflicht dir gebeut"[Karl Hoffmeister
(hg), *Supplemente zu Schillers Werken. Aus seinem Nachlaß in Einverständniß
und unter Mitwirkung der Familie Schillers herausgegeben*, Bd. 3, Stuttgart,
Augsburg, 1858, 203: Nr. 388 "Gewissenscrupel," aus: *Die Xenien des Muse-
nalmanachs für das Jahr 1797* (1796), 102–212. / 여기서는, *Schiller's Sämmtli-
che Werke in einem Band*, Stuttgart und Tübingen, 1834, 98].

관한 칸트철학의 공헌이며 그의 고귀한 입장"(§133 보유)이라는 점에서 헤겔은 칸트 윤리학의 의미를 인정하지만, 다른 한편으로는, 칸트 윤리학은 "의무가 단지 의무를 위해 행해져야 한다"(§133)고 주장하고 있다는 점에서 "의무의 추상성"(§133 보유)에 머물러 있는 공허한 주장이라고 비판한다. 이에 대해 헤겔은 다음과 같이 언급한다: "행위를 한다는 것은 그 자체로 어떤 특수한 내용과 특정한 목적을 요구하는데, 의무의 추상성은 아직 그와 같은 내용이나 목적을 포함하고 있지 않기 때문에, 여기서는 '의무란 무엇인가?'라는 물음이 생긴다"(§134). 칸트에 의하면 우리는 어떤 경우에도 거짓말을 해서는 안 된다. 그런데 과연 '무엇 때문에' 거짓말을 해서는 안 되는가? 그것은 거짓말을 하지 않는 것이 우리의 의무이기 때문이라고 칸트는 대답한다. 그러나 그것은 과연 '무엇을 위한 의무'인가! 현실에서는 거짓말을 함으로써, 아니 거짓말을 해야만 선을 이룰 수 있는 경우가 많다. 예컨대 일제 통치하의 조선에서 일본군이 한 가정에 찾아와, 숨어 있는 독립군이 있느냐고 물을 때, 칸트의 윤리학에 의하면 그 집에 독립군이 숨어 있다면 숨어 있다고 사실대로 이야기하는 것이 옳다. 그러나 이런 상황에서 과연 진실을 말하는 것이 선한 행위일까? 그렇게 볼 수는 없을 것이다. 때로는 거짓말을 함으로써 많은 생명을 살릴 수도 있다[선의(善意)의 거짓말]. '거짓말을 하지 않는 것'이 의무라면, '무고한 생명을 희생시키지 않는 것' 또한 의무라고 할 수 있다. 이런 대립 상황에서 칸트의 윤리학은 해결책을 제시하지 못한다. 즉, 구체적인 상황에서 어떤 행위가 의무인지를 규정하지 못한다[30]는 것이다. 헤겔은 바로 칸트 윤리학의 이러한 추상성을 비판하고 있는 것이다. 그것은 "의무를 위한 의무만을 내세우는"

---

[30] Manfred Baum, "Hegels Kritik an Kants Moralprinzip," in: *Hegel-Jahrbuch*, hg.v. Heinz Kimmerle u.a., Bochum, 1987 (235–244), 237 참조.

"공허한 형식주의"이며 "일체의 내용과 규정을 배제하는" "형식적인 동일성"일 뿐이다(§135 주해). 그래서 그것은 내용을 갖춘 "내재적 의무론"[immanente Pflichtenlehre](§135 주해)으로 바꾸어야 한다.

헤겔은 〈도덕〉의 제3장[Dritter Abschnitt]: 〈선(善)과 Gewissen〉 [Das Gute und das Gewissen]에서, 선 개념과 그 구성요건을 서술한 후(§129-130), §136에서부터 Gewissen의 문제를 거론하며 다음과 같이 말한다: "선의 추상적 성질로 인하여 이념의 또 다른 계기인 특수성 일반이 주체(주관성)에 귀속되거니와, 이때 주체는 자신 속으로 반성된 자기의 보편성 속에서의 자기 내적인 절대적 자기 확신이며 또한 특수성을 정립하는 자, 규정하는 자이며 또 결정하는 자, 곧 Gewissen이다"(§136).[31] 여기에서 Gewissen에 대한 헤겔의 규정이 비로소 등장한다. Gewissen은 "자신 속으로 반성된 자기의 보편성 속에서의 자기 내적인 절대적 자기 확신이며 또한 특수성을 정립하는 자, 규정하는 자이며 또 결정하는 자"로 규정되고 있다. 즉, 도덕적 주체는 (보편적) 선(善)이 무엇인가를 반성하면서 어떤 특수한 것을 선으로 확신하여 정립하고 규정하고 결정하는데, 이것이 바로 Gewissen의 작용이라는 것이다. 따라서 그것은 선에 대한 "자기 내적인 절대적 자기 확신"일 뿐, 선 자체는 아니다.[32] 도덕적 주체에 따라 이러한 확신은 얼마든지 달라질

---

31 "Um der abstracten Beschaffenheit des Guten willen fällt das andere Moment der Idee, die *Besonderheit* überhaupt, in die Subjektivität, die in ihrer in sich reflektierten Allgemeinheit die absolute Gewißheit ihrer selbst in sich, das Besonderheit Setzende, das Bestimmende und Ent-scheidende ist —*das Gewissen*."
32 헤겔은 『정신현상학』에서도 다음과 같이 말한다. 그리하여 한 개인의 "이러한 도덕적 확신[Gewissen]이 도덕적으로 선한가 악한가 하는 것을 타인은 알지 못한다. 혹은 오히려 그들은 이 점을 알지 못할 뿐만 아니라, 그러한 도덕적 확신[Gewissen]을 또한 악한 것으로 간주함이 분명하다"(PG, 457). 왜냐하면 이때의 도덕적 확신[Gewissen]이란, 단지 선에 대한 개인의 내면적인 절대적 확신에 불과하므로, 이러한 확신은

수 있다. "선과 악은 다 같이 나와 마주하고 있어서, 나는 이 둘 가운데 하나를 선택하게 되고, 그 어느 쪽으로도 결단을 내릴 수 있으며, 선과 악 모두를 나의 주관성 속으로 받아들일 수"(§139 보유) 있는 것이다. 이렇게 볼 때, 여기서 헤겔이 말하는 Gewissen은 '양심'으로 옮겨져서는 안 되고, '도덕의식' 내지는 '도덕적 (자기)확신'으로 번역되어야 한다.

그러기에 헤겔은 뒤이은 절(節)인 §137 및 그 주해에서 진정한 도덕적 확신[das wahrhafte Gewissen]과 형식적 도덕적 확신[das formelle Gewissen]을 구별하여 설명하고 있는 것이다. 즉, "진정한 도덕적 확신은 즉자대자적으로 선한 것을 의욕하는 심성이다"("Das wahrhafte Gewissen ist die Gesinnung, das, was *an und für sich* gut ist, zu wollen;" §137). 즉, 단지 개인적으로만 선한 것이라고 생각되는 것을 의욕하는 것은 진정한 도덕적 확신이 아니고, "단지 의지 활동의 형식적 측면"에 불과할 뿐이다. 보편적인 선을 의욕하는 것이 진정한 도덕적 확신이다. "즉자대자적으로 선한 것"을 선택한다는 "확고한 제원칙"[feste Grundsätze] 및 "의무들의 객관적 체계", 그리고 "이 체계와 주관적인 지(知)와의 통일"(§137)은 인륜의 입장에 이르러서야 현존하게 된다. 그리하여 "여기, 도덕이라는 형식적인 입장에서는, 이런 객관적인 내용을 지니지 못한 도덕적 확신은 자기 자신에 대한 대자적으로 무한한 형식적 확신이며, 바로 이런 까닭에 그것은 동시에 이러한 일개(一個) 주관의 확신"(§137)에 불과한 것이다. 따라서 여기서 헤겔이 말하는 "Gewissen" 내지 "형식적인 Gewissen"[das formelle Gewissen](§137 주해)은, '도덕의식' 내지는 '도덕적 (자기)확신'으로, 그리고 "진정한 도

개인에 따라 얼마든지 상이할 수 있기 때문이다. 선의 보편적인 척도가 주어지지 않는 이상, 선악을 판별할 수는 없는 것이다.

덕적 확신[Das wahrhafte Gewissen]"(§137 및 §137 주해)은 '양심(良心)'으로 번역되어야 한다. 이렇게 할 때에만 헤겔의 텍스트는 오해 없이 올바로 이해될 수 있다. 필자는 앞으로 이 용어들을 이렇게 구별하여 부를 것이다.

그런데 "어떤 특정한 개인의 도덕적 확신이 이러한 양심의 이념에 적합한지, 혹은 그의 도덕적 확신이 선한 것으로 간주하거나 그렇게 내세우는 것이 또한 진정으로 선한 것인지 하는 것은, 오로지 선한 것이어야만 하는 이것의 내용으로부터만 판별된다"(§137 주해). 헤겔이 여기서 말하는 바는, 개인의 주관적인 도덕적 확신은 양심의 이념에 들어맞을 수도 있지만 그렇지 않을 수도 있으며, 개인이 선한 것이라고 확신한다고 해서, 반드시 그것이 진정으로 선한 것이라고는 할 수 없다는 점이다. 개인의 도덕적 확신이 진정으로 선한 것이 되기 위해서는 확신의 내용이 마땅히 "선한 것이어야만 하는 이것[dieses Gutseinsollenden]"이어야 한다. 다시 말하면 도덕적 확신은 자기가 선택한 바가, 자기 자신만이 선이라고 생각하는 것이 아니라 보편적인 선 내지 인륜이라는 척도에 합치할 경우에 진정으로 선한 것, 즉 양심이 되는 것이다. 그러므로 "도덕적 확신이 오직 자기 자신에만 의존한다는 것은, 자기가 되고자 하는 바, 즉 이성적이고 즉자대자적으로 타당한 보편적 행동 양식의 규칙에 대립된다"(§137 주해). 따라서 국가는 이러한 주관적인 지(知)에 불과한, 자기의 고유한 형태를 지닌 개인의 도덕적 확신을 인정할 수 없는데, 이는 마치 학문에 있어서 주관적인 견해나 독단적 확신, 혹은 어떤 주관적인 견해의 인증(引證)이 타당성을 지니지 못하는 것과 마찬가지라고 헤겔은 말한다(§137 주해 참조). 결국 헤겔은 Gewissen이 1) "주관적인 지(知)나 의욕과 진정한 선의 저 동일성이라는 의미 속에 전제된 가운데 하나의 성스러운 것으로 주장되고 인정되는 Gewissen"과,

2) 자기의식의 단순한 주관적인 반성으로서의 Gewissen(§137 주해)이라는 양의성(兩義性, Zweideutigkeit)을 지니고 있음을 인정하고 있다. 여기서 1)이 '양심'에 해당하고, 2)가 '도덕적 확신'에 해당한다.

정리해서 말하면, 단지 주관적인 확신이나 지(知)에 불과한 도덕적 확신은 형식적인 도덕적 확신이고, 주관적 지(知)나 의욕이 즉자대자적으로 타당한 이성적 내용 혹은 "진정한 선"과 부합하는 경우, 진정한 도덕적 확신, 즉 양심이 된다. 그리하여 모든 도덕적 확신이 즉자대자적으로 진정한 것은 아니다. 진정한 도덕적 확신이란, "즉자대자적으로 선이며 의무인 것을 의욕하는" 도덕적 확신이다. 따라서 우리는 헤겔이 말하는 '형식적인 도덕적 확신'에 대해서가 아니라, '진정한 도덕적 확신'에 대해서만 '양심'이라는 용어를 사용해야 할 것이다.[33]

여기서, 헤겔이 '형식적인 도덕적 확신'을 뜻하는 Gewissen을 비판하고 있는 역사적인 실례를 살펴보자. 헤겔이 하이델베르크대학에서 베를린대학으로 옮긴 다음 해인 1819년 3월 23일에, 예나대학의 학우회에 속한 신학생 잔트가, 러시아 공사관의 고문(顧問) 및 첩자(諜者)로, 당시의 민족운동 및 대학생 학우회의 활동만이 아니라 독일 전역에 퍼지고 있던 모든 개혁안을 드러내 놓고 반대한다는 이유로 독일 민족주의자들과 독일 대학생 학우회로부터 증오를 사고 있었던 저명한 문인(文人) 코체부를, "그가 나의 안에 있는 신적(神的)인 것, 나의 신념을

---

33 Bal의 표현대로, 형식적인 도덕의식(도덕적 확신)은 '주관적인 도덕적 확신'[subjektives Gewissen], '개인적인 도덕적 확신'[individuelles Gewissen]으로, 진정한 도덕적 확신은 '객관적 도덕적 확신'[objektives Gewissen], '사회적 도덕적 확신'[gesellschaftliches Gewissen], 혹은 '사회화된 도덕적 확신'[vergesellschaftetes Gewissen]으로 부를 수도 있을 것이다(Karol Bal, "Der Begriff Gewissen als zentrale Kategorie der Hegelschen Ethik," in: *Hegel-Jahrbuch*, hg.v. Heinz Kimmerle u.a., Bochum, 1987 (226-234), 226 및 230.

압박하려 하기 때문에"라고 말하며 만하임에서 네 번의 단도질로 살해한 사건이 벌어졌다. 세인(世人)의 다수는 이 일을 칭찬하고, 그 중에서도 베를린대학의 신학교수인 드 베테(Wilhelm Martin Leberecht de Wette, 1780-1849)는 잔트의 살인 사건이 발생한 지 8일 후인 1819년 3월 31일에 잔트의 어머니에게 다음과 같은 내용을 포함한 격려와 위로의 편지를 보낸다: "오류는 확신의 견고함과 순수함에 의해 용서되고 어느 정도 폐기됩니다. 그리고 열정(熱情)은, 그로부터 그것이 흘러나오는 선한 원천(源泉)에 의해 성스럽게 됩니다. 경건하고 덕망 있는 당신의 아들에게는 이 두 경우 모두가 해당된다고 저는 확신합니다. 그는 자기의 일을 알고 있었고, 자기가 행한 일을 행하는 것이 옳다고 생각하였고, 그는 그 일을 정당하게 행한 것입니다. 각자가 오직 자기의 최선의 확신에 따라 행동한다면 최선을 행할 것입니다."[34]

---

34 De Wette, "Schreiben des Professors de Wette an die Justizräthin Sand in Wunsiedel, Berlin, den 31. März 1819," in: *Aktensammlung über die Entlassung des Professors D. de Wette vom theologischen Lehramt zu Berlin*, Leipzig, 1820, 3-4. 헤겔도 이 편지 내용의 일부분을 1819년 10월 30일에 크로이쩌(Creuzer)에게 보내는 편지에서 인용하고 있다[Johannes Hoffmeister (hg.), *Briefe von und an Hegel. Bd. II: 1813-1822*, Dritte, durchgesehene Auflage, Hamburg, 1969(앞으로 Briefe로 줄이고 권수와 쪽수를 씀), 445]. 드 베테는 교수직에서 해임된 다음 해에 자신의 해임과 관련된 서류들을 모아 책으로 발간하였다. 이 속에는 문제의 발단이 된 편지―잔트의 어머니에게 보낸 편지 ― 의 내용과 자신의 의도에 대한 해명, 문부성장관 알텐슈타인과 국왕 프리드리히 3세의 견해, 그리고 베를린대학 교수평의회[Senat]의 입장이 상세하게 나타나 있다. 책의 제목은『베를린의 신학 교직에 있는 신학박사 드 베테 교수의 파면에 대한 서류 모음』(*Aktensammlung über die Entlassung des Professors D. de Wette vom theo-logischen Lehramt zu Berlin*, Leipzig, 1820)이며, 책의 표지 아래에는 '공적인 판단을 바로잡기 위하여, 드 베테 자신이 간행함'(Zur Berichtigung des öffentlichen Urtheils, von ihm selbst herausgegeben)이라고 쓰여 있고, 1820년 1월 10일에 바이마르에서 본인이 직접 쓴 서문이 첨부되어 있고, 같은 해 라이프찌히에서 간행되었다.

드 베테의 편지에 대해 국왕은, "특정한 조건과 전제 하에서는 암살을 정당하다고 생각하는 사람에게 청년의 교육을 계속 맡기려고 한다면 짐의 양심[Gewissen]을 해치게 될 것이다"[35]라는 짧은 의사 표명과 더불어 내각칙령을 통해 9월 30일에 드 베테의 파면을 선언하고, 문부성장관 알텐슈타인(Karl Sigmund Franz Freiherr vom Stein zum Altenstein, 1770-1840)은 이 사실을 10월 2일자 편지를 통해 드 베테와 베를린대학 교수평의회에 동시에 알림으로써 파면 절차가 마무리된다. 헤겔은 역사의 흐름을 후퇴시키는 보수·반동적인 모든 시도에 대해서도 비판적이었지만, 다른 한편으로, 동기가 순수하다면 행동이 정당화될 수 있다고 주장하면서 잔트의 입장을 옹호한 드 베테의 입장에도 동의하지 않았다.[36] 여기서 우리는 잔트의 행위와 드 베테의 주장에 대한 헤겔의 태도를 통해서도, 『법철학』에 나타난 그의 입장을 다시 한번 확인할 수 있다. 즉, 잔트는 코체부를 민족의 반역자로 규정하고, 그런 자를 처단하는 것이 민족을 위한 길이고 옳은 행위라는 자신의 개인적인 '도덕적 확신'에 의해서 그런 일을 저지른 것이다. 그러나 만약에 코체부가 실제로 민족의 반역자라 하더라도, 국법에 의해 심판받고 처벌받도록 하는 것이 '인륜'에 합당한 일이지, 개인 스스로가 법의 집행자가 되어 주관적인 확신에 따라 살인 행위를 하는 일은 옳지 않다는 것이다. 여기에 바로 도덕이 인륜에로 지양되어야 할 필요와 이유가 있

35　1819년 10월 30일에 헤겔이 크로이쩌에게 보낸 편지에서 인용함(*Briefe II*, 446).

36　그러나 헤겔은 드 베테의 경제적인 어려움을 돕기 위하여 매년 연봉에서 일정액을 각출하는 대학 동료들의 움직임에 동조하여 그를 위해 25탈러를 부조(扶助)하였지만, 1819년 11월 13일의 모임에서 헤겔은 드 베테에 대한 정부의 조치를 시인하는 입장을 표명함으로써 슐라이어마허(Friedrich Ernst Daniel Schleiermacher, 1768-1834)와 대립하게 되었다(Terry Pinkard, *Hegel. A Biography*, Cambridge, 2000, 438 f. 참조).

는 것으로 헤겔은 보고 있다. 드 베테의 편지 중, "확신의 견고함과 순수함", "자기가 행한 일을 행하는 것이 옳다고 생각하였고", 그리고 "자기의 최선의 확신" 등의 표현이 바로 헤겔이 지적하고 있는 형식적인 Gewissen에 해당하는 용어들이다. 그러나 우리들 각자가 자신의 주관적인 도덕적 "확신"에 따라 한 행위가 모두 옳은 행위, 선한 행위는 아닌 것이다. 경우에 따라서 그러한 행위는 큰 범법 행위가 될 수도 있는 것이다.

헤겔은 계속하여, 자기의식은 즉자대자적인 보편적인 것을 원리로 삼을 수도 있지만, 이와는 반대로 자기만의 특수성을 원리로 삼고 바로 이 특수성을 자기의 행위를 통해 실현할 수도 있는데, 바로 이 후자는, 악일 수 있는 가능성이라고 말한다. 따라서 Gewissen은 선으로도 악으로도 될 수 있고(§139), 인간의 욕망, 충동, 기호 역시 선으로도 악으로도 될 수 있다는 점을 말하고 있다(§139 주해). 바로 이 점이 필자가 지금까지, 헤겔이 사용하고 있는 Gewissen이라는 용어를 '양심(良心)'으로 옮기지 않은 이유다. 『맹자(孟子)』에서 말하는 '양심'은 그 자체로는 악한 것으로 바뀔 수 없는, 전적으로 선(善)한 것인데 반하여, 헤겔이 『법철학』에서 말하고 있는 Gewissen은 선으로도 악으로도 될 수 있는 것이다. 왜냐하면 그것은 개인의 단순한 주관적인 "도덕적 확신"이기 때문이다. 이 용어는 '(주관적인) 도덕의식' 내지는 '(주관적인) 도덕적 확신' 등으로 옮겨져야 하며, 이것이 인륜 내지 보편적인 선이라는 척도에 적합할 경우에만 '양심'이라고 불러야 할 것이다.

지금까지의 고찰을 통해서 우리는, '양심(良心)'의 본래의 의미는 '선한 마음'이어서 결코 악한 것으로 변할 수 없다는 점을 살펴보았고, 일상적인 용법으로는 이러한 의미 외에도 단순히 '도덕(적) 의식' 내지는 주관적인 '도덕적 확신'이라는 뜻으로도 사용되고 있다는 사실도 살펴보았다. 그러나 사람에 따라 다를 수 있고, 경우에 따라 선할 수도 악할 수도 있는 이러한 '도덕적 확신'을, '선한 마음'을 뜻하는 '양심'이라는 동일한 명칭으로 표현한다면, 언어 사용에 혼란을 가져올 수 있다는 점에서 필자는 전자의 경우에는 '도덕(적) 의식' 내지는 주관적인 '도덕적 확신'으로, 그리고 후자의 경우에만 '양심'으로 부를 것을 제안하였다.

이런 맥락에서 볼 때, 헤겔의 텍스트, 특히 『법철학』에서의 Gewissen 의 의미에 적합한 번역어 역시 이러한 원칙을 적용할 때에 수미일관하게 이해될 수 있다는 점이 드러나게 되었다. 헤겔이 『법철학』에서 말하고 있는 Gewissen은 선으로도 악으로도 될 수 있는 것이다. 즉, Gewissen은 선 자체가 아니라, 단지 선에 대한 주관적인 확신에 불과하다. 이것은 형식적 Gewissen이다. 우리의 심성이 즉자대자적으로 선한 것·보편적으로 선한 것을 의욕할 경우, 다시 말하면 우리의 주관적인 지(知)나 의욕이 즉자대자적으로 타당한 이성적 내용 혹은 "진정한 선"과 부합하는 경우, 진정한 Gewissen, 즉 양심이 된다. 그렇지 않을 경우 Gewissen은, '(주관적인) 도덕의식' 내지는 '(주관적인) 도덕적 확신'일 뿐이다.

헤겔이 말하는 '교양'(敎養)

제6단락에서 헤겔은, 추상적으로 사유하는 자는 "교양 있는 자가 아니라 교양 없는 자"라고 말한다. 왜냐하면 "추상적인 사유는 너무 쉽고, (…) 사안(事案)의 내적 빈약함 때문에 ―너무 저차원적이기" 때문이다.

여기서 헤겔이 "교양 있는 자가 아니라 교양 없는 자"라고 할 때 사용한 표현은 "Der ungebildete Mensch, nicht der gebildete"이다. 여기서 'gebildete'라는 과거분사형의 원형동사는 'bilden'이다. 'bilden'은 영어 'build'에 대응하는 용어로, 선험적으로 주어진 것이 없는 상태에서 어떤 것들을 하나하나 쌓아가는 것, 형성해 나가는 것을('짓다', '형성하다' 등을) 뜻한다. bilden의 명사형이 'Bildung'이며, 이것은 '교육', '교양', '도야(陶冶)', '형성', '성장' 등 여러 가지로 번역된다.

예컨대 헤겔은, 현상지로부터 절대지에 이르기까지의 정신의 운동의 도정(道程)을 편력하는『정신현상학』은 곧 "학에 이르는 의식 자체의 교양의 상세한 역사"[1]라고 말하며,『정신현상학』에 앞선 저술인「사랑」("Die Liebe")이라는 단편에서, "생(生)은 전개되지 않은 통일로부터 도야(陶冶)를 통하여, 완성된 통일에 이르는 원을 지나왔다"[2]고 말하고 있는데, 이 경우, '교양'이나 '도야'로 번역된 용어가 바로 'Bildung'이다. 또한 괴테(Johann Wolfgang von Goethe, 1749-1832)의 『빌헬름 마이스터의 수업시절』(*Wilhelm Meisters Lehrjahre*, 1797/96)이나 모옴(W. Somerset Maugham, 1874-1965)의 『인간의 굴레』(*Of Human Bondage*, 1915)와 같은 소설은 특별한 반전(反轉)을 포함하고 있지 않은데, 이런 소설을 'Bildungsroman'이라고 하며, 우리말로는 '교양소설'이나 '성장소설'이라 할 수 있다.

또한 Bildung은 '교육'을 뜻하기도 하는데, 독일어로 '교육'을 뜻하는 또 하나의 용어는 'Erziehung'이다. 그러나 이들 중 하나만 대표적으로 사용할 경우에는 'Erziehung'이 선택된다. 어원적으로 보면 'Erziehung'은 '밖으로'[Er (=ex)] '끌어 낸다'[ziehen]를 뜻하는 동사 'erziehen'의 명사형이다. 따라서 이 용어는 인간의 내면에 있는 것을 밖으로 끄집어 낸다는 의미를 지니며, 인간 속에 선험적으로 내재하는 것을 전제하는 이성주의적 교육관이라 할 수 있다. 이와는 달리 'Bildung'은 앞서 말한 것처럼, '짓다', '형성하다' 등을 뜻하는 동사 'bilden'의 명사형으로, 선험적으로 주어진 것이 없는 상태에서 어떤 것들을 하나하나 쌓아 가는 것을 뜻하므로, 경험주의적 인식론에 입각한 교육관이라 할 수 있다. 독일어에는 교육을 뜻하는 두 가지 용어가 있는 데 반하여, 영어로는 'education'이라는 용어를 사용하는데, 이 용어는 독일어 'Erziehung'과 같은 라틴어 어원인 'educare'[e (=ex) +

---

1 "Die ausführliche Geschichte der *Bildung* des Bewußtseins selbst zur Wissenschaft"(Einleitung §6. PG, 67).

2 Hegel, *Hegels Theologische Jugendschriften*, hrsg. v. Herman Nohl, Tübingen, 1991 (378-382), 379.

ducare (=pull out)]로부터 유래한다. 말이 나온 김에 좀 더 설명하자면, 경험주의자들은 인간이 선험적 지식을 가지고 있다는 것을 부인한다. "이미 감각 속에 존재하지 않은 것은 지성 속에 존재하지 않는다"(Nihil est in intellectu, quod prius non fuerit in sensu)는 것이, 경험주의자들이 오래 전부터 가지고 있는 주장이다. 우리가 어떤 것을 경험하기 전의 우리의 의식의 상태는 '아무것도 쓰여 있지 않은 지워진 서판(書板)'과도 같다. 그런데 일반적으로 '빈 서판'으로 번역되고 있는 라틴어 tabula rasa는, 글자 그대로는, '(글이나 그림 등이) 지워진 서판'[erased tablet]이라는 뜻을 지니고 있다. 'rasa'는, '지우다'를 뜻하는 'radere'의 여성 과거분사형이며, tabula는 tablet이라는 의미인데, 고대에는 밀랍이 입혀져서, 글을 쓴 다음에 완전히 지워질 수 있는 서판을 가리켰다.[3] 예컨대 유대·기독교의 성서에서 말하고 있는 모세가 시내산에 올라가 신으로부터 십계명을 받기 전에 '아무것도 쓰여 있지 않은 돌판'이 tabula rasa다. 이런 것을 헬라스어로는 'pinax agraphos'(πίναξ ἄγραφος, unbeschriebene Tafel)라고 한다. 그것은 '아무것도 쓰여 있지 않은'(agraphos) '판(板)'(pinax)이다. 이것을 라틴어로 번역한 것이 바로 tabula rasa다. 그런데 헬라스어로 된 표현은 경험주의가 주장하는 사태를 올바로 나타내고 있다. 즉, 우리가 감각 경험을 하기 전의 우리의 의식의 상태는 마치 포맷(format)만 되어 있고 아무런 자료도 저장되어 있지 않은 디스크와도 같다. 그러나 라틴어 번역은 '이미 무언가가 쓰였다가 지워진 서판'을 가리키고 있기에, 본래의 경험주의의 취지를 제대로 나타내고 있지 못하다. 로크(John Locke, 1632-1704)는 『인간지성론』(*An Essay concerning Human*

---

3 http://de.wikipedia.org/wiki/Tabula_rasa
   그리고 http://dictionary.reference.com/browse/tabula+rasa 참조.

Understanding, 1689) 제2권 제1장: '관념 일반 및 그 기원에 관하여' 에서 이 상태를 "아무런 문자도 적혀 있지 않은 백지(白紙)"[4]라고 표현 하고 있다.

그러나 고대에 아이스퀼로스(Αἰσχύλος, Aischylos, Aeschylus, BC 525 경-BC 456 경)도 이미, 체험들은 "감각의 서판 속으로" 새겨진다 고 말한다.[5] 아리스토텔레스에 있어서도 『혼에 관하여』(Περί Ψυχῆς)에 서 혼과 밀납 서판의 비교를 발견하게 된다. "우리는 그것을, 아직 아무 것도 실제로 쓰여 있지 않은 서판처럼 생각해야 한다."[6]

스토아학파에서도 혼과 밀납 서판의 비교가 발견된다. 중세로부터 이 사상은, 알버투스 마그누스(Albertus Magnus, 1200 경-1280), 프란 시스쿠스 메르쿠리우스 반 헬몬트(Franciscus Mercurius van Helmont, 1614-1698 경) 그리고 토마스 아퀴나스 등 여러 철학자들에 의해 받아들여졌다. 토마스는 다음과 같이 말한다: "그런데 인간의 지 성은 예지적인 것[Intelligiblen]과 관련된 능력을 가지고 있지만, 아리 스토텔레스가 *De anima*의 제3권에서 말하는 것처럼, 처음에는 아무것 도 쓰여 있지 않은 서판["tabula rasa"]과 같다. 여기서 분명하게 드러나 는 사실은, 우리가 처음에는 가능적으로만 지성적[intelligent]이지만,

---

4 "§2. 그렇다면 마음이, 말하자면, 아무런 문자도 적혀 있지 않고 어떤 관념도 없는 백지라고 생각해 보자. 어떻게 해서 마음은 관념을 갖추게 되는가?"("§ 2. Let us then suppose the Mind to be, as we say, white Paper, void of all Characters, without any Ideas： — How comes it to be furnished?")(An Essay concerning Human Understanding, ed. with an introduction, critical apparatus and glossary by Peter H. Nidditch, Oxford, 1975, 104).

5 Arnim Regenbogen, Uwe Meyer, *Wörterbuch der philosophischen Begriffe*, Hamburg, 2005：tabula rasa.

6 *De anima* (*Über die Seele*) III 4, 429b29-430a2.

나중에는 현실적으로 지성적으로 된다는 것이다."[7]

그렇다면 헤겔이 말하는 Bildung[도야(교양)]의 본질은 과연 무엇인가? Bildung의 본질은 바로 '보편성에로의 고양'이라고 할 수 있다. 헤겔은 이 점을, 『정신현상학』에 시간적으로 근접해 있는 『철학예비학』(*Philosophische Propädeutik*)[8]의 〈자기에 대한 의무〉[Pflichten gegen sich]라는 항목에서 다음과 같이 말한다. "개인으로서의 인간은 자기 자신에게 관계한다. 그는 자기의 개별성이라는 측면과 자기의 보편적 존재자라는 이중의 측면을 지니고 있다. 그런 한에서, 자기 자신에 대한 그의 의무는 한편으로는 자기의 신체를 보존하는 것이고, 다른 한편으로는 개별자인 자기를 자기의 보편적 본성에로 고양하고 자신을 도야하는 것이다."[9] 자기의 분리된, 그리고 직접적으로 자연적인 현존재의 특수성을 자기의 보편적, 즉 역사적으로 매개된 본성에 예속시키는 사람은 도야된 사람이다.[10]

---

7 "Intellectus autem humanus [⋯] est in potentia respectu intelligibilium, et in principio est sicut tabula rasa in qua nihil est scriptum, ut philosophus dicit in III de anima. Quod manifeste apparet ex hoc, quod in principio sumus intelligentes solum in potentia, postmodum autem efficimur intelligentes in actu."(Thomas von Aquin, Summa Theologiae I q.79 art.2 corr(http://www.corpusthomisticum.org/sth1077.html#31730). 이상 https://de.wikipedia.org/wiki/Tabula_rasa 참조(백훈승, 『철학입문』, 전북대학교 출판문화원, 2015, 113 ff.에서 가져옴).

8 이 책은 헤겔이 1808년부터 1816년 겨울 학기에 하이델베르크 대학으로 가기 전까지 뉘른베르크의 애기디엔 김나지움의 교장 겸 교수로 재직하면서 김나지움 학생들에게 철학의 기초를 가르친 내용을 수록한 것이다.

9 "Der Mensch als Individuum verhält sich zu sich selbst. Er hat die gedoppelte Seite seiner *Einzelheit* und seines *allgemeinen* Wesens. Seine Pflicht gegen sich ist insofern teils seine *physische Erhaltung*, teils, sein Einzelwesen zu seiner allgemeinen Natur zu erheben, sich zu bilden"(Hegel, *Nürnberger Gymnasialkurse und Gymnasialreden (1808-1816)*, ebd., 408, §41).

10 W. Marx, *Hegels Phänomenologie des Geistes. Die Bestimmung ihrer Idee in*

이런 맥락에서 볼 때, "개인을 그의 도야되지 않은 입장으로부터 지
(知)에로 인도하는 과제"(V §28)는『정신현상학』〈서론〉[Einleitung]에
주어진 규정, 즉 현상학은 현상하는 지(知)의 현시(顯示)로서 동시에
"학에 이르는 의식 자체의 교양의 상세한 역사"라는 주장과 일치한다.[11]

Bildung과 관련하여 헤겔은『법철학』§187의 〈보유〉에서도 다음과
같이 말하고 있다: "교양 있는 사람은 타인이 행하는 모든 것을 할 수
있지만 자기의 특수성을 드러내 보이지 않는 사람이라고 이해할 수 있
다. 반면에, 교양이 없는 사람에게는 자기의 행동(처신, Benehmen)이
대상의 보편적인 성질을 향하지 않기 때문에 바로 이 특수성이 드러난
다. 마찬가지로 타인과의 관계에 있어서도 교양 없는 사람은 단지 자기
멋대로 행동하면서 타인의 감정을 돌이켜보지 않으므로 타인의 마음에
상처를 주기 쉽다. 그가 타인에게 상처를 주려고 하는 것은 아니지만,
그의 소행(행동, Betragen)이 그의 의지와 일치하지 않는 것이다. 요컨
대, 교양은 특수성이 사태(事態)의 본성에 따라 처신하도록 특수성을
연마(鍊磨)하는 것이다. 참된 독창성은 사태(事態)를 창출하는 마당에
서 참된 교양을 원하지만, 거짓된 독창성은 단지 교양 없는 사람들에게
나 관심거리가 되는 무의미한 것에 매달릴 뿐이다."[12]

"Vorrede" und "Einleitung", Ffm., 1981[2], 49 f. 참조.『정신현상학』에서도 이 점을 강
조한다: "교양의 시작, 실체적 생의 직접성으로부터 애써 벗어나는 것의 시작은 언제나
보편적인 원칙들 및 관점들에 관한 지식을 획득하는 것으로부터 이루어져야 한다"(PG,
11, §4).

11 W. Marx, ebd., 46 참조.

12 "Bildung also ist Glättung der Besonderheit, daß sie sich nach der Natur der
Sache benimmt. Die wahre Originalität verlangt, als die Sache hervorbringend,
wahre Bildung, während die unwahre Abgeschmacktheiten annimmt, die nur
Ungebildeten einfallen"(TW 7, 345. §187 Zus.).

 이상으로, 단락에 대한 해설을 시작하기 전에 제1단락으로부터 제7단락에 등장하는 주요 개념들에 대한 설명을 마쳤다. 이 개념들에 대한 이해를 바탕으로 헤겔의 텍스트를 좀 더 정확하게 읽어 나갈 수 있을 것이지만, 이제, 본격적인 해설을 시작할 것이다. 제1단락부터 제7단락까지는, 이미 주요 개념들에 대한 설명이 이루어졌으므로 개괄적인 해설에 그치고자 한다.

단락별 해설

제1단락

> "사유한다고? 추상적으로? —할 수 있는 사람은 자신(自身)을 구하
> 시오!(Sauve qui peut!) 그리하여 분명히(이미, schon) 나는, 적
> 에게 매수된 배신자가 이렇게 외치는 소리를 듣고 있는데, 그는
> 이 논문에서 형이상학에 관해서 언급될 것이라고 소리쳐 알린다.
> 왜냐하면 형이상학은 추상적이라는 말이나 혹은 거의 또한 사유
> 라는 말처럼, 누구든 많든 적든, 마치 페스트에 걸린 사람 앞에서
> 와 마찬가지로 그로부터 도망치는 그런 말이기 때문이다."

(해설)

　헤겔은 "사유한다고? 추상적으로? —할 수 있는 사람은 자신(自身)을
구하시오!(Sauve qui peut!)"라고 말함으로써 이 글을 시작한다. 이렇
게 외치는 사람은 바로, 적에게 매수된 배신자다. "적에게 매수된 배신

자"는 누구인가? 그 사람은, 처음에는 형이상학·추상·사유에 대해 헤
겔과 같은 입장에 서 있었으나, 당시에 유포(流布)되어 있던 통속적인
견해에 유혹되어 본래의 입장을 버린 사람들을 가리킬 것이다. 왜냐하
면 그는 헤겔이 이 논문에서 형이상학에 관해서 말할 것이라고 생각하
고 있고, 형이상학은 추상적인 사유 체계라고 생각하기 때문에 마치 우
리가 페스트에 걸린 사람으로부터 도망치는 것처럼, 헤겔의 논문으로
부터 도망칠 것이라고 헤겔은 말하고 있는 것이다. 적에게 매수된 배신
자가 이렇게 외치는 것은, 그가 형이상학을 망상이나, 현실과 거리가
먼 사유, 추상적인 사유와 동일시하기 때문이다. 그러나 형이상학은 추
상적인 것이나 사유와 동치관계에 있지 않다. 즉, 추상적인 사유와 추
상적인 형이상학만이 존재하는 것이 아니라, 구체적인 사유, 구체적인
형이상학도 존재한다. 우리가 버리고 피해야 할 것은 전자, 즉 추상적
인 사유와 추상적인 형이상학이지, 결코 후자의 것들이 아니라는 점을
헤겔은 이 단락에서 말하고 있다.

제2단락

"그러나 여기서 사유가 무엇인지 그리고 추상적인 것이 무엇인지
설명되어야 한다는 것에는 그리 나쁜 의도가 포함되어 있는 것이
아니다. 아름다운 세상에서는 설명하는 일만큼 참을 수 없는 것은
없다. 어떤 사람이 설명하기 시작하면, 나 자신도 그것을 아주 끔
직한 것으로 생각한다. 왜냐하면 궁(窮)하게 되면 내 스스로 모든
것을 이해하기 때문이다. 여기에서는 사유가 무엇인지, 추상적인
것이란 무엇인지 하는 설명은 어쨌든 분명히 전적으로 불필요한
것으로 드러날 것이다. 왜냐하면 아름다운 세상은 추상적인 것이

무엇인지 분명히 알고 있다는 바로 그 이유만으로, 추상적인 것으로부터 도망치기 때문이다(추상적인 것을 피하기 때문이다). 우리는 우리가 알지 못하는 것을 욕망할 수 없는 것과 마찬가지로, 그것을 또한 싫어할 수도 없는 것이다."

(해설)

이 단락에서 헤겔은 사유가 무엇인지, 그리고 추상적인 것이 무엇인지를 설명하려는 자신의 생각에 악의(惡意)가 없다는 점을 밝힌다. 아름다운 세상[die schöne Welt]은 추상적인 것이 무엇인지 이미 알고 있기 때문에 추상적인 것에 대해서 설명할 필요가 없다. 이미 알고 있는 것에 대해 설명을 듣는 일은 불필요한 일이고, 참기 어려운 일이 분명하다. "궁(窮)하면 통(通)한다"라는 말이 있듯이, 모르는 것이 있을 때 그것을 알려는 욕망과 의지가 있다면 알 수 있을 것이다. 또 "필요는 발명의 어머니"라는 말도 있다. 설명이 필요한 사람들은, 그것에 대해 알지 못하고, 또 알려는 의욕도 없는 사람들일 것이다. 이들을 위해 헤겔은 추상적인 것이 무엇인지, 사유가 무엇인지를 설명하려고 한다.

교양 있는 사람들이나 아름다운 세상은 사유가 무엇인지, 그리고 추상적인 것이 무엇인지를 알고 있지만, 교양 없는 사람들은 모르고 있다. 그래서 헤겔은 이 점을 알리기 위해 이 글을 쓰고 있는 것이다. 아름다운 세상은 진정으로 추상적인 것이 무엇인지 분명히 알고 있기 때문에 그것을 잘 피할 수 있지만, 교양 없는 사람들은 그것을 올바로 알고 있지 못하기 때문에 그것을 피할 수도 없는 것이다. 우리가 어떤 대상을 진정으로 욕망하거나 싫어하기 위해서는 그 대상을 알아야 한다. 알지도 못하는 것을 바라거나 꺼려할 수는 없는 것이다. 교양 없는 사람들은 형이상학이 무엇인지, 사유가 무엇인지, 그리고 추상적인 것이 무엇인지 알지 못하기 때문에 그것을 욕망할 수도 싫어할 수도 없다고 헤겔은 말하는 것이다.

제 3 단락

"아름다운 세상을 사유 혹은 추상적인 것과 교활하게 화해시키려는 것 역시 내가 의도하는 바가 아니다. 예컨대, 가벼운 대화를 가장하여, 결국 사유와 추상적인 것이 아무도 모르게, 그리고 곧바로 혐오감을 일으키지 않고 사회 속으로 몰래 숨어들어 오도록 감추어져야 한다는 것이, 그리고 심지어 그것들이 사회 자체에 의해 눈에 띄지 않고(감지되지 않고) 받아들여져야 하는 것처럼, 혹은 슈바벤사람들이 표현하는 것처럼, 울타리 속으로 들어와야(포함되어야) 한다는 것이 내가 의도하는 바가 아니다. 또한 이제 이 복잡한 내용을 쓰고 있는 저자인 나는 이 낯선 손님을, 즉 사회 전체가 다른 호칭으로 마치 좋은 지인(知人)인 듯 대하고 인정한 추상적인 것을 드러내려는 의도를 갖고 있지 않다. 그것으로 말미암아 세상의 뜻에 반하여 세상을 가르쳐야 하는 그러한 인식의 분야들은 다음과 같은 용서받지 못할 오류를 지니고 있다. 즉, 그것들은 세상을 가르치는 동시에 세상을 모욕하며 꼭두각시를 조종하는 사람은 거짓을 꾸며 작은 명성을 얻으려고 하지만 그러한 모욕과 이러한 허영심은 효과를 파괴한다. 왜냐하면 그것들은 이러한 값을 치르고 얻은 교훈을 오히려 다시 밀어 내치기 때문이다."

(해설)

이 단락에서 헤겔은 아름다운 세상을 사유 혹은 추상적인 것과 교활하게 화해시키려고 하지 않는다는 점을 명백히 밝힌다. 또한 추상적인 사유가 사회 속으로 몰래 숨어들어 오는 것에 대해서도 반대한다. 추상적인 사유는 사회 속에 포함되어서는 안 되는 것이다. 그는 이 점을 가리키기 위해서 자신의 고향 슈투트가르트(Stuttgart)가 속해 있는 슈바벤(Schwaben)[1]지역 사투리인 "hereingezäunselt"라는 단어를 사용한다. 이 단어는 "울타리 속으로 들어온다"는 뜻이다. 그래서 추상적인 사유는 사회라는 울타리 속으로 들어와서는 안 된다는 점을 말하고 있다.

헤겔은 추상적인 사유를 "이 낯선 손님"이라고 부르고 있다. 사회 전체는 추상적인 사유를 다른 호칭으로 마치 좋은 지인(知人)인 것처럼 대한다. 예컨대 "다른 호칭"이란, 사람들이 추상적인 사유를 '형이상학'과 같은 이름으로 부를 때의 '형이상학'과 같은 이름을 가리키는 것일 것이다. 그러나 세상을 올바로 계도(啓導)해야 할 인식의 분야들은 세상을 가르치지만, 이러한 가르침은 진정한 가르침이 아니기에 세상을 모욕하는 것이며, 세상 사람들을 꼭두각시 취급하여 작은 명성을 얻으려고 하지만, 이러한 일들은 아무런 효과도 가져오지 못한다. 왜냐하

---

1 슈바벤(독일어: Schwaben)은 독일 남부의 역사적인 지역명이다. 스와비아(Swabia)라고 부르기도 한다. 슈바벤의 영역은 명확하지 않고, 시대에 따라 변화가 있으나 대체로 현재의 바덴뷔르템베르크 주 남부와 바이에른 주 서남부 일대를 포함하는 지역이며, 넓은 범위로는 프랑스 알자스 지방, 스위스 북부, 오스트리아 서부까지 포함된다. 명칭은 고대 게르만 부족인 수에비족(Suebi, Suevi)에서 유래한다. 현재 슈바벤의 지역 명칭은 바이에른 주의 하위 행정구역의 하나인 슈바벤 현에만 사용되고 있으나, 슈바벤은 특색을 간직한 전통적인 지역으로 여전히 유명하다. 고지 독일어의 일파인 알레만어의 방언 중 하나인 독특한 슈바벤 방언으로도 알려져 있다(https://ko.wikipedia.org/wiki/%EC%8A%88%EB%B0%94%EB%B2%A4). 헤겔 역시 슈바벤 사람이었고, 강의 시간에도 슈바벤 사투리를 섞어서 말했다고 알려져 있다.

면 그들이 가르치는 것은 진정한 형이상학, 구체적인 형이상학, 구체적인 사유가 아니라 추상적인 형이상학, 추상적인 사유에 불과하기 때문이다.

제4단락

"어쨌든 그러한 계획의 수립은 분명히 파괴될 것이다. 왜냐하면 그 계획을 실행하기 위해서는 수수께끼 같은 그 단어를 처음부터 말하지 않았어야 하기 때문이다. 그러나 이 글의 제목을 통해서 이미 이 일은 일어났다. 만약에 이 논문이 그러한 간계(奸計, 술책)를 부린다면 그 단어들은 이 논문의 시작부터 바로 등장할 수 없었을 것이고 오히려, 희극 속에 등장하는 장관(長官)이 극(劇) 중 내내 외투를 걸치고 주변을 맴돌다가 마지막 장면에 가서야 외투의 단추를 풀고 지혜의 별이 비춰지게 해야 하는 것처럼 했을 것이다. 여기서 형이상학의 외투의 단추를 푸는 일은 결코 장관의 외투의 단추를 푸는 일만큼 효과적이지 않을 것이다. 왜냐하면 그것은 더 나아가 약간의 말들(단어들)을 드러내 줄 뿐이기 때문이다. 그리고 실로 농담의 가장 훌륭한 부분은 본래, 사회가 문제 자체를 오랫동안 가지고 있었다는 사실이 드러난다는 점에 있어야 할 것이기 때문이다. 그래서 그들이 결국 얻게 될 것은 단지 이름에 불과한 반면에, 장관의 별은 더욱 현실적인 것, 즉 돈이 들어 있는 주머니를 뜻한다."

(해설)

이 단락에서 헤겔은 앞의 제3단락에 이어, 세상을 올바로 계도해야

할 인식의 분야들이 수립한 계획은 수포(水泡)로 돌아갈 것이라고 말한
다. 왜냐하면 이러한 계획이 실행되려면 수수께끼 같은 그 단어, 즉 '추
상적', '사유', 혹은 '추상적인 사유'라는 단어를 처음부터 말하지 않고
은밀하게 계획이 진행되었어야 하지만, "누가 추상적으로 사유하는
가?"라는 헤겔의 글의 제목을 통해서 이미 이 일은 일어났기 때문이다.
이에 덧붙여 헤겔은, 만약에 자신도 이러한 술책을 부렸다면, 글의 제
목에 이러한 단어들을 집어넣지 않고 은밀하게 글을 써 나갔을 것이지
만, 자신은 그러한 의도를 가지고 있지 않다는 점을 강조하고 있는데,
그는 이 점을 "희극 속에 등장하는 장관(長官)"의 경우를 예로 들어 설
명하고 있다. 이 장관은 아마도 코체부 라는 독일 작가의 『소도시의 독
일인』(*Die Deutschen Kleinstädter*)(1802년에 만하임에서 초연되고
1803년에 라이프찌히에서 처녀 출간됨)이라는, 4막으로 된 희극에 나
오는 인물로 추정되는데, 이 장관은 "극(劇) 중 내내 외투를 걸치고 주
변을 맴돌다가 마지막 장면에 가서야 외투의 단추를 풀고 지혜의 별이
비춰지게" 했다. 즉, 그는 처음에는 자신의 신분을 감추고 있다가 마지
막에 가서야 드러낸 것이다. 헤겔은 이 점과 관련하여, 자신도 은밀하
게 계획을 진행시키려고 했다면 마치 이 극 중의 장관처럼 했을 것이지
만, 자신은 결코 그런 의도를 갖고 있지 않다는 점을 이 희극과 관련하
여 설명하고 있는 것이다.

　그러나 헤겔과는 달리 은밀하게 계획을 추진하는 사람들이 결국 얻
게 되는 것은 별로 효과적이지 않다고 헤겔은 말한다. 그들은 결국 약
간의 단어들, 즉 형이상학, 사유와 같은 단어들을 드러내 줄 뿐이다. 그
러나 사태를 정확히 파악함으로써 사회를 아름다운 세상으로 만들기
위해서는 처음부터 문제점들을 명확하게 드러내 놓고 시시비비를 가려
야 한다는 것이 헤겔이 말하는 바다.

제5단락

"현존하는 모든 사람은 사유가 무엇인지 그리고 추상적인 것이 무엇인지를 알아야만 한다는 사실은 훌륭한 사회에 전제되어 있다. 그리고 우리는 훌륭한 사회에 살고 있다. 문제는 단지, 추상적으로 사유하는 자가 누구인가 하는 것이다. 이미 언급한 것처럼 나의 의도는 훌륭한 사회를 이런 것들과 화해시키는 것이 아니며, 훌륭한 사회가 어려운 것을 다루기를 기대하는 것도 아니며, 이성을 부여받은 자의 신분과 지위에 적합한 그런 문제를 경솔하게 무시하지 않도록 훌륭한 사회의 양심에 호소하는 것도 아니다. 나의 의도는 오히려, 아름다운 세상이 이러한 무시에 대해서 달리 별다른 마음의 거리낌을 가지고 있는 것 같지는 않지만, 이러한 무시에 대해서, 아름다운 세상을 그 자신과 화해시키려는 것이다. 그러나 아름다운 세상은 여전히, 적어도 깊은 곳에서는, 추상적인 사유를 고상한 것으로 생각하는 어떤 존경심을 가지고 있다. 그리고 아름다운 세상이 추상적인 사유로부터 시선을 돌리는 이유는, 그것이 너무 미약(微弱)하게 보여서가 아니라 너무 고상한 것으로 보이기 때문이며, 그것이 너무 천박한 것으로 보여서가 아니라 너무 고귀하게 보이기 때문이며, 혹은 반대로 말하면 그것이 특별한 것으로 보이기 때문이다. 즉, 그것은 새 옷처럼 일반적인 사회 속에서 어떤 사람을 눈에 띄게 하는 어떤 것으로 보이지 않고, —오히려 초라한 옷이나, 혹은 오랫동안 중국의 것이 되었던 고대의 거미발이 둘러진 보석들이나 아니면 더욱 화려한 자수물(刺繡物)로 장식된 화려한 옷[부자의 옷]처럼, —어떤 사람을 사회로부터 배제하거나 사회 속에서 우스운 사람으로 만드는 그런 것으로 보인다."

(해설)

이 단락에서는 "훌륭한 사회"라는 표현이 처음으로 등장하며, 제6단락에서도 한 번 등장한다. 이에 비해, "아름다운 세상"이라는 표현은 제2단락, 제3단락, 그리고 제5단락에서 등장한다. 그런데 이 두 표현은 동일한 대상을 가리키는가? 예컨대 헤겔은 "아름다운 세상은 추상적인 것이 무엇인지 분명히 알고 있다"(제2단락), "아름다운 세상을 사유 혹은 추상적인 것과 교활하게 화해시키려는 것 역시 내가 의도하는 바가 아니다"(제3단락), 그리고 "나의 의도는 오히려, (…) 아름다운 세상을 그 자신과 화해시키려는 것이다"(제5단락)라고 말한다. 그리고 이제 헤겔은, "현존하는 모든 사람은 사유가 무엇인지 그리고 추상적인 것이 무엇인지를 알아야만 한다는 사실은 훌륭한 사회에 전제되어 있다"(제5단락)고 말하며, 제6단락에서는 "훌륭한 사회는 추상적으로 사유하지 않는데, (…)"라고 말한다. 이 모든 진술을 종합해 볼 때 적어도 우리는, 아름다운 세상과 훌륭한 사회 모두는 추상적인 것이 무엇인지 알고 있다는 점에서(제2단락과 제5단락)는 같다고 말할 수 있다.

이 단락에서 헤겔은, 우리, 곧 자신의 독자와 자기는 훌륭한 사회, 즉 사유가 무엇인지 그리고 추상적인 것이 무엇인지를 알고 있는 사회에 살고 있다고 말한다. 그리고 단지 문제는, "추상적으로 사유하는 자가 누구인가" 하는 것이라고 한다. "이미 언급한 것처럼"은, 제3단락에서 헤겔의 의도는 "아름다운 세상을 사유 혹은 추상적인 것과 교활하게 화해시키려는 것"이 아니라는 언급을 가리키는데, 여기 제5단락에서는 자기의 의도는 "훌륭한 사회를 이런 것들과 화해시키는 것"이 아니라고 말한다. 그렇다면 과연 헤겔의 의도는 무엇인가? 그는 자신의 의도를, "이러한 무시에 대해서, 아름다운 세상을 그 자신과 화해시키려는 것"이라고 밝힌다. 즉, "이성을 부여받은 자의 신분과 지위에 적합한" 문제

를 둘러싸고 아름다운 세상의 의견이 갈라졌을 때, 분열된 의견이 조정
되도록 하는 것이라는 것이다.

　그러나 헤겔은 이 단락에서 하나의 반전(反轉)을 이루는 의견을 제시
한다. 그것은 바로, 아름다운 세상의 내면에는 여전히 추상적인 사유에
대한 존경심이 자리 잡고 있다는 것이다. 예컨대 "신은 사랑이다"라는
생각 내지 진술을 생각해 보자. 구체적인 맥락이 생략된 이런 추상적인
사유를 사람들은 고상한 것으로 생각하는 경향이 있다. 그리고 개념이
추상화된 정도(程度)가 높을수록 사람들은 그 개념을 더욱 고상한 것으
로 간주할 것이다. 그러나 아름다운 세상은 이런 추상적인 사유를 고상
한 것으로 생각하고 그것에 대해 존경심을 가지고 있음에도 불구하고
왜 그것으로부터 시선을 돌리는가? 그런 생각을 가지고 있다면 그것을
얻으려고 노력해야 하지 않은가!? 헤겔은 그 이유를, 추상적인 사유는
아름다운 세상에게는 너무 미약하고 천박한 것으로 보이기 때문이 아
니라 오히려 너무 고상하고 너무 고귀하게 보이고 특별한 것으로 보이
기 때문이라고 말한다. 즉, 추상적인 사유는 어떤 사람을 사회로부터
배제하거나 사회 속에서 우스운 사람으로 만드는 그런 특별한 것으로
보이는데, 그 이유는, 추상적인 사유를 하는 사람은 마치 초라한 옷을
입은 사람이나, 아니면 이와는 반대로, 고대의 거미발이 둘러진 보석들
이나 더욱 화려한 자수물(刺繡物)로 장식된 화려한 옷[부자의 옷]을 입
은 사람처럼 특별한 사람으로 보이게 하기 때문이라는 것이다. 이러한
'특별함'은 — 일반사회에서 어떤 사람이 새 옷을 입었다고 해서 우스운
사람으로 보이지 않는 반면에 — 사람을 우습게 보이게 한다는 것이다.

제6단락

"누가 추상적으로 사유하는가? 교양 있는 자[교육받은 자]가 아니라 교양 없는 자[교육받지 못한 자]다. 훌륭한 사회는 추상적으로 사유하지 않는데, 그 이유는 추상적인 사유는 너무 쉽고, — 외적인 지위에 따라서 볼 때 그런 것이 아니고, 자기를 자기가 할 수 없는 것 위에 두려는 공허한 겉치레의 고귀함 때문이 아니라, 사안(事案)의 내적 빈약함 때문에 — 너무 저차원적이기 때문이다."

(해설)

이 글의 제1부의 거의 마지막 부분이라고 할 수 있는 이 제6단락에서 헤겔은 이제, 누가 추상적으로 사유하는가? 라고 물은 다음에, 그것은 교양 있는 자[교육받은 자]가 아니라 교양 없는 자[교육받지 못한 자]라고 스스로 대답하고 있다. 훌륭한 사회는 추상적으로 사유하지 않는 사회이므로, 교양 있는 자들의 사회다. 교양 있는 자들의 사회, 훌륭한 사회가 추상적으로 사유하지 않는 이유는, 추상적인 사유는 너무 쉽기 때문, 다시 말하면 사안(事案)이 내적으로 빈약하고 너무 저차원적이기 때문이라는 것이다. 그도 그럴 것이, 앞에서 이미 살펴본 대로 추상적인 사유는 사태의 전모를 파악하려고 노력하지 않고 단편적인 부분만을 따로 떼어서 고찰하기 때문에 너무 쉽고 빈약하고 너무 저차원적일 수밖에 없는 것이다.

제 7 단락

"추상적인 사유에 대한 선입견[편견]과 존경심은 너무 커서, 민감한 코는 이 지점에서 어떤 풍자(諷刺)나 반어(反語)의 냄새를 미리 맡을 것이다. 그러나 그들은 조간신문[2]의 독자들이기 때문에, 풍자에 대한 상금을 줄 것이라는 사실과, 그렇기 때문에 내가 여기서 분명히 나의 일들을 거리낌 없이 포기하기보다는, 상금을 받을 수 있다고 믿고 상금을 받으려고 경쟁할 것이라는 사실을 알고 있다."

(해설)

헤겔은 제1부의 마지막 단락인 제7단락에서, 예민한 감각을 가지고 있는 사람은 본격적인 일화가 소개되기 직전인 이 지점에서 헤겔이 '추상적인 사유'에 대해서 풍자적·반어법적으로 이야기하고 있다는 낌새를 알아차릴 것이라고 말한다. 〈II. 작품소개〉에서 설명한 것처럼, 여기서 말하는 "조간신문"이란, 『교양 계층을 위한 조간신문』(Morgenblatt für gebildete Stände)인데, 현상 모집 원고 접수는 1807년 1월 2일부터 시작되고, 원고 마감일은 1807년 7월 1일로 언급되었다. 그런데 헤겔의 이 글은 현상 공모를 위한 기고문이라고 할 수 없다. 왜냐하면 헤겔의 이 글은 규정들 ― 운(韻)을 맞추어야 함, 그리고 주제는 '이기주의'임 ― 을 충족시키고 있지 못하기 때문이다. 그렇기 때문에, 민감한 코를 가진 사람들이 만약 헤겔이 자신의 글을 통해서 상금을 받으려고 경쟁할 것이라고 알고 있다면, 그것은 그들이 잘못 알고 있는 것이라고 할

---

2 『교양 계층을 위한 조간신문』(Morgenblatt für gebildete Stände)은 1807년 1월 1일부터 간행되었다. 그리고 1807년 1월 2일에 풍자에 대한 현상 모집을 하였고, 마감일은 1807년 7월 1일이었다.

수 있다.

제8단락

"나의 명제를 위해서는, 그 예들이 나의 명제를 포함하고 있다는 사실을 누구나 인정할 몇 개의 예들을 인용하기만 하면 된다. 예컨대 어떤 살인범이 형장(刑場)으로 끌려간다. 보통 사람이 볼 때 그는 살인범에 불과하다. 여인들은 아마도, 그가 힘이 세고 잘 생기고 흥미를 끄는 남자라고 말할는지도 모른다. 보통 사람들은 이런 언급이 무시무시한 것이라고 생각한다. 뭐라고! 살인범이 미남이라고? 어떻게 그렇게 사악(邪惡)하게 (불쾌하게, 부적절하게) 생각할 수 있는가? 그리고 어떻게 살인범을 미남이라고 부를 수 있는가? 그러나 물론 여러분 자신도 훨씬 더 나은 것은 아니다. 사물의 깊은 곳과 인간의 마음을 알고 있는 사제(司祭)는, 이것이 상류층 인사들 사이에 널리 퍼져 있는 도덕의 타락이라고 아마도 첨언할 것이다."

(해설)

여기서 헤겔은 형장으로 끌려가는 어떤 살인범의 경우를 예로 들면서, 그 살인범에 대해 판단하는 여러 사람들의 태도를 서술하고 있다. 이러한 태도들에서 발견되는 추상적인 사유와 구체적인 사유가 어떤 것인지를 분석해 보도록 하자. 우리가 헤겔의 진술에서 맨 처음에 발견할 수 있는 부류의 사람들은 바로 "보통 사람들(천박한 대중)"(8, 3)이다. 이들이 볼 때 그는 "살인범에 불과하다"(8, 3). 두 번째로 등장하는 부류의 사람들은 "부인들"(8, 3)인데 이들은 그가 "힘이 세고 잘 생기고 흥미를 끄는 남자"(8, 4)라고 말할는지도 모른다. 부인들은 단순히 살인범을 그저 살인범에 불과하다고 생각하지는 않는다. 즉, 부인들은 살인범에게서 '살인자'라는 측면만을 보지는 않는다는 점에서 보통 사람보다는 진일보한 면모를 보이고 있다. 그러나 부인들은 "그 사람 속에서 단지 살인범만을 보는, 아주 일면적인 판단을 내리고 있는 것은 아니지만, 그들은 그가 하나의 남성이라는 사실 밑에 그를 포섭시키고" 있는 한계를 지니고 있다(BT, 188). 부인들의 이런 생각에 대해 다시 첫 번째 부류의 보통 사람들은, 어떻게 "살인범을 미남이라고 부를 수 있는가?"(8, 5-6)라고 반문하면서, 이런 언급이 "무시무시한"(8, 5) 것이고 "사악한"(8, 6) 것이라고 주장한다. 보통 사람들은 "자기들 자신의 일면성이나 부인들의 일면성을 인식하지 못했다"(BT, 188)는 것을 우리는 알 수 있다. 그리고 세 번째 부류로 분류될 수 있는 사람들, 즉 헤겔 자신의 글을 읽게 될 독자들을 향해 헤겔은, "당신들도 그것보다 훨씬 낫지는 않을 것"(8, 6-7)이라고 말한다. 그리고 "사물의 깊은 곳과 인간의 마음을 알고 있는 사제(司祭)는, 이것이 상류층 인사들 사이에 널리 퍼져 있는 도덕의 타락이라고 아마도 첨언할 것이다"(8, 7-9)라고 말함으로써, 네 번째 부류의 사람들은 당연히, 상류층 인사들이 된다.

　보통 사람들이 볼 때, 형장으로 끌려가는 살인범은 그저 한 명의 살인범일 뿐이다. 그렇기 때문에 그들은 실로 그가 사형을 받아 마땅하다고 생각한다. 그러나 이와는 다르게 생각하는 사람들도 있다. 그들은 사형제도가 철폐되어야 한다고 생각한다. 왜냐하면 그들은 범죄자를 그의 범행과 동일시해서는 안 된다고 생각하기 때문이다. 즉, 범죄자라는 한 명의 인간을 그의 범행이라는 한 가지 사실 아래로 포섭하는 것은 잘못이며, 그는 그러한 행위 이상의 존재자라는 점에 주목한다. 처형(處刑)[사형 집행]이라는 것은 실로 개념적으로 그리고 실제로, 범인을 처형 도구 —특히 단두대나 목 베는 칼이라는 형태로 뚜렷하게 나타나는 —를 사용하는 행동 아래로 포섭하는 것 외에 다른 것이 아니다. 그러나 범죄자를 사형에 처하지 않고 재사회화를 추구해야 한다는 주장은, 범인은 범행과 전적으로 동일하지 않다는 바로 이 사실 때문에, 범인 스스로가 참회와 속죄 속에서 범행으로부터 자기를 분리할 수 있다는 확신에 근거하고 있는 것이다.[3]

이 점과 관련된 몇 가지 문제들을 하나씩 살펴보기로 하자.

우선, 어떤 범죄행위에 대해서, 반드시 처벌해야만 하는가? "죄는 미워도 사람은 미워하지 말라!"는 속담도 있듯이 처벌만이 능사가 아니라 죄를 '용서' 함으로써 더 나은 사회를 만들 수 있지는 않은가라는 주장이 가능하지 않은가 하는 문제다. 헤겔은 『법철학』§124에서 이 점과 관련하여 다음과 같이 말하고 있다: "주체가 무엇이냐 하면, 그것은 그의 일련의 행위다."[4] 이러한 헤겔의 주장과 관련하여 다음과 같이 말할 수 있다. 즉, (도덕의) 주체로서의 개인은 자기의 행위를 떠나서, 자기의 행위와 분리되어 규정되거나 파악될 수 없다. 주체가 따로 있고 행위가 따로 있는 것이 아니다. 주체는 그의 행위와 분리된 유령(幽靈)이 아니다. 주체는 그의 행위로(서) 존재한다. 우리는 한 개인을 어떻게 판단하고 평가하는가? 주체로서의 그의 본모습·실상(實狀)을 어떻게 알 수 있는가? 그것은 바로 그의 언행(言行) —넓은 의미로 보면 '언(言)',

---

3 Heinz Röttges, *Das Problem der Wissenschaftlichkeit der Philosophie*, Würzburg, 1999, 396 참조.
4 "–Was das Subjekt *ist, ist die Reihe seiner Handlungen*"(PR, 232 ff. / 법철학, 246 ff.).

즉 '말'도 행위에 포함시킬 수 있다—을 통해서다.

흔히, "죄(罪)는 미워해도 사람은 미워하지 말라"는 말을 한다. 이 말은 일면적인 타당성을 지니고 있다. 그러나 어떤 면에서는, 이 말은 옳지 않다. 왜냐하면, 죄라는 것은 하늘에서 뚝 떨어지는 것이 아니라 '인간을 통해서', '인간으로 말미암아' 발생하는 것이기 때문이다. 어떤 개인이 따로 있고, 그의 죄가 따로 있는 것이 아니다. 그의 죄는 글자 그대로 '그의' 죄이며, 바로 그 자신으로부터 나온 것이다. 예수도, "좋은 (과일)나무가 좋은 열매를 맺고, 나쁜 (과일)나무가 나쁜 열매를 맺는다"고 하지 않았는가! 나쁜 나무가 좋은 열매를 맺을 수 없는 것이다. 우리는 어떤 과일나무가 좋은 과일나무인지를 어떻게 알 수 있는가? 그것은 바로, 그 나무가 맺는 열매—즉, 결실(結實)—을 통해 알 수 있다. 이와 같은 맥락에서 헤겔은 여기서, "행위가 일련의 무가치한 산물이라면 의욕의 주체(성)도 마찬가지로 무가치한 것이며, 이와 반대로 그의 일련의 행동이 실체적인 성질을 지니고 있다면 개인의 내면적 의지 또한 실체적인 것이다"[5]라고 말하는 것이다.

데카르트는 인간의 본성의 하나를 〈사유〉[cogito]라고 규정했다. 인간은 사유(작용)로서 존재한다. "나는 생각한다. 그러므로 나는 존재한다"는 그의 유명한 명제의 의미는 바로, "나는 사유로서 존재한다," "나는 생각하는 한에서 존재한다"라는 것이다. 현대의 분석철학자 중 한 사람인 라일(G. Ryle, 1900-1976)은 『정신 개념』(*The Concept of Mind*)이라는 책에서, 마음 혹은 정신이라고 하는 것은 '마음 작용' 내지는 '정신작용'을 말하는 것이며, 이것을 떠나서 마음이 별도로 실체

---

5   "Sind diese eine Reihe wertloser Produktionen, so ist die Subjektivität des Wollens ebenso eine wertlose; ist dagegen die Reihe seiner Taten substantieller Natur, so ist es auch der innere Wille des Individuums" (TW 7, 233. §124).

로 존재한다고 주장하는 것은 바로 '범주오류'[category mistake]를 범하는 것이라고 주장한다. 예를 들어 말하면, 아들이 대학에 잘 다니고 있는지 알아보기 위하여 상경하신 아버지를 모시고 자기가 다니는 대학 캠퍼스를 돌아다니면서 인문관, 사회관, 자연관, 도서관, 운동장, 기숙사, 그리고 대학본부 등을 구경시켜 드렸는데, 구경을 마친 아버지가 아들에게 "내가 대학을 보여 달라고 했지, 인문관, 사회관 이런 것들을 보여 달라고 했냐! 도대체 대학은 어디 있냐?"하고 묻는 경우나, 또 일개 연대(聯隊)가 분열하는데, 먼저 1대대가 지나가고 다음엔 2대대, 이런 식으로 모든 대대가 다 분열을 마쳤다. 이 광경을 보고 있던 연대장이 "그런데 연대는 어디에 있지? 내가 본 것은 대대들의 행진뿐이었는데 (…)"라고 말하는 경우를 생각해 보자. 이 두 경우 모두 범주오류를 범한 것이다. 대학이라는 것은 그 모든 건물이나 제도를 총칭하여 거기에 붙인 이름이지, 그것들 외에 대학이 따로 있는 것이 아니다. 마찬가지로, 1개 연대라는 것은 몇 개의 대대로 구성되어 있고, 그것들을 통틀어서 연대라고 부르는 것이지, 그 대대들과 독립적으로 연대가 있는 것이 아니다.[6]

▶ 범죄와 형벌의 필연적 결합에 대한 헤겔의 견해는 어떠한가?

헤겔에 있어서 불법(不法) 혹은 죄란, 법을 부정하는 것(위반하는

---

6 라일이 든 예를, 독자가 이해하기 쉽도록 필자가 약간 변형을 가하여 소개했는데, '범주오류'에 대해선, Gilbert Ryle, *The Concept of Mind*, NY, 1979, Chapter I. Decartes' Myth. 이 중에서도 특히(2) "The Absurdity of the Official Doctrine"을 참고할 것(백훈승, 『피히테의 자아론. 피히테철학 입문』, 신아출판사, 2004, 125 f. 참조).

것)이다. 이에 대해 헤겔은 다음과 같이 말한다: "그들의 특수한 의지
가 보편적인 의지와 상이한, 독자적으로 특수한 의지로서, 통찰과 의욕
의 자의(恣意)와 우연성 속에서, 법 자체인 것에 맞서서 등장한다. 이것
이 바로 불법[불의(不義, das Unrecht)]이다"(TW 7, 169. §81). 즉, 각
개인의 특수한 의지가 보편적인 의지와 부합하는 경우에, 그것을 우리
는 '합법적이다', '적법(適法)하다'고 말하고, 그렇지 않을 경우 '불법
적이다', '위법(違法)이다'라고 말한다.

　헤겔은 법을 본질적인 것, 참된 것으로 보고, 불법은 참되지 않은 것,
가상(假象)으로 본다. 참된 것을 부정한 것은 참되지 않은 것이요, 진짜
가 아닌 가짜다. 따라서 가상 내지는 가짜를 다시 부정하여 참된 것을
회복해야 한다. 이것이 바로 불법의 부정(否定)으로서의 (형)벌[(刑)罰]
이다. 불법은 법의 부정이며, 불법(법의 부정)을 다시 부정하여(즉, 법
의 부정의 부정) 법을 회복하는 것, 그것이 바로 형벌이다. 이렇게 보면
형벌은 범죄에 의해 부정된 법을 다시 회복하는 것이다. 한마디로 "범
죄행위는 하나의 부정적인 것이며 형벌은 부정을 다시금 부정하는 것
이다."[7]

　따라서, "형벌을 정당화하는 이러한 상세한 서술에서 오로지 문제가
되는 것은, 범죄란 해악의 발생으로서가 아니라 법으로서의 법에 대한
침해로서 지양되어야 한다는 것이며 (…)"(TW 7, 188. §99). 헤겔은
범죄를 하나의 해악으로 간주하고, 형벌이란, 이러한 해악을 없애는 행
위로 보지 않는다. 즉, 그는 형벌을 악에 대항하는 하나의 선행으로 간
주하기보다는, 불법(불의)을 바로잡는 정의의 문제로 보고 있다는 말
이다.

7　헤겔, 『법철학』, 임석진 역, 한길사, 2008, 206.

『청년기 신학논집』에서 헤겔은 범죄에 대한 형벌의 필요에 대해 다음과 같이 말한다: "일어난 일을 안 일어난 것으로 만들 수는 없다. 범행에는 형벌이 따른다; 범행과 형벌의 연관은 분열될 수 없다; 어떤 행위를 일어나지 않은 것으로 만드는 길이 없다면, 행위의 현실[Wirklichkeit]은 영원한 것이다. 따라서 형벌을 견디지 않고서는 화해는 불가능하다."[8]

범죄는 악의 출현이라기보다는 법 자체에 대한 침해로 헤겔은 보고 있다. 법의 침해로서의 범죄를 부정하는 형벌은, 선(善)이나 악(惡)의 관점에서 다루어지기보다는 불의[Unrecht]와 정의(正義, Gerechtigkeit)의 관점에서 다루어져야 한다고 헤겔은 말한다. 예컨대 공리주의(公利主義)의 입장에서 보면 범죄가 악일뿐만 아니라, 형벌 또한 고통을 초래하기 때문에 악한 것이다. 따라서 형벌은 오직 유용성[utillty]의 관점에서 더 큰 악을 제거할 것을 약속하는 한에서만 허용될 수 있다.[9] 그러나 헤겔은 이 점과 관련해서 다음과 같이 말한다. "만약 범죄와, 그리고 결국 형벌로 규정되는 범죄의 지양이 단지 해악(害惡) 일반으로만 간주된다면, 분명히(이미, *schon*) 또 다른 해악이 존재한다는 바로 그 이유 때문에 하나의 해악을 의욕한다는 것은 분명히 비이성적인 것으로 간주할 수 있다(클라인, 『형법의 원칙들』, §9 f.[10])."[11] 즉, 공리주의의 입장

8 "Was geschehen ist, kann nicht ungeschehen gemacht werden, die Strafe folgt der Tat; ihr Zusammenhang ist unzerreißbar; gibt es keinen Werg, eine Handlung ungeschehen zu machen, ist ihre Wirklichkeit ewig, so ist keine Versöhnung möglich, auch nicht durch Ausstehen der Strafe" (Nohl, 278).

9 Jeremy Bentham, *An Introduction to the Principles of Morals and Legislation*, ed. by J. Burns and H.L.A. Hart, London, 1970, 158 참조.

10 『법철학』 본문의 각주에는 Ernst Ferdinand Klein, *Grundsätze des gemeinen deutschen peinlichen Rechts*, Halle, 1795라고 기재되어 있다.

11 TW 7, 187. §99 Anm.

에 따르면 범죄도 해악이고, 형벌도 해악이다. 따라서 범죄라는 해악을 응징한다는 의도에서 또 다른 해악을 저지른다는 것은 잘못이라는 것이다. 그러나 헤겔은 형벌이 해악이라는 주장에 동의하지 않는다. 그리고 범죄를 하나의 해악으로 보기보다는, 법의 부정(否定)으로서의 불법 내지 불의로 본다. 그래서 형벌이란, 침해된 법을 다시 바로 세우는 행위로 본다.

뿐만 아니라 헤겔은 범죄를 해악으로 보는 이런 입장과 맥을 같이 하고 있는 형벌 이론들, 예컨대 예방설[Verhütungstheorie], 위협설[Abschreckungstheorie], 계고설(戒告說, 협박설, 위협설, Androhungstherie), 교정설(矯正說, Besserungstheorie) 등의 형벌 이론도 잘못된 이론으로 간주하고 있다(TW 7, 187. §99). 예컨대 위협설에 대해 헤겔은 다음과 같이 반론을 제기하고 있다: "포이어바흐[12]의 형벌 이론은 형벌을 위협에 기초하고, 만약 누군가가 위협에도 불구하고 죄를 저지를 경우, 범죄자가 형벌이 가해질 것을 미리 알고 있었기 때문에, 형벌이 따라야만 한다고 생각한다. 그러나 위협의 합법성은 어떠한가? 위협은 인간을 자유롭지 않은 자로 전제하는 것이며, 해악의 표상을 통해서 인간을 강제하려는 것이다. 그러나 법과 정의는 자유와 의지 속에 그들의 자리를 가지고 있어야만 하는 것이지, 위협이 향하고 있는 부자유 속에 가지고 있어야 하는 것이 아니다. 이런 방식으로 형벌을 정초(定礎)하

---

12 인용문에 등장하는 포이어바흐(Paul Johann Anselm von Feuerbach, 1775-1833)는 철학자 포이어바흐(Ludwig Feuerbach, 1804-1872)의 아버지로, 근대 독일 형법 이론 및 심리강제설(心理强制說)의 창시자이자 1813년의 바이에른 형법전을 만든 사람이다. 독일 형법학에 있어서, 죄형법정주의(罪刑法定主義)를 강조하였고, 1806년 고문(拷問)을 폐지시켰다[네이버 지식백과] 포이어바흐 [Paul Johann Anselm von Feuerbach] (두산백과); https://de.wikipedia.org/wiki/Paul_Johann_Anselm_von_Feuerbach.

는 것은, 마치 우리가 개에 대해서 지팡이를 드는 것과 같고, 인간이 자신의 명예와 자유에 따라서가 아니라 개처럼 취급되는 것이다."(TW 7, 190. §99 Zus.).

이처럼 헤겔은 형벌을 위협에 근거한 것으로 보는 소위 〈위협설〉을 부정한다.

범죄자에게 가해지는 침해로서의 형벌은 그 자체로 정당할 뿐 아니라, 범죄자 자신에 대한 하나의 권리이기도 한 것으로 헤겔은 본다. 그는 범죄자도 이성적 존재자이기 때문에 법을 스스로의 법이자 권리로 받아들이고 그것의 지배 아래 놓일 수밖에 없다고 생각하기 때문에 이런 판단을 내린다: "범죄자에게 가해지는 침해는 그 자체가 정당할 뿐만 아니라—이렇듯 정당하다는 점에서 동시에 이 침해, 형벌은 범죄자가 지닌 즉자적으로 존재하는 의지이며 그의 자유의 현존재인가 하면 또한 그의 권리이기도 하다.—또한 이 침해는 범죄자 자신에게 주어진 하나의 권리라고도 할 수 있다. 다시 말하면 이것은 범죄자에게 가해지는 침해, 형벌이란, 그의 현존하는 의지와 그의 행위 속에 이미 정립되어 있다는 것을 뜻한다."(TW 7, 190. §100). 심지어 헤겔은 이미 1807년의 『정신현상학』에서 다음과 같이 말한다. 한 인간의 자유와 명예를 빼앗아 가는 것으로 보이는 형벌이, "전도된 세계에 있어서는 오히려 그 사람의 본질을 보존함으로써 그에게 영광을 안겨 주는 은총과 사면이 되는 것이다"(PG, 122). 『인륜의 체계』(System der Sittlichkeit)에서 헤겔은 추상적이고 관념적인 이 반전(反轉)이 양심의 가책이라는 현상 속에서 어떻게 수행되는지를 극히 인상적으로 서술하고 있다.[13]

---

13 Gadamer, "Die verkehrte Welt," in: *Materialien zu Hegels Phänomenologie des Geistes*, hg. v. Hans Friedrich Fulda und Dieter Henrich (106~130), Ffm, 1979, 125 참조.

범죄자가 겉으로 보기에는 외면적으로 그리고 자신과는 소원(疎遠)한 것이
라고 생각하면서 침해한 것 속에서 범죄자는 그에 의해 침해받는 자 못지않
게 직접 자기 자신을 관념적으로 침해하고 지양한 것이다. 그러한 한에서 외
적인 행동은 동시에 내적인 행동이며, 타인에게 행한 범죄는 마찬가지로 자
기 자신에게 행한 것이다. 그런데 이런 자기 자신의 파괴에 대한 의식은 주
관적이고 내면적인 의식 또는 가책을 느끼는 양심[das böse Gewissen]이다.
그런 한에서 이 의식은 불완전하므로, 또한 외면적으로 응보적 정의
[rächende Gerechtigkeit]로 드러나야만 한다.[14]

뿐만 아니라, 범죄의 지양[Aufheben]은 보복[Wiedervergeltung]인
데, 보복은 침해(侵害, Verletzung)의 침해다. 이런 생각은 앞서 말한 바
와 대동소이하다. 즉, 범죄는 법의 부정(지양)이고, 형벌은 범죄의 부정
이므로, 형벌은 〈법의 부정의 부정〉이 된다. 이와 마찬가지로 헤겔은 범
죄는 법의 침해이며, 이 침해에 대한 보복은 〈침해의 침해〉라고 말하는
것이다(TW 7, 192. §101 참조). 그리고 보복으로서의 형벌은 정당한
법 절차에 의해서만 집행되어야 함을 헤겔은 강조한다. 정당한 사법(司
法) 절차에 의하지 않은 사사로운 복수[Rache]가 보복인 한, 그것은 주
관적인 의지에 따른 행동이므로 결함이 있다.[15] 즉, 피해자에 가해진 불
법을 양적·질적으로 한도가 있는 것으로 판단하여 그에 적합한 형벌을
가해야 함에도 불구하고, 피해자는 이 점을 고려하지 않고 단지 자기에

---

14 Hegel, *System der Sittlichkeit*, hg.v. Georg Lasson, Unveränderter Abdruck
1967 aus: G.W.F. Hegel "Schriften zur Politik und Rechtsphilosophie". zweite
Auflage 1923, Hamburg, 41.

15 이점에 관해, "복수(復讐)는 내 것이라"(신명기 32:35)는 구절 참조. 이 내용은 로
마서 12:19에 다시 등장하고 있다.

게 '불법이 행해졌다'는 사실에만 주목함으로서, 복수행위는 다시금 도
(度)를 넘어서는 새로운 불법행위가 될 수 있고, 이러한 복수행위는 악
순환을 반복할 수 있다(TW 7, 196 f. §102 참조).

▶ 살인에는 사형만이 가능하다고 헤겔은 주장한다.

그러면, 범죄행위에는 마땅히 형벌이 따라야 한다는 점을 인정한다
하더라도, 살인 행위라는 범죄행위에 대한 형벌이 반드시 사형이어야
만 하는가라는 점에 대해서는 상이한 입장들이 가능할 것이다. 헤겔 역
시 사회적 통념과 같은 견해를 가지고 있다. 즉, "범죄는 마땅히 처벌 받
아야 하며, 범죄자에게는 자신이 저지른 만큼의 대가가 과해져야만 한다"[16]
고 본다.

그러면 왜 살인이라는 범행에 대해서는 사형이라는 형벌만이 가능하
다고 헤겔은 주장하는가? 헤겔은 이점과 관련하여 다음과 같이 말한
다: "(…) 범죄는 그 현존재에 따라 볼 때 특정한 질적·양적 범위를 지
님으로써, 현존재로서의 범죄의 부정도 이와 동일한 범위를 지니고 있
다. 그러나 개념에 근거해 있는 이러한 동등성은 침해의 특수한 성질에
있어서의 동등성이 아니라 침해의 즉자적인 성질에 있어서의 동등성 —
즉, 침해의 가치에 따른 동등성이다"(TW 7, 192. §101).

다시 말하면 형벌로서의 보복은 침해의 특수한 성상(性狀, Beschaf-
fenheit)에 있어서의 동등성[Gleichheit]이 아니라, 침해의 가치[Werte]
에 따라 본 동등성이라고 본다. 이런 점에서 볼 때 헤겔은 고대의 하무
라비 법전에 나타난 〈동형보복(同形報復)〉[동태(同態)보복, 동해(同害)

16 "(…) daß es Strafe *verdiene* und *dem Verbrecher geschehen solle, wie er getan
hat*"(TW 7, 193. §101 Anm.).

보복]을 부정하고 〈동가보복(同價報復)〉을 주장한다. "눈에는 눈, 이에는 이"라는, 범죄에 대해 동일한 해악을 가해야 한다는 탈리오 원리[Talionsprinzip]에 입각한 단순한 보복 이론을 주장하지 않는다. 예컨대 어떤 사람이 다른 사람의 손목을 부러뜨렸다고 할 때, 이에 해당하는 가해자의 손목을 똑같이 부러뜨림으로써 "특수한 성질에 있어서의 동등성"을 회복하는(?) 처벌이 아니라, "침해의 가치에" 상응하는 처벌, 예컨대 벌금형이나 금고형에 처한다는 것이다.

완전한 동일성은 현실에서 존재하지 않을 것이다. 존재자가 개별화·개체화되어 이것과 저것으로 구별되는 경우, 개체들 간에 완전한 동일성이란 존재하지 않는다. 그래서 우리는 가치의 동등성을 생각하게 된다. 위에서 든 예에서, 어떤 사람의 손목을 부러뜨렸을 때, 엄밀한 의미에서 동해(同害)보복은 불가능하다. 왜냐하면 우선은, 피해자의 손목과 가해자의 손목은 동일하지 않을 뿐만 아니라, 만약에 동일한 것으로 가정하더라도, 동일한 상해를 입힐 수 없기 때문이다. 현실에서는 오직 유사한 보복만이 가능하다.

그러나 헤겔은 살인의 경우에는 이에 대응하는 가치는 오직 살인자의 생명을 박탈하는 것 밖에 없으므로 살인에 대해서는 사형만이 정당한 형벌이라고 말한다(주해 참조). 이에 대해 그는 다음과 같이 말한다: "왜냐하면 생명이란 현존재의 전 범위에 걸치는 것이므로, 살인에 대한 형벌은 살해된 생명을 대신할 수 없는 어떤 가치에 있는 것이 아니라, 다시금 단지 생명의 박탈에만 존립하기 때문이다"(TW 7, 196. § 101 Zus.).

제 9 단락

"인간을 잘 아는 사람[인간 전문가]은 그 범죄자의 성장 과정을 추적하여 다음과 같은 사실들을 발견한다. 즉, 그의 경력에서 그가 교육을 잘못 받았으며 아버지와 어머니의 가족 관계가 좋지 않았다는 점, 그리고 이 사람이 어떤 사소한 잘못을 범했을 때 그 어떤 엄청난 가혹함을 당하게 되었고, 이 일이 그로 하여금 사회질서에 대해 격분하게 하였는데, 사회질서에 대한 최초의 반응은 그를 사회로부터 몰아냄으로써, 이제 그로 하여금 범죄를 통해서만 자기를 보호할 수 있도록 만들었다는 사실이다. 이런 이야기를 들을 때 다음과 같이 말할 사람들이 있을는지도 모른다: "그는 이 살인범을 용서하고 싶어 한다!" 결국 나는 젊었을 때, 작가들이 너무 도(度)가 지나쳐서 기독교와 정의(正義) 모두를 완전히 근절하려고 한다는 어떤 시장(市長)의 한탄을 들었던 일을 기억한다. 그런데 자살을 옹호하는 글을 쓴 사람도 있다. 끔찍하다. 정말로 너무 끔찍한 일이다!—계속해서 물음으로써, 그것이 『베아터의 고뇌』(괴테, 1774)를 의미했다는 사실이 드러나게 되었다."

(해설)

단락을 바꾸어 제9단락에서는 다섯 번째의 부류의 사람인, "인간 전문가"(9, 1)가 등장한다. 이러한 부류의 사람은 앞의 부류의 사람들보다 훨씬 더 깊이 나아간다. 즉 그는 "그 범죄자의 성장 과정을 추적하여 다음과 같은 사실들을 발견한다. 즉, 그의 경력에서 그가 교육을 잘못 받았으며 아버지와 어머니의 가족 관계[17]가 좋지 않았다는 점, 그리고 이 사람이 어떤 사소한 잘못을 범했을 때 그 어떤 엄청난 가혹함을 당

하게 되었고, 이 일이 그로 하여금 사회질서에 대해 격분하게 하였는
데, 사회질서에 대한 최초의 반응은 그를 사회로부터 몰아냄으로써, 이
제 그로 하여금 범죄를 통해서만 자기를 보호할 수 있도록 만들었
다"(9, 1-6)고 생각한다.

우리사회에서도 이런 경우들은 많이 발견된다. 예컨대 위의 경우처
럼, 가정 형편이 어려워 교육을 제대로 받지 못하고 부모님의 사이가
좋지 않아 가정에서도 화목한 삶을 살지 못하고, 학교와 가정 모두에서
평안함과 만족을 얻지 못하고 가출하여 불량 청소년들과 어울리며 결
국 범죄의 길로 빠져들게 되는 청소년들이 많이 발생한다. 그리고 이
들이 범죄하게 되었을 때 가혹한 처벌을 받고 가정과 사회 모두에 대
해 분노감을 갖게 되고, 죄 값을 치른 후에도 사회생활에 적응하지 못
하고 방황하는 가운데, 다시 범죄를 통해서 자신의 생활을 영위해 나가
는 청소년이 살인이라는 끔찍한 범죄를 다시 저지르는 경우를 발견할
수 있다.

그런데 이 경우, 살인이라는 범행을 저지른 이유와 과정을 물론 충분
히 살펴보아야 하겠지만, 앞에서도 말했듯이 살인이라는 행위는 엄연
한 범행이다. 그래서 그에 마땅한 벌을 받아야 한다. 계획적이고 의도
적인 살인이라면 가중 처벌을 받아야 할 것이요, 우발적 살인이라면 또
그 정상이 참작되어야 할 것이다. 그러나 무조건적인 용서는 이루어질
수 없다. 물론, 이 단락에서 인간 전문가가 생각하는 것처럼, 범죄자의
경력이나 가정환경 등을 고려하는 일은 양형(量刑)에 영향을 미치는 요
인이 될 수 있을 것이다. 그러나 그러한 고려 사항들이 '무조건적 용서'
의 이유가 되지는 못한다. 왜냐하면 인간에게는 자신의 행위를 선택할

---

17 1835년의 전집에는 "그의 경력과 교육에 있어서 나쁜 가족 관계"("in seiner
Geschichte, in seiner Erziehung schlechte Familienverhältnisse")라고 기록되어 있다.

수 있는 자유의지가 있기 때문이다. 즉, 어떤 사람이 불우한 어린 시절을 보냈다고 해서 반드시 범죄자가 되는 것은 아니다. 어떤 사람은 역경을 극복하고 사회에 공헌하는 훌륭한 인물로 성장하기도 하고, 또 어떤 사람은 그러지 못하고 좌절하고 실패한 인생을 살기도 하는 것이다. 그래서 살인범의 성장 과정을 추적한 인간 전문가가 살인범의 과거 경력을 제시하는 일에 대해, "그는 이 살인범을 용서하고 싶어 한다!"고 생각하는 사람들이 나올 수 있다. 그러나 이런 판단은 단지 사람들의 추측에 불과할 뿐, 인간 전문가의 심중의 생각과는 다를 수도 있다. 즉, 인간 전문가는 단지, 살인범의 불우한 성장 과정이 판결에 고려되어야 한다는 점만을 주장한 것일 수도 있다는 말이다.

인간 전문가의 추상적인 판단은, 그가 살인범의 장(場), 삶의 역사 및 발전을 고려함으로써 그의 인격의 총체를 염두에 두고 있다는 점에서, 다른 예들과는 구별된다. 그러나 그의 관점은 오직 범죄라는 관점이며, 그는 그것으로 모든 규정들을 해석하고 있다. 제8단락에서처럼 여기서도 다시, 인간 전문가의 이러한 추상적인 해석은 추상적으로 수정(修正)되고 있다. 즉, 사람들은 인간 전문가가 살인범을 단지 "용서해"(9, 7) 주려고만 한다는 하나의 감정 판단을 통해서 인간 전문가의 추상적인 해석을 수정하고 있는 것이다(BT, 188).

헤겔은 단락을 바꾸지 않고 이러한 진술에 이어서, 이러한 상황이 자기로 하여금 자기의 청년 시절에 들었던 이야기를 생각나게 한다고 하면서, 이러한 상황에 대응하는—그러나 얼핏 보아서는 이해하기 쉽지 않은—예를 들고 있다. 즉, 자기가 젊었을 때, "작가들이 너무 도(度)가 지나쳐서 기독교와 정의(正義) 모두를 완전히 근절하려고 한다는 어떤 시장(市長)의 한탄을 들었던 일을 기억한다"(9, 8-10)고 말한다. 도가 지나친 작가들 중 한 사람은 바로 괴테이며, 여기서 문제가 되고 있는 그의 작품은 바로 『베아터의 고뇌』(괴테, 1774)[18]다. 그런데 어찌하여 그의 작품이 기독교와 정의 모두를 완전히 근절하려고 하는 것으로 이해되고 있는 것인가? 그것은 아마도 이 작품이 살인 ― '자살(自殺)' 도 살인이다 ― 을 옹호하는 것으로 이해되고 있기 때문인 것으로 보인다. 주지하듯, 『젊은 베아터의 고뇌』라는 작품은, 소설 중 주인공인 베아터 (Werther)가 샬롯테(Charlotte)를 연모하지만, 결국 알버트(Albert)의 아내가 되어 버려 자신의 사랑을 이루지 못한 것을 비관하여 권총으로 자살한 내용을 다루고 있다. 이 작품이 발표된 후 이를 모방한 자살이 2,000건이 넘었다는 보고도 있을 정도였다. 헤겔의 젊은 날의 어떤 시 장이나 헤겔 자신도 이 글이 자살을 옹호한 것으로 보고 "끔찍하다. 정말로 너무 끔찍한 일이다!"(9, 11)라고 외치고 있는 것으로 보인다.

헤겔은 문예적인 경우에서 사태를 꿰뚫어 보고 있다. 즉, 헤겔은 인간 전문가에 대해서는 괴테라는 작가를, 그리고 사람들[Leute]에 대해서는 자기의 청년 시절의 시장을, 그리고 살인범에 대해서는 베아터를 대응시키고 있다. 여기서, '자살을 옹호한 글을 쓰기도' 한 사람, 곧 괴테는 앞에 말한 '인간 전문가'에 대응하고, 헤겔의 청년시절의 시장은, '인간 전문가는 살인범을 용서하고 싶어 한다고 생각하는 사람들'에 상응하고, '베르테르'는 '살인범'에 상응하는 것으로 분석될 수 있다.

제8단락에서처럼, 추상적인 두 진술들 ―범죄자에 대한 설명, 그리고 그 설명에 대한 비판―을 문제 삼는 것은 끝부분에 가서 이루어진

---

18 *Die Leiden des jungen Werthers*. 본문에는 그냥 "베아터의 고뇌[*Werthers Leiden*]"(9, 16)라고만 되어 있다. 이런 식의 부정확한 인용은 예컨대 제13단락에서도 발견되는데, 거기서 헤겔은 디드로(Denis Diderot, 1713-1784)의 『운명론자 자크와 그의 주인』(*Jacques le fataliste et son maître*, 1796)을, '자크와 그의 주인'(*Jacques et son maître*)으로 표현하고 있다.

다. 그리고 여기서는, 비판받고 있는 "작가(作家)들"[Bücherschreiber] (9, 9)은, 결코 괴테보다 보잘 것 없는 자가 아니었다는 점에 대한, 뒤에 놓인 해명을 통해 이루어진다(BT, 188 f. 참조).

우리는 '인간 전문가'와 '자살을 옹호한 글을 쓰기도 한 사람, 곧 괴테'를 같은 부류인 다섯 번째 부류의 사람들에 넣을 수 있고, 인간 전문가를 비판하는 사람, 즉 인간 전문가가 "살인범을 용서하고 싶어 한다"(9, 7)고 생각하는 사람과 시장을 여섯 번째 부류의 사람들에 넣을 수 있다.

▶ 자살에 대한 헤겔의 견해

헤겔에 의하면, 인간은 자기가 의욕하는 한에 있어서는 자기의 지체(肢體)들과 목숨들을 가지고 있지만, 그렇지 않을 경우에는 자기를 불구로 만든다거나 죽일 수 있다.[19] 이 점이 동물과 인간을 구별하는 점이기도 하다고 헤겔은 말한다.[20] 그러나 이것은, 인간이 자신을 실제로 포기할 수 있다는 점을 말하는 것이지(즉, '사실'의 문제이지), 인간이 자살할 수 있는 권리를 가지고 있다는 것, 즉 자살이 정당한 행위라고 주장하는 것은 아니다.

헤겔은 『법철학』의 〈추상법〉의 C. 소유의 양도(포기, Entäußerung)라는 항목에서, 본성상 나에게 외(면)적인 것인 물건[die Sache]은 주인이 없는 것으로 삼아 나로부터(나에 의해) 떠나 버리도록 하거나(방기하거나, derelinquiere) 혹은 그것을 타인의 의지로 하여금 점유하도록 내맡길 수[überlasse] 있다고 말한다(TW 7, 140. §65 참조). 그러나

---

19 "kann sich (…) selsbt verstümmeln oder umbringen, (…)" (TW 7, 111. §47).
20 Ebd. 참조.

"나의 가장 고유한 인격과 나의 자기의식의 일반적(보편적)인 본질을
구성하는 귀중한 것들이나 오히려 실체적인 규정들은 양도될 수 없으며
또한 나의 인격성 일반, 나의 보편적인 의지의 자유, 인륜, 종교에 대한
권리도 시효(時效)가 없다"(TW 7, 141. §66). 그런데 "목숨(생명, *das
Leben*)은 인격성에 대립하는 외적인 것이 아니라, 그 자체가 이 인격성
이며 직접적인 것이다"(TW 7, 151. §70). 따라서 인간은 자기의 목숨
(생명)을 양도할 권리를 갖고 있지 않다. 스스로 버리는 것, 즉 자살은
부당하다는 것이다. 생명을 버리는 것은 인격을 버리는 것이다. 나는
인격을 버릴 권리도 생명을 버릴 권리도 갖고 있지 않다. 그러나 헤겔
은 인간이 죽음을 맞이하는 다음 두 가지 방식을 제시하고 있다: "그리
하여 이와 동시에, 생명이 그 자체로는 직접적인 것이듯이, 죽음 또한
생명의 직접적인 부정태이므로, 죽음은 하나의 자연사(自然事)로서 외
부로부터 다가오거나 아니면 이념에 봉사하면서, 낯선 손으로부터 받
아들여져야만 한다."[21] 즉, 인간이 택할 수 있는 죽음은(죽음의 권리는)
자연사(自然事, eine Natursache)로서의 자연사(自然死, Naturtod)이거
나 아니면 인륜적 이념[eine sittliche Idee]에 의해 주어지는 죽음이라
는 두 가지일 뿐이다. 후자의 형태의 죽음이란 무엇인가? 이에 대해서
는 다음과 같은 구절이 대답을 제공하고 있다: "그러므로 나는 그와 같
이 생명을 양도할 권리를 도무지 갖고 있지 않다. 그런 권리를 가질 수
있는 것은, 이 직접적으로 개별적인 인격성이 그 자체로 침잠하여 바로
이 인격성의 진정한 힘이 되는 인륜적 이념일 뿐이다"(ebd.). 다시 말하

---

21 "(...) so daß zugleich, wie das Leben als solches unmittelbar, auch der Tod
die unmittelbare Negativität desselben ist, daher er von außen, als eine Natursache
oder, im Dienste der Idee, von fremder Hand empfangen werden muß"(TW 7,
151. § 70)."

면, 예컨대 타국의 침략에 의해 위기에 빠진 나라를 구하기 위하여 전장
(戰場)에 나아가 자기의 목숨을 던지는 행위는 비록 그것이 자기의 목숨
을 포기하는 행위이지만, 그것은 대아(大我)인 국가라는 인륜적 공동체
를 위해 소아(小我)인 나, 나의 목숨을 양도하는 것이기에 허용될 수 있
다고 헤겔은 주장한다. 인륜적 공동체인 국가는 그 성원인 공민(公
民), 혹은 국민에게 죽음을 요구할 권리가 있다는 말이다.[22] 여기에는
자유주의적 사상에 반대하는 헤겔의 공동체주의적 사상이 표현되어 있
다.「누가 추상적으로 사유하는가?」에서 나타나는 이 같은 헤겔의 사
상이 결국에는, 이 저술이 쓰인지 13년이 지난 1820년에 간행된『법철
학』에서 논리적 형식을 갖추어 구체적으로 서술된 것으로 보아야 할
것이다.

---

22 §70의 보유에서도 다음과 같이 말한다: "물론 개인의 인격은 인륜적인 전체에 스
스로를 바쳐야 하는 종속된 것이다. 그러므로 만약 국가가 생명을 요구한다면 개인은
그것을 내놓아야 하지만, 그러나 인간은 자기의 생명을 스스로 빼앗아도 되는 것인가?
자살은 무엇보다 일단은 용기라고 볼 수 있지만, 재단공이나 하녀들의 자살은 하찮은
[덧없는, schlechte] 용기라고 볼 수 있다. 더욱이 또 자살은 내면의 분열이 그리로 인도
하기 때문에 하나의 불행으로 간주될 수도 있다. 그러나 근본적인 물음은, 나에게 자살
할 권리가 있는가 하는 것이다. 여기에는 이렇게 답할 수 있다. 나는 이 개인으로서 내
생명에 대한 주인이 아니다. 왜냐하면 활동의 포괄적인 총체인 생명이란, 그 자체가 직
접적으로 존재하는 인격성에 대해 외적인 것이 아니기 때문이다. 그러므로 인격이 자기
의 생명에 대해 갖고 있는 권리에 관해 말하는 것은, 곧 인격이 자기를 지배할 수 있는
권리를 갖고 있다는 것이 되므로 이는 모순된 것이다. 그러나 인격은 이런 권리는 갖고
있지 않은 바, 왜냐하면 인격은 자기 위에 군림하지도 않고 자기를 심판할 수도 없기
때문이다. 헤라클레스가 분실자살하고 브루투스가 자기 칼에 몸을 던졌지만, 이것은 자
신의 인격성에 도전하는 영웅의 태도다. 그러나 만약 자살할 수 있는 단순한 권리에 관
해 논한다면, 이 권리는 영웅들에게도 역시 거부될 수 있다"(TW 7, 152. §70 Zus.).

제10단락

"이것이 추상적인 사유다. 즉 그가 살인범이라는 이 추상적인 사실을 제외하고는 그 살인범 속에서 아무것도 보지 않는 것, 그리고 이런 단순한 성질을 가지고, 그 사람에게 있는 그 밖의 모든 인간적인 본질을 지워버리는 것이다. 라이프찌히에 있는 세련되고 감상적인 사람들에게 있어서는 상황이 아주 다르다. 거기서 그들은 처형 바퀴에, 그리고 그 바퀴 위에 묶여 있는 범죄자에게 화환(花環)[화관(花冠)]들을 뿌리기도 하고 묶기도 했다. ─그러나 이것 또한 반대편의 추상화다. 기독교인들은 아마도, 장미십자가회 혹은 오히려 십자가장미회에 종사하여 십자가 주위에 장미 화환을 만들 수도 있을 것이다. 십자가는 오랫동안 신성한 것으로 여겨진 처형 도구(교수대)이자 수레바퀴다. 십자가는 수치스러운 형벌 기구라는 그것이 지닌 일면적인 의미를 잃어버렸다. 그리고 반대로, 가장 즐거운 환희와 신의 영광을 함께 지닌, 가장 고귀한 고통과 가장 심오한 포기라는 관념을 보여 준다. 라이프찌히의 수레바퀴는 이와는 반대로, 제비꽃과 양귀비로 장식되어 있는데, 그것은 코체부(Kotzebue)풍의 화해이며, 감상주의와 악함 사이에 이루어진 일종의 경박한 타협이다."

(해설)

헤겔은 지금까지 언급한 여섯 부류의 사람들의 사유가 모두 "추상적인 사유"[abstract gedacht](10, 1)라고 비판하면서 새로운 단락을 시작한다. 즉 이들 모두는 "그가 살인범이라는 이 추상적인 사실을 제외하고는 그 살인범 속에서 아무것도 보지 않고"(10, 1-2), "이런 단순한 성질을 가지고, 그 사람에게 있는 그 밖의 모든 인간적인 본질을 지워 버리기"(10, 2-3) 때문이다. 어떤 사람을 살인범으로 일면적으로 규정하는 것은, 그가 지니고 있는 규정들의 총체로부터, 구체적인 인간 개념으로부터의 추상 작용이다. 주지하듯이 헤겔은 이성 및 철학의 구체적인 사유와 추상적인 사유를 구별한다. 그러나 사회는 철학의 사유와, 그것의 표제어가 형이상학인 추상적인 사유를 동일한 것으로 간주한다. 사회는 무엇이 사유인지도 무엇이 추상적인지도 모른다. 사회는 '형이상학'이라는 단어, 그리고 '추상적'이라는 단어를 알고 있기는 하지만, "사태(事態)"[Sache](4, 11 ; 6, 5)는 모른다. 즉, 추상적인 것은 사회에게 하나의 수수께끼인 것이다(BT, 168 참조).

제10단락도 제6단락처럼 추상적인 사유가 무엇인지를 폭로한다. 추상적으로 사유하는 자는 교양이 없다. 교양은 아름다운 세계가 요청하는 계급이나 신분과 결합되어 있지 않고 이성(理性)과 결합되어 있다. 어떤 사람이 구체적으로 혹은 추상적으로 사유하는가의 여부가 그의 교양의 유무를, 그리고 그가 훌륭한 사회에 속해 있는지의 여부를 결정한다. 그것을 위한 전제는, 사유가 무엇인지, 추상적인 것이 무엇인지를 아는 것이다(5, 1)(BT, 189 참조).

제9단락에서 헤겔이 추상적인 판단의 특수한 영역, 즉 사회적인 것이라는 특수한 영역을 다룬 것처럼, 제10단락에서는 종교라는 특수한 영역을 다룬다. 제10단락의 시작에 주어진, 추상적 사유에 대한 정의(定義)(10, 1-3)에 대한 예로 헤겔은 "세련되고 감상적인 라이프찌히의 사람들"(10, 3)을 들고 있다. 이들을 우리는 일곱 번째 부류의 사람들이라고 할 수 있겠다.

라이프찌히의 사람들은 자신들의 "감수성"(10, 13, 그리고 10, 3 비교)으로 인하여 "처형 바퀴에, 그리고 그 바퀴 위에 묶여 있는 범죄자에게 화환(花環)[화관(花冠)]들을 뿌리기도 하고 묶기도 했다"(10, 4-5).
그로써 그들은 "수치스러운 형벌의 도구라는 그것의 일면적인 의
미"(10, 8)를 부정하고자 함으로써, 벌 받을 만한 범죄로부터 추상되었
다. 그러나 헤겔은 이러한 행위는 "또한 반대편의 추상 작용"(10, 5)[23]
이라고 비판한다. 라이프찌히의 사람들의 "감수성"(10, 17; 그리고 10,
4 참조)은 이로써 "수치스러운 형벌 기구라는 그것의 일면적인 의
미"(10, 10-11)를 부정하고자 함으로써, 벌 받을 만한 범죄로부터 추상
된 것이다(BT, 189 참조). 즉, 라이프찌히의 사람들은 범인의 범행을
감상에 젖어 하찮게 여김으로써, 다시 말하면 —범인을 범행 아래로 포
섭하는 대신에 — 범인을 범행으로부터 추상함으로써, 반대편의 추상
작용에 빠지며, 범행과의 잘못된 화해에 빠지는 것이다.[24] 이러한 잘못
된 동정심을 헤겔은 "피상적인 코체부풍의 화해[25]이며, 감상주의와 악

---

23 "반대편의 추상 작용"[die entgegengesetzte Abstraction]이란, 앞에서 나온 인간
전문가와 괴테에 있어서는 모두, 살인범의 다른 측면들은 도외시하고 살인이라는 범죄
행위 —자살도 일종의 살인이다 — 에만 집중하여, 범죄의 원인을 분석하여 범죄자를
동정하는 식의 추상 작용이 일어나고 있는 데 반하여, 라이프찌히의 사람들은 범죄라는
측면을 도외시하고 있는 것을 가리키는 것으로 보인다.

24 Heinz Röttges, *Das Problem der Wissenschaftlichkeit der Philosophie*, *Würz-burg*, 1999, 396 참조.

25 수어캄프 판에는 "피상적인"[oberflächliche]라는 표현이 빠져 있지만 1835년 초판
본에는 들어가 있고, 쉴러(G. Schüler)가 최초로 정서법과 구두법에 맞춰 원본에 충실
하게 제시한 텍스트(*Hegel-Studien* Bd.5, 1969, 161-164)에도 들어가 있다. 헤겔은 제
4단락에서 "희극 속에 등장하는 장관(長官)이 극(劇) 중 내내 외투를 걸치고 주변을 맴
돌다가 마지막 장면에 가서야 외투의 단추를 풀고 지혜의 별이 비춰지게 해야 하는 것
처럼 (….)"(4, 5-7)이라고 말하고 있는데, —이러한 표현들은, 알려지지 않은 어떤 장
관의 추천으로 도시에서 시골로 와서, 마침내는 추밀 고문관인 것이 폭로되는 어떤 사
람에 관한 것인데, 필자가 보기에 '지혜의 별'이란, '별 모양의 훈장'을 가리키는 것 같
다 —여기 나오는 여러 표현들(예를 들면, '장관', '외투', '단추를 풀다', '별')은 바로
코체부라고 하는 작가의 『소도시의 독일인』(*Die Deutschen Kleinstädte*)(1802년에 만

함 사이에 이루어진 일종의 경박한 타협"(10, 11-13)이라고 경멸적으로 이야기하고 있다. 이런 추상적인 사유에 대립시키고 있는 견해는 바로, 그들에게 있어서는 십자가가 성스러운 대상으로 되어 버린 기독교인들의 구체적인 견해. 우리는 이들을 여덟 번째 부류의 사람들로 분류할 수 있다. 그들에게 있어서 십자가는 "가장 즐거운 환희와 신의 영광을 함께 지닌, 가장 고귀한 고통과 가장 심오한 포기라는 관념"(10, 9-11)을 보여 주고(내포하고) 있다. 가장 즐거운 환희와 신의 영광이라는 개념이 한 쌍을 이루고, 이에 대립하여 가장 고귀한 고통과 가장 심오한 포기라는 개념이 한 쌍을 이루고 있다. 그리고 이러한 대립쌍이 결합됨으로써 하나의 총체성을 이루고 있다(BT, 189 f. 참조). 여기서 우리는 이른바 '대립의 통일'을 발견할 수 있거니와, 이때에 전체를 보지 못하고, 대립해 있는 항들 중의 어느 하나 혹은 부분만을 보는 것을 추상적인 사유라고 말하는 것이다.[26]

하임에서 초연되고 1803년에 라이프찌히에서 처녀 출간됨)이라는, 4막으로 된 희극에 나오는 표현들이다. Bennholdt-Thomsen은, 헤겔이 이 작품을 기억하면서 인용하고 있는 것으로 추측할 수 있다고 생각한다(BT, 166 이하 참조). 필자가 보기에는, 제4단락에서 헤겔이 코체부의 희극을 인용한 것은 이 희극의 내용 중에, "추밀 고문관인 것이 폭로되는 어떤 사람"이 등장하기 때문인 것 같다. 즉 헤겔은, 이 사람이 희극의 마지막 장면에 가서야 외투의 단추를 풀고 자기의 정체를 드러내듯이, 당시의 사회도, 많은 사람들이 교양 있는 자로, 즉 구체적으로 사유하는 자로 자처하고 있지만, 철학적으로 검토해 보면 '나중에는' 그들이 사실은 '추상적'으로 사유하고 있었고, 따라서 교양 없는 자들이었다는 사실이 폭로되기 때문이 아닌가 생각한다. 그런데 여기서 말하는 코체부는 바로, 러시아의 스파이라는 의심을 받다가 1819년 3월 만하임에서 잔트라는 예나 대학의 학생에 의해 살해된 바로 그 사람이다. 헤겔은 이 단락에서의 '피상적인 화해'와, 제11단락에 등장하는 노파에 의한, 하나님과 살인범 간의 진정한 종교적 화해를 대비하고 있다.

26 기독교에 있어서 예수 그리스도의 십자가는 실로 이러한 이중의 의미를 지니고 있다. 십자가는 한 편으로는 노예나 흉악범·정치범을 처형하는 극도로 고통스러운 형벌 도구이며, 예수께서 십자가에 달리셨다는 것은 성부 하나님으로부터 철저하게 버림받

라이프찌히의 세련되고 감상적인 사람들은 바퀴에, 그리고 그 바퀴 위에 묶여 있는 범죄자에게 화환(화관)들을 뿌리기도 하고 묶기도 했는데, 여기서 '바퀴'[Rad]란, 중세 로마시대로부터 근대에 이르기까지 사용된 처형 도구를 가리킨다. 오늘날 수레바퀴를 이용한 처형은 더 이상 실행되지 않는데, 예컨대 독일의 경우, 실제 집행은 바이에른에서 1813년에 철폐되었고, 쿠어헤센(Kurhessen)[27]에서는 1836년까지도 시행되었다. 알려진 마지막 수레바퀴처형은 1841년에 프로이센에서 있었다. 강도 살인범인 퀸앞펠[Rudolf Kühnapfel]은 에름란트[28]의 주교인 하텐

은 것이다 ["엘리 엘리 라마 사박다니!(마 27 : 46; 막 15 : 34)"]. 그러나 다른 한 편으로 보면, 십자가는 예수 그리스도의 대속(代贖)의 죽음을 통하여 그리스도 자신뿐만이 아니라 성부 하나님, 또 그를 믿는 성도들에게는 더할 나위 없는 기쁨과 영광이 되는 매개체인 것이다. 헤겔은 이러한 양면을 함께 보는 기독교인들에게서 구체적인 사유의 예를 발견하고 있다.

27   1814년부터 1866년까지 존속했던 쿠어헷센(Kurhessen) ─ 쿠어휘어스텐툼 헷센(Kurfürstentum Hessen) (헷센 선제후령)의 간략한 표현 ─ 은, 1815년부터 헷센-캇셀 방백령[die Landgrafschaft Hessen-Kassel]을 가리키는 통상적인 명칭이었으며, 그 영주(領主)는 1803년에 선제후(選帝侯, Kurfürsten)로 승격되었다. 넓은 의미로 쿠어헷센 내지 쿠어휘어스텐툼 헷센은 나중에 1821년의 행정 개혁과 더불어 비로소 통일적인 행정이 이루어진, 선제후에 의해 통치된 지역들의 총체를 가리켰다. 1807년 나폴레옹에 의해 해체되어 베스트팔렌 왕국으로 대부분 편입된 쿠어헷센은 1814/15년의 비인회의에서 원상회복된 후 1866년에 프로이센에 병합되기까지 독일연방의 일원(一員, Mitglied)이었다. 역사학에서는 헷센-다름슈타트와 구별하기 위해 헷센-캇셀로 종종 불린다(https://de.wikipedia.org/wiki/Kurf%C3%BCrstentum_Hessen).

28   에름란트는 프루센의(prußisches) 취락 지역(식민 지역, Siedlungsgebiet)이었는데, 13세기에 독일 기사단[den Deutschen Orden]에 의한 정복 이후에는 독일 기사단 국가의 내부에 있는 하나의 주교구(主教區, Bistum)이었고, 이 주교구는 제후급 주교구[Fürstbistum] 에름란트로서 폴란드의 통치 하에서 확실한 자립성을 가졌다. 이 지역에서 가장 중요한 도시들은 엘빙[Elbing]과 브라운스베르크[Braunsberg], 그리고 더 나아가 부르크 발가[Burg Balga]였다. 에름란트의 대부분은 오랫동안 동프로이센에 속했다. 에름란트는 오늘날에는 폴란드의 보이봇샤프트 에름란트-마수렌(Woiwodschaft Ermland-Masuren)의 일부다(https://de.wikipedia.org/wiki/Ermland). 프루센

[Andreas Stanislaus von Hatten, des Bischofs von Ermland]을 살해한 죄로 형(刑)이 선고되었다.[29] 이 바퀴의 사용 방법은 다양하다. 로마시대에는 전차(戰車) 바퀴를 나무로 연결해 원통을 만든 다음, 사람을 거기에 묶어 언덕에서 굴린다. 이렇게 하면 얼굴이 땅에 닿을 때 코뼈가 부러져서 두개골을 찌를 수도 있고 굴러가다 목뼈가 부러질 수도 있고, 어쨌든 세 바퀴 정도 구르면 사람이 충분히 죽게 된다고 한다.[30] 또 하나의 방법은, 나란히 놓여 있는 각목(角木, 들보) 위에 범죄자가 벌거벗겨진 채로 놓여진다. 그러고 나서는 작은 톱니들이 있는 수레바퀴가 천천히 (바짓) 가랑이부터 머리까지 움직여져서, 수레바퀴형에 처해진 자는 극도로 고통스럽게 죽었다.[31]

또한 '카타리나(캐서린)의 바퀴'[The Catherine Wheel]로 불리는 바퀴도 있는데, 이 바퀴에 사람을 묶고 바퀴를 돌리면서 사형 집행인이 철제 해머 등으로 도는 몸을 마구 쳐서, 산산조각으로 깨뜨려 나간다. 혹은 물레방아와 결합해 빙글빙글 돌리며 자동 물고문이나 불고문을 하기도 하였다. 거기서 죽지 않은 자는 바퀴 채로 장대 위에 매달려, 새의 먹이가 된다. 혹은 바퀴를 장대나 말뚝에 꽂아 올려서 산채로 새가

[Prußen] 혹은 프루젠[Pruzzen], 본래의 표기에 의하면 프루사이[Prūsai]는, 프로이센 [Preußen]이라는 지리적 명칭이 소급되는 발트해의 부족(종족, Volksstamm)이었다. 13세기의 프루센의 지역부족들[Teilstämme]의 취락 지역은 오스트제(Ostsee)에, 즉 바익젤[Weichsel]과 메멜[Memel] 사이에 있었다. 13세기에 독일 기사단에 의해 정복된 후, 프루센은 수 세기에 걸쳐 독일의 이주자들에 동화되었다. 프루센의 언어인 고대 프러시아어[das Altpreußische]는 17세기에 사멸되었고 단편적으로만 기록되어 있다. 최근에는 신프러시아어[eine Neuprußische Sprache]를 소생시키려고 시도하고 있다 (https://de.wikipedia.org/wiki/Pru%C3% 9Fen).

29   https://de.wikipedia.org/wiki/R%C3%A4dern 참조.

30   이런 형벌을 알형(軋刑)이라고 한다(http://www.ilbe.com/1482947862 참조).

31   https://de.wikipedia.org/wiki/R%C3%A4dern 참조.

쪼아 먹게 한 경우도 있다. 희생자는 탈수나 고통으로 2–3일 만에 죽었다. 사형 집행자는 경우에 따라서는 범죄자의 목을 베거나 목을 졸라 죽일 수[교살(絞殺)할 수] 있었다. 처형자가 관용을 베풀 경우에는 희생자의 가슴이나 배를 쳐서 중상을 입혀 고통을 줄여 주기도 했는데, 이를 온정(溫情)의 일격(一擊)[coups de grace]이라고 불렀다.[32] 또한, 소위 '파괴하는 바퀴'[breaking wheel]나 '바퀴곤봉형'[wheel Cudgelling]으로 불리는 것은, 수레바퀴 같은 것에 사람의 사지(四肢)를 결박하고 바퀴 사이로 쇠막대기나 망치로 내리쳐 뼈를 박살내는 형벌이었다. 그리고 경우에 따라서 수레바퀴는 'X'자 형틀과 십자가 형틀로 대체되기도 했다.[33] 또는 그저 매우 단순하게, 피해자를 눕혀 놓고 마차바퀴로 두들겨 패 팔다리를 너덜너덜하게 만든 뒤, 팔다리를 베베 꼬아서 바퀴 위에 올려 놓고 밧줄로 동여맨 후 사람들이 보기 좋게 높은 곳에 전시해 놓든지, 광기(狂氣)에 휩싸인 관중들 한복판에 던져서 노리개로 만들든지 하였다. 우선 사지를 벌리고 말뚝에 손목과 발목을 묶은 다음 마차바퀴로 몸을 눌러 온몸의 관절을 하나씩 분지른다. 이때, 심한 고통을 주어 빨리 죽게 하는 시행착오 같은 것은 범하지 않는다. 온

---

32 http://ppss.kr/archives/63811 참조. 문예 작품에는 이 같은 상황을 묘사하고 있는 것들도 있다: "처형된 사람들의 몸뚱이가 바퀴에 묶여 높이 들어올려졌을 때, 안톤은 자신이나 주위에 있는 다른 사람들도 저들처럼 갈기갈기 찢길 수 있다고 생각하였다. 거기까지 생각이 미치자 인간이란 존재가 전혀 가치 없고 무의미하게 여겨졌다. 동물적인 잔인한 처형에 대한 생각에 사로잡힌 나머지 자신의 인생과 그 밖의 모든 것들을 잊어버렸다. (…) 안톤은 그런 생각을 하면서, 몸이 찢겨 바퀴에 매달린 범죄자들의 자리에 매번 자신의 모습을 대입시켰고, 동시에 솔로몬이 했던 말을 기억했다. "인간은 짐승과 같으니, 짐승이 죽듯 인간도 죽느니라"(칼 필립 모리츠, 『안톤 라이저』(*Anton Reiser*), 장희권 역, 문학과지성사, 2003, 261–262).

33 http://www.wikitree.co.kr/main/news_view.php?id=208108 참조.
  그리고 http ://blog.donga.com/sjdhksk/archives/10882 참조.

몸의 관절을 다 부러뜨린 후에는 마치 뼈나 관절이 없는 꼭두각시를 다
루듯 수레바퀴에 아무렇게나 감아 놓는다. 관절이 꺾였으니 팔다리가
아무렇게나 구부러지며 수레바퀴에 걸쳐지는 묘한 현상이 연출된다.
이렇게 둘둘 감아 놓은 상태에서 땡볕에 구워지거나 추위에 얼린 다음
들짐승 먹이로 내놓는데, 산채로 새가 자기 눈을 쪼아 먹는 것을 경험
하는 경우가 대부분이었다고 한다. 처형 후에 신체가 수레바퀴에 남아
있어서 동물의 먹이가 되고 부패하기 때문에 이런 형태의 처벌은 고대
의 십자가형과 유사하게, 죽음을 넘어서는 하나의 종교적인[sakrale]
기능을 가지고 있었다. 당시의 믿음에 의하면, 매장(埋葬)을 중단하는
일[die unterbliebene Bestattung]은 부활에 대립하는 일이었다. 수레바
퀴형에 처한 자가 산 채로 수레바퀴에서 떨어지거나, 다른 방식으로 이
루어진 처형이 실패하게 되면, 그것은 신의 개입으로 해석되었다. 그래
서 예컨대, 수레바퀴형에서 구해진 자들의 봉납화(奉納畵)들이 존재하
며, 그런 종류의 상해(傷害)들을 가장 잘 치료하는 일에 대한 문헌이 존
재한다.[34]

처형 도구로 바퀴를 사용한 이유는 아마도 비용이 적게 들기 때문이
아닌가 생각된다. 아이언 메이든(iron maiden)[35] 같은 철제 고문 도구
들은 비싼 금속을 사다가 대장장이에게 돈 주고 맞춰야 하고 거기에 왕
이나 교회의 권위를 세우기 위해 쓸데없이 화려한 장식을 달기도 했는
데, 대규모의 처형이 이루어지기 위해서는 처형 도구도 대규모가 되어
야 했다. 그런데 바퀴를 이용한 처형은, 가까운 대장간에서 싼 값으로
구하거나, 마녀나 이단(異端)을 정화하려는 성스러운 의식에 사용한다

---

34 https://de.wikipedia.org/wiki/R%C3%A4dern 참조.
35 여성의 형상을 한 상자로 안쪽에 못을 박아 놓은 고문 도구로, 아이언 레이디
(IRON LADY)라고도 함.

는 이유를 대서 무료로 가져올 수도 있고, 바퀴로 두드려 팰 작정이라면 그냥 마구간에서 마부들이 교체한 바퀴를 수거해 오면 되었을 것이기 때문일 것이다.[36]

이 단락에서, "거기서 그들은 처형 바퀴에, 그리고 그 바퀴 위에 묶여 있는 범죄자에게 화환(花環)[화관(花冠)]들을 뿌리기도 하고 묶기도 했다"는 표현에 주목해 보자. 그들이 뿌리고 묶기도 하는 것은 '꽃'이다. 구체적으로 말하면 "제비꽃과 양귀비"다. 그러나 흩뿌려지고 묶여지는 것은 꽃들만이 아니라 범죄자인 '사람'이기도 하다. 그의 몸은 두들겨 맞거나 바퀴에 깔리거나 하여 으스러져서 연체동물처럼 축 늘어진다. 그래서 그 몸은 마치 여인들이 머리를 꼬아 엮듯이 수레바퀴에 얽힌다 [darauf geflochten]. 수레바퀴의 '살'은 이런 용도에 아주 적합하게 사용되었을 것이다. 사형 집행인이 수레바퀴 —종종 테두리가 쇠로 된 —를 범죄자의 종아리에 떨어뜨리고 나서 팔에 이르기까지 그렇게 하는데, 이때에, 가격하는 리듬과 숫자와 수레바퀴의 (바퀴)살의 숫자도 자주 규정되었다고 한다.[37] 우리는 헤겔이 의도했든 아니든, 산산이 부서진 범죄자의 몸과 화환(花環)[화관(花冠)]들을 한 쌍으로 볼 수 있고, 뿌리기도 하고 묶기도 한 대상은, 수레바퀴형의 집행자의 경우에는 범죄자의 몸(지체)이고, 라이프찌히의 세련된 서클의 경우에는 화환(花環)[화관(花冠)]들이라고 해석해 볼 수 있다. 이를 보면, 인간이 어디까지 잔혹해질 수 있는가 의아해지게 된다. 아무리 살인자나 절도범이나 강도라 하더라도 그들에게는 인간으로서의 최소한의 권리는 있는 것이

36 http ://cafe.daum.net/_c21_/bbs_search_read?grpid=qto&fldid=GBT&datanum=408; https://namu.wiki/w/%EA%B3%A0%EB%AC%B8%20%EB%B0%94%ED%80%B4 참조.

37 https ://de.wikipedia.org/wiki/R%C3%A4dern 참조.

아닐까? 이러한 자연법상의 인권에 대한 침해에 대하여 헤겔은 『법철학』에서 다음과 같이 말한다.

그런데 나는 파보리누스에 반대하여, 12표를 훨씬 더 정당화(변호)하고 있는 한 예를 들려고 한다. 왜냐하면 여기서 카에킬리우스는 지성 및 지성의 추리 [Räsonierens]가 지닌 어처구니없는 기만, 즉 그 어떤 악한 일에 대해서도 선한 이유를 댐으로써 그 악한 일이 정당화될 수 있다는 듯이 여기는 그런 기만을 저지르고 있기 때문이다. 말하자면 변제기한(辨濟期限)이 지난 뒤에는 채무자를 살해하거나 노예로 매도(賣渡)할 수 있는 권리마저도 채권자에게 부여되기도 하는 것이다. 이때 더욱이 채권자가 다수일 경우에는 채무자의 신체 일부분을 절단하여 그들이 서로 분배할 권리마저도 부여되는데, 이때 그들 중에 누가 더 많이 잘라냈거나 적게 잘라냈다 하더라도 이로 인하여 채권자가 어떤 권리의 손해를 보는 일은 전혀 생기지 않는다[38]는[이런 조관(條款)(약관, 約款, Klausel)이라면 쉐익스피어의 『베니스의 상인』에 나오는 샤일록에게는 유리할

---

38 12표법의 제3표 제6조에는 다음과 같이 기록되어 있다: "제3의 개시일(開市日)에 (세 번째 장날에) (채권자들은) 부분으로 분할한다. 그들이 넘치거나 모자라게 분할하였더라도 탈법이 되지 않는다."([최병조, 「十二表法(對譯)」, 『서울대학교 법학』, 서울대학교 법학연구소, 제32권 1,2호. 1991 (157-176), 163). 원문은 다음과 같다: "6. TERTIIS NUNDINIS PARTIS SECANTO. SI PLUS MINUSVE SECUERUNT, SE FRAUDE ESTO." 참고로 독일어 번역과 영어 번역을 병기한다. (독역): "6. Am dritten Markttag (nundinae) sollen sie [mehrere Gläubiger] das Schuldnervermögen untereinander aufteilen (partes secanto). Wenn einer [dabei] etwas mehr oder weniger erlangt, als ihm zusteht, soll das nicht als unzulässige Bereicherung angesehen werden (se fraude esto)."(http://agiw.fak1.tu-berlin.de/Auditorium/RomRecht/SO3/LXIITab.htm)./(영역): "6. On the third market day the creditors shall cut shares. If they have cut more or less than their shares it shall be without prejudice."(http://droitromain.upmf-grenoble.fr/Anglica/twelve_Johnson.html).

것이므로 그는 이를 더없이 고마운 마음으로 수락했을 것이다[39] 식의 가혹한 법률이 생기는 것이다.[40]

헤겔은 『법철학』에서 사비니(Friedrich Carl von Savigny, 1779-1816)에 대한 직접적인 언급을 피하면서 이 학파의 선구자인 후고(Gustav Ritter von Hugo, 1764-1844)를 비판함으로써 역사법학파를 비판하고 있다(TW 7 §3 Anm.: §211 Anm.). 그 비판의 요점은, 어떤 법 규정이 주변의 사정에 적합하고 동시대의 법 제도와 정합적이라는 것과 이 법 규정이 개념을 토대로 자체적으로 이성적이라는 것은 전혀 별개의 것임에도 불구하고 이 학파는 이를 역사적으로 정당화하는 것에 만족하고, 이성적인 정당화를 배제해 버렸다는 데 있다. 이것에 의하면 로마법은 채권자에게 변제기한을 넘긴 채무자를 죽일 수 있는 권리를 부여했고 또한 가부장(家父長)에게는 노예 및 자식을 재산으로 취급할 수 있는 권리를 인정하고 있는데, 이런 참혹한 법률도 이 학파는 역사적으로 성립하게 된 사정을 설명함으로써 정당화해 버린다는 것

---

39 베니스의 상인 안토니오(Antonio)는 친구 밧사니오(Bassanio)로부터 벨몬트(Belmont)에 사는 포샤(Portia)에게 구혼하기 위한 여비를 마련해 달라는 부탁을 받아, 가지고 있는 배를 담보로 하여 유대인 고리대금업자 샤일록(Shylock)으로부터 돈을 빌린다. 샤일록은 밧사니오가 돈을 갚지 못할 경우 안토니오의 살 1파운드를 취할 수 있다는 조건으로 밧사니오에게 3,000듀캇(ducats)을 빌려준다(『베니스의 상인』(*Merchant of Venice*, I. iii). 그러나 안토니오는 배가 돌아오지 않아 생명을 잃을 위기에 처하게 되는데, 남장을 한 포샤가 베니스 법정의 재판관이 되어, 피를 흘리지 않고 살을 잘라가야 한다고 선언함으로써 샤일록은 패소하여 재산을 몰수당하고 기독교로 개종할 것을 명령받는다. 로마의 12표에는 채무자의 신체를 절단할 때에 피를 흘려서는 안 된다는 조항이 없기 때문에 ―사실은 『베니스의 상인』에서의 계약서에도 이런 조항은 없다 ―만일 샤일록과 같은 사람에게는 이런 행동을 함에 있어서 아무런 장애가 없을 것이며, 따라서 이를 고마운 마음으로 수락했을 것이라는 말이다.
40 TW 7, 39 f. §3.

이다.

　왜, 어떤 채권자는 채무자의 신체의 더 많은 부분을 가져가고 또 다른 어떤 채권자는 좀 더 적은 부분을 가져가도 권리의 손해 내지 권리의 불이익이 발생하지 않는가? 예컨대 어떤 채권자는 4천만 원을, 다른 채권자는 2천만 원을 빌려주었다면, 전자가 후자의 2배가 되는 신체의 부분을 절단해 가야지 자기의 권리의 불이익을 당하지 않는다고 생각할 수 있다. 그럼에도 불구하고 전자가 후자가 채무자에게 빌려 준 돈에 비례하는 정도로 신체를 절단해서 가져가지 못한다면 권리의 손해가 발생하는 것이 아닌가?! 그런데 헤겔은 "이로 인하여 채권자가 어떤 권리의 손해를 보는 일은 전혀 생기지 않는다 (…)"고 말하고 있다. 왜 그런가? 그것은, 애당초 이들 채권자들은 채무자의 신체를 절단·훼손할 권리가 없기 때문이다. 인간의 몸은 잘라서 음식으로 사용할 수 있는 동물의 몸도 아니며, 해체하여 다시 조립해서 사용할 수 있는 기계도 아니다. 채권자들이 채무자의 신체를 절단해 간다면, 채무자는 심각한 부상을 입고 정상적인 생활을 할 수 없게 되든가 사망하게 될 것이다. 인간의 자연권에는 신체에 대한 권리 내지는 생명에 대한 권리가 으뜸이 되는 것으로 포함되어 있다. 타인의 생명을 좌지우지할 권리를 우리는 갖고 있지 않다.[41]

　또한 이 단락에서 헤겔은, "기독교인들은 아마도, 장미십자가회 혹은 오히려 십자가장미회에 종사하여 십자가 주위에 장미 화환을 만들 수도 있을 것이다. 십자가는 오랫동안 신성한 것으로 여겨진 처형 도구 (교수대)이자 수레바퀴다"라고 말하고 있다. 그런데 헤겔은 '장미'[Rose]와 '십자가'[Kreuz]의 관계에 대하여 『법철학 강요』〈서문〉에

41　이상, 백훈승, 『헤겔 『법철학 강요(綱要) 해설: 〈서문〉과 〈서론〉』, 서광사, 2016, 218 ff.에서 가져옴.

서 다음과 같이 언급하고 있다:

> 자기를 의식하는 정신으로서의 이성과 현존하는 현실로서의 이성 사이에 있
> 는 것, 즉 전자의 이성과 후자의 이성을 구별하여, 현존하는 현실로서의 이
> 성 속에서 만족을 발견하지 못하게 하는 것은 개념에까지 해방되지 않은 그
> 어떤 추상물의 구속(拘束)이다. 이성을 현재의 십자가에 있는 장미로 인식
> 함으로써 현재를 기뻐하는 것, 이러한 이성적 통찰이 현실과의 화해다(TW
> 7, 26 f.)

여기서, "이성을 현재의 십자가에 있는 장미로 인식하는 일"이라는
표현이 등장한다. 아울러 이와 유사한 표현들도 등장한다. 예컨대 헤겔
은 1820년의 『법철학』 강의 노트에서도, "현재는 반성에게, 특히 자만
(自慢)에 대해 십자가로 (물론 필연적으로) 나타난다. ─ 장미 ─ 즉 이
십자가에 있는 이성을 철학은 인식하게 된다."[42] 또한 『종교철학강의』
에서도 다음과 같은 구절을 발견할 수 있다: "그것을 통해 이상(理想)
이 규정되는 그런 것이 현존할 수 있다. 그러나 이념이 실제로 현존한
다는 점은 아직 인식되지 않았다. 왜냐하면 이념은 유한한 의식과 더불
어서만 고찰되기 때문이다. 우리는 이미 이 껍질을 통해서 현실의 실체
적 핵심을 인식할 수 있는데, 그러기 위해서는 고된 노동이 필요하다;
우리가 현재의 십자가에서 장미를 따내기 위해서는 십자가 자체를 우
리에게 받아들여야 한다."[43] 장미는 기쁨과 영광을 상징하며, 십자가는

---

42 "Gegenwart erscheint der Reflexion besonders dem Eigendünkel als ein Kreuz
(allerdings: mit Noth) ─ die Rose ─ d.i. die Vernunft in diesem Kreuze lehrt die
Philosophie erkennen." (*Rechtsphilosophie*. Ilting II, 89).

43 "Das, wodurch das Ideal bestimmt ist, kann vorhanden sein; aber es ist noch

고난을 상징한다. 헤겔이 보기에 철학자의 임무란, 현재 속에서 장미를 발견함으로써 현재 속에서 기쁨을 찾는 일이다.

장미십자회[44]는 18세기 말에 부흥되었고 헤겔 당대에는 정치적 보수주의 및 연금술(錬金術)로 명성이 높았다. 위의 구절에서 헤겔은 정치적 관념론 내지 유토피아주의를 비판하고 있다. 대부분의 헤겔 주석가들은 헤겔이 십자가의 중심으로부터 피어나는 장미를 상징으로 가지고 있는 장미십자회의 형상(形象)을 참고하고 있다는 데에 동의한다. 『법

---

nicht erkannt, daß die Idee in der Tat vorhanden ist, weil diese nur betrachtet wird mit dem endlichen Bewußtsein. Es ist schon durch diese Rinde der substantielle Kern der Wirklichkeit zu erkennen, aber dazu bedarf es auch einer harten Arbeit; um die Rose im Kreuz der Gegenwart zu pflücken, dazu muß man das Kreuz selbst auf sich nehmen." (*Vorlesungen über die Philosophie der Religion I*. TW 16, 272).

44   장미십자회[薔薇十字會, Rosicrucianism; Rosenkreuzerei (독)]는 17세기에 만들어졌다고 전해지는 베일에 싸인 기독교적 신비주의 단체이자, 전설적인 비밀결사 단체다. 이들은 유대교의 신비주의인 카발라와 연금술 등의 영향을 받았다고 한다. 그들이 사용한 십자가 상징인 장미와 십자가가 결합된 '장미십자가'는 이후 신비주의 단체에서 많이 사용된 대표적 신비주의 상징으로 유명하다. 진리를 꿰뚫는 명상을 위한 핵심적인 상징이라고 한다. 하지만 이 단체에 대한 자세한 사항과 심지어, 그 존재 여부조차도 아직 베일에 가려져 있다. 이 단체의 존재를 처음 알린 것은 1614년과 1615년에 독일에서 출판된 두 통의 익명의 성명서이다. 이들 성명서는 학문과 경건의 중요성을 강조하면서, 독일인 귀족으로 알려진 크리스티안 로젠크로이쯔(Christian Rosenkreutz)를 장미십자회의 창설자로 언급했다. 그는 동양에서 과학적이며 연금술적인 지식을 습득한 사람이었다. 그는 1378년에 태어나 106세인 1484년에 사망하였는데, 120년이 지난 후 우연한 기회에 그의 잘 보존된 육체가 무덤 속에서 발견되었다. 지하 묘소의 입구에는 큰 글씨로 이런 글이 쓰여 있었다. "POST CXX ANNOS PATEBO" 해석하면 "120년 후에 나는 (문을) 열 것이다"라는 말이다. 그 무덤은 일곱 면과 일곱의 모퉁이로 이루어진 방이었는데, 햇빛이 전혀 들지 않는 곳이었지만 신비로운 빛으로 환하게 밝혀져 있었다고 한다. 각각의 벽면 속에는 비밀스런 가르침이 담긴 여러 권의 책들이 나왔으며, 가운데의 제단 속에서는 대단히 잘 보존된 그의 육체가 발견되었는데, 한 손에는 성경 다음으로 가장 중요하게 여겨졌던 신비 지식의 양피지 두루마리가 들려져 있었다고 한다(http://watch.pair.com/TR-20-christian-rosencreuz.html).

철학』〈서문〉의 '십자가의 장미'에 대한 언급에 앞서서 헤겔은 자연에
내재한 이성을 "현자(賢者)의 돌"[der Stein der Weisen, TW 7, 15)이
라고 말한 바 있다. 헤겔 자신도 1829년에 출간된 논평문에서, 'hic
Rhodus, hic salta!'("여기에 장미가 있다, 여기서 춤추어라!")라는 관
용구와 장미십자회의 유명한 상징을 발견하고 인용하고 있다는 점을
분명히 밝히고 있다.[45] '장미십자회'라는 이름 자체는 또한 '십자가 없
이는 왕관도 없다'[즉, '십자가'(현세의 고난)을 통해서만 '장미'(신적
인 것)에 이른다]는 장미십자회원들의 격언과 결합되어 있는 교리의 의
미를 가지고 있는데,[46] 이 단체의 창시자로 알려져 있는 로젠크로이쯔
(Christian Rosenkreuz)라는 이름 자체도 '장미십자가'라는 의미를 지
니고 있다.[47]

웨스트팔(Kenneth Westphal)은 "현재의 십자가에 있는 장미"에 대
한 헤겔의 언급은 미신을 믿고 반동적인 왕인 프리드리히 빌헬름 3세에
게 보내는 메시지라고 생각한다. 그러나 웨스트팔은 왕이 장미십자회
원이었고, 헤겔은 장미십자회원인 왕의 "차안(此岸)적(的)인 생각"을
비난하고 그가 현재의 십자가에 있는 장미를 인식해야 한다고 그에게
말하고 있는 것으로 생각한다.[48] 그러나 웨스트팔은 프리드리히 빌헬름

45 Hegel, "Über die Hegelsche Lehre oder absolutes Wissen und moderner Pan-
theismus. — Über Philosophie überhaupt und Hegels Enzyklopädie der philoso-
phischen Wissenschaften insbesondere [1829]," in: *TW 11. Berliner Schriften 1818-
1831*, (390-466), 466 참조.

46 Nisbet, 391 참조.

47 Christian Rosencreutz, Christian Rosenkreutz, Christianus Rosencreutz,
Christian Rosenkreuz 등으로 다양하게 불린다(https://de.wikipedia.org/wiki/Chris-
tian_Rosencreutz 참조).

48 Kenneth Westphal, "Context and Structure of Hegel's Philosophy of Right,"
in: *The Cambridge Companion to Hegel*, ed. by Frederick C. Beiser, Cambridge

3세를 프리드리히 빌헬름 2세로 착각하고 있다. 헤겔이 『법철학』을 출
간한 1820년에는 이미 프리드리히 빌헬름 2세는 사망한 지 23년이 지
난 후(재위기간: 1786-1797)이며, 『법철학』 출간 당시의 왕이었던 프
리드리히 빌헬름 3세는 장미십자회원이 아니었다. 또한 웨스트팔은, 장
미십자회원들은 개혁주의자가 아니었으며, 헤겔이 〈서문〉에서 분명히
표현하고 있는 반(反)유토피아주의를 옹호하고 있다는 사실을 놓치고
있다. 그들은 모든 변화에 대해 맹목적으로 반발하고 모든 개혁을 반대
했다. 페퍼짝은 헤겔이 왕과 그의 반동적인 조언자들에게, 진정한 철학
은 그들이 바라는 바로 그것을 수행한다는 메시지를 보내고 있다고, 즉
진정한 철학은 현존하는 정치 현실이 비록 고통스러운 측면을 지니고
있지만 장미처럼 아름다운 것이라는 점을 보여줌으로써 현존하는 정치
현실과의 화해와 그것에 대한 만족을 정당화한다는 메시지를 보내고
있다고 주장하고 있다. 그러나 페퍼짝은, 헤겔이 자신을 정치인들 중의
장미십자회원들과 의견을 같이 하는 것으로 보이게 하는 것은 헤겔의
수사법에 의한 속임수라고 주장하고 있는데,[49] 이것은 오해라고 하겠
다. 장미십자회는 1821년 프로이센에서 정치 세력이 아니었다. 그래서
헤겔이 장미십자회원들에 동의하는 것으로 보이는 '수사법적인 속임
수'를 사용함으로써 얻을 것은 아무것도 없었을 것이다. 오히려 이와는
반대로, 정부로부터 장미십자회의 영향력을 오래 전에 몰아낸 사람이
바로 당시의 왕이었던 것이다.[50]

Univ. Pr., 1993 (234-269), 238 f. 참조.

[49] Adriaan Th. Peperzak, *Philosophy and Politics. A Commentary on the Preface
to Hegel's Philosophy of Right*, Dordrecht/Boston/Lancaster (Peperzak으로 줄임),
1987, 109 참조.

[50] Glenn Alexander Magee, *Hegel and the Hermetic Tradition*, Cornell Univ. Pr.,
2001, 252 참조. 헤겔과 장미십자회에 관해서는 이 책의 247-257을 참조할 것. 이상,

▶ 예수가 매달려 죽었다고 하는 것은 십자가인가, 일자형 막대기인가?

또한 헤겔이, "십자가는 오랫동안 신성한 것으로 여겨진 처형 도구 (교수대, Galgen)이자 수레바퀴[Rad]"라고 말하는 것은 어떻게 보면 부정확한 표현일 수 있다. 왜냐하면 십자가는 '교수대(絞首臺)'와는 다르며, '수레바퀴'도 아니기 때문이다. 그런데 헤겔은 왜 십자가를 이렇게 표현했을까? 그것은 아마도 예수의 십자가(?)가 교수대나 수레바퀴와도 유사한 처형 도구라는 점을 말하려고 한 것으로 생각된다. 즉, 교수형을 당한 사람의 시신은 교수대에 매달리게 되고, 수레바퀴형에 처해진 사람도, 많은 경우에는 수레바퀴에 묶인 채 수레바퀴가 긴 막대에 꽂혀 높이 올려지게 된다. 십자가형을 당한 사람 역시 나무에 매달려 있다가 죽음을 맞게 된다. 이런 유사성 때문에 헤겔은 이런 표현을 사용한 것으로 짐작된다. 그러나 여기서 우리가 한 번 더 생각해 보아야 할 문제는, '예수가 매달려 죽었다고 사람들이 주장하고 있는 것은 십자가인가, 아니면 일자형 막대기인가?' 하는 것이다.

예수가 매달려 처형되었다고 보고되는 장치를 보통 '십자가'[cross] 로 이야기하고 있는데, 기독교 신약성서에서는 예수가 처형된 장치의 이름에 대해 다음의 두 용어가 사용되고 있다. 그 중 하나는, 스타우로스(Stauros, σταυρός)[51]인데, 명사 스타우로스는 27회, 동사인 스타우로오(σταυρόω)는 46회 사용되었다. 또 하나의 용어는 크실론크실론

백훈승, 『헤겔 『법철학 강요(綱要) 해설: 〈서문〉과 〈서론〉』, 서광사, 2016, 164 ff.에서 가져옴.

51 마태복음 27:40, 42; 마가복음 15:21, 15:30; 누가복음 23:26; 요한복음 19:17; 로마서 6:6; 히브리서 6:4-6 등.

(xylon, ξύλον)[52]이며, 5회 사용되었다.[53] 스타우로스(stauros)라는 단어는 동사 ἵστημι (histēmi: "straighten up", "stand")로부터 유래하는데, ἵστημι라는 동사는 원시-인도-유럽 어근인 stā-, stha, stao, "stem", "shoot"로부터 유래한다. 기원 전 4세기 초까지, 호머 및 고전 헬라스어에서 스타우로스는 수직의 막대기[stake, pole], 혹은 어떤 것이 매달릴 수 있거나 말뚝 박는 데에 사용될 수 있는 말뚝 조각[piece of paling]을 뜻했다.

리델과 스콧의 헬라스-영어 렉시콘은 다음과 같이 보고한다: 아마도 기원 전 8세기에서 6세기의, 초기 호머의 헬라스어 형태에 있어서, 그리고 또한 기원 전 5세기의 작가들인 헤로도투스와 투키디데스에 있어서, 그리고 기원 전 4세기 초 크세노폰에 있어서 σταυρός라는 단어의 의미는 울타리를 세우기 위해 사용된 "수직의 막대기" 혹은 "토대로 사용하기 위해 땅에 박힌 말뚝"이다.

약 기원 전 300년에서 기원 후 300년 사이에 사용된 헬라스어 형태인 코이네 헬라스어에서 σταυρός라는 단어는, 로마인들이 범죄자를 처형한 구조물을 가리키는 데 사용되었다. 『영어·헬라스어 신약성서 비평 렉시콘 및 콘코던스』(A Critical Lexicon and Concordance to The English and Greek New Testament, 1877)에서, 영국의 신학자인 불링어(E. W. Bullinger)는, 다른 권위자들과는 대조적으로 다음과 같이 말했다: "스타우로스(σταυρός)는 단순히, 로마인들이 말뚝에 꿰찌르는 형에 처해진다고(말뚝에 달린다고, σταυρόω: '단순히 말뚝을 박는다'를 뜻함) 말해졌던 사람들을 못 박았던 수직의 말뚝이었다. 그것은 결

---

52 사도행전 5:30; 10:39; 13:29; 갈라디아서 3:13; 베드로전서 2:24.
53 https://en.wikipedia.org/wiki/Instrument_of_Jesus'_crucifixion; http://only-truegod.org/defense/stauros.htm.

코 어떤 각도로든 결합된 나무조각들을 뜻하지 않는다. crux라는 라틴
어조차도 단순한 말뚝을 뜻한다."[54] 바인(W. E. Vine)의 『신약성서 단
어 해설사전』(Expository Dictionary of New Testament Words) 또한,
스타우로스의 주요 의미는, 범죄자들을 처형하기 위해 못 박았던 수직
의 막대기였다고 진술한다. 바인은 교회가 말하는 두개의 막대기라는
형태는 고대 갈데아(Chaldea)에 그 기원을 갖고 있고, 갈데아, 그리고
이집트를 포함한 인접국가들에서 타무즈(Tammuz) 신의 상징으로—
Tammuz의 첫글자 T 모양이므로—사용되었다고 말한다.[55]

stauros(σταυρός)와 xylon(ξύλον)이라는 헬라스어와 crux라는 라틴
어는 구조물의 정확한 모양을 가리키지 않아서, 상이한 많은 것들을 지
시할 수 있으며 십자가만을 의미하지 않았다고 학자들은 오랫동안 알
아왔다. 그들은 또한, 그 단어들이 그런 의미도 가지고 있었다는 점도
알고 있었다. 그래서 그들은 가로대가 있는 십자가라는 전통적인 그림
이 반드시 부정확한 것이라고 생각하지는 않았다.

이 용어들의 애매성은 립시우스(Justus Lipsius)의 De Cruce(1594),
그렛져(Jacob Gretser)의 De Cruce Christi(1598), 고드윈(Thomas
Godwyn)의 Moses and Aaron(1662)에서 지적되었다. 체스터의 주교
(Bishop of Chester, c. 1660)였던 피어슨(John Pearson)은 사도신경에
대한 주석에서, 스타우로스라는 헬라스어는 원래 "똑바로 서 있는 막대
기나 울타리"를 의미했지만, "다른 가로 막대나 두드러진 부분들이 완
전한 십자가에 덧붙여질 때 그것은 여전히 본래의 이름을 유지했다"고

---

54 불링어는 그의 *The Companion Bible*, 1922, iv에서도 이와 같은 취지로 말하고
있다.
55 https://en.wikipedia.org/wiki/Stauros; http://onlytruegod.org/defense/stau-
ros.htm; https://en.wikipedia.org/wiki/Instrument_of_Jesus'_crucifixion.

썼다. 그리고 다음과 같이 선언했다: "우리 주(主)께서 고난 받으신 십자가의 형태는 단순한 모양이 아니라 복합적인 모양이었다. 이것은 그들의 총독이 주님을 죽도록 정죄한 로마인들의 풍습에 따라 볼 때 그러하다. 그들의 풍습에는 땅에 고정된 수직의 나무조각만이 있었던 것이 아니라 꼭대기를 향해서 고정된 가로 막대도 있었다."

『신약성서 신학사전』(Theological dictionary of the New Testament)에서는 stauros의 세 가지 기본형태를 제시하고 있다: 1. 수직의 말뚝. 2. 그 위에 가로(막)대를 지닌 수직 기둥으로 구성되어 있거나[T, crux commissa][56], 혹은 3. 그것은 교차하는 막대기들[crux immissa][57]로 구성되어 있다.[58]

이상의 고찰을 종합해 볼 때, 예수가 달려 죽었다고 전해지는 '나무'는 수직의 막대기였을 수도 있고, 가로대가 있는 T자형의 막대기였을

---

56 성 안토니 십자가. 수도사 안토니우스가 사용한 지팡이 형태에서 유래된 것으로 보인다. 헬라스어 철자 '타우'를 닮았다 하여 타우형 십자가로도 불린다(네이버).

57 라틴 십자가(† Latin Cross)라고 함.

58 Gerhard Kittel, Gerhard Friedrich, Geoffrey William Bromiley, *Theological dictionary of the New Testament: Volume 7*, 1971, 572. 이 외에도 X자로 교차한 성 안드레 십자가(crux decussata, 12제자 중 한 사람이며 베드로의 형제인 안드레가 순교 당한 십자가로 추정된다), 그리고 두 개의 막대기가 한가운데 교차하는 헬라스 십자가(+ Greek Cross) 등이 있다(네이버); 십자가는 가로 막대기와 세로 막대기를 가로질러 붙인 것(crux immissa, 가로지른 십자가)과 세로 막대기가 가로 막대기를 가로지르지 않고 세로 막대기 윗 부분이 가로 막대기와 만나 끝난 것(crux commissa, 가로 세로 만난 십자가)으로 구분할 수 있고, 가로지른 십자가는 세로가 가로보다 긴 십자가(†, crux immissa Latina, 라틴 십자가)와 가로 세로의 길이가 같은 것((+, crux immissa Graeca, 그리스 십자가)으로 나눈다. 위의 세 가지 기본형을 응용하여 그림에서 보는 바와 같은 여러 가지 십자가들이 생겨났다. 십자가의 가름대를 라틴어로 pati-bulum이라 하는데, 십자가 사형수는 이 가름대에 양팔이 묶였다. 세로대를 crux immissa라고 하는데 사형수는 여기에 몸을 기댔다[네이버 지식백과, Crux (가톨릭에 관한 모든 것, 2007. 11. 25., 가톨릭대학교출판부)].

수도, 혹은 세로막대와 가로막대가 교차하는 십자가였을 수도 있어서, 이들 가운데 어떤 하나라고 단정할 수 없다는 것이다.

곁들여 생각할 것은, 처형될 범죄자에게 꽃을 뿌리고 수레바퀴에 그를 묶는 행위가 왜 "피상적인 코체부풍의 화해"라는 것인가 하는 점이다. 과연 피상적인 코체부풍의 화해란 과연 무엇인가? 화해(和解)란, "1. 싸움하던 것을 멈추고 서로 가지고 있던 안 좋은 감정을 풀어 없앰" 혹은 "2. 민사상의 분쟁을 재판 이외에 당사자 간에 해결하는 일"(네이버 사전)이라고 사전에 정의되어 있지만, 범죄가 일어나서 가해자와 피해자가 발생하는 경우에는 가해자(범죄자)와 피해자 사이에 사죄(謝罪)와 용서(容恕)를 통해 이루어지는 평화로운 상태, 화목(和睦)한 상태를 가리킨다. '화(和)'라는 말 자체가 '합치다', '더하다', '조화를 이루다'라는 의미를 지니고 있다. 예컨대 '2+3=5'는, '2와 3의 화(和) 혹은 총화(總和)는 5'라고 표현할 수 있다. '화이부동(和而不同)'이란 무엇인가? 일자(一者)가 타자(他者)와 더불어 어울리며 조화를 이루지만, 동일하게 되지는 않는 것을 뜻한다. 그래서 일자와 타자는 어떤 면에서는 같지만, 다른 어떤 면에서는 같지 않은 상태에 있는 것이다.

독일어에서 화해를 가리키는 용어는 'Versöhnung'인데, 이 용어는 기독교적인 유래를 가지고 있다. 즉, 이것은 '아들이 됨'[zu einem Sohn zu werden]을 뜻한다. 기독교의 교리에 의하면, 인간은 본래 신의 형상을 따라 만들어진 피조물인데, 신의 명령을 어기고 금단(禁斷)의 열매인 선악과(善惡果) ― 선악을 알게 하는 지식의 나무의 열매 ― 를 따먹음으로써 신과 분리되었고, 신의 저주를 받아, 남자는 땀을 흘려 노동해야만 먹고 살 수 있게 되었고, 여자에게는 해산(解産)의 고통이 더해지게 되었다. 그리고 그들은 에덴동산 동편으로 쫓겨났다. 뿐만 아니라 그들은 신이 말한 대로 정녕 죽게 되었다는 것이다. 그러나 신이 인간의 모습을 하고 인간이 사는 세상에 내려와—이것은 기독교의 성육신(成肉身, incarnation)이고, 힌두교 식으로 말하면 '아바타'라고 할 수 있다—인간의 죄를 대속(代贖)하기 위해 나무에 달려 죽고, 그를 믿는 자는 영생을 얻을 수 있도록 하였다는 이야기다. 나무에 달려 죽은 자의 이름은 예수인데, 이 예수를 구세주(救世主)로 믿는 자들에게는 신의 자녀가 되는 권세를 주어서, 죄로 인해 신과 분리되었던 인간이 예수로 말미암아 '다시 신의 아들이 된다'는 것이다. 이로써 신과의 화해는 이루어진다. 이것이 기독교에서 말하는 화해인 'Versöhnung'의 의미다.

여기서 헤겔은 "화해"라는 말로 "라이프찌히의 세계"의 행동(태도, Verhalten)을 나타내고 있는데, 이것을 그는 "피상적인 코체부풍의 화해"[59]라고 표현하고 있다. 뿐만 아니라 이것은 "감상주의와 악함 사이에 이루어진 일종의 경박한 타협"(10, 12-13)이라고 규정한다. 헤겔은 이런 식으로 이루어지는 부정적인 의미를 지닌 '화해'를, 다음 단락에 등장하는 '병원의 노파'(11, 1)를 통한 화해에 대립시키고 있는데, 이 노파는 살인범을 신과 화해시키고 있다. 코체부의 화해가 악한 희극의 화해임에 반하여, 병원의 노파를 통한 화해는 종교의 화해로 나타나고 있다. 헤겔은 사회를 자기 자신이 아닌 그 누구와도 화해시키려고 하지 않는다. 화해의 최고 형태인 자기 자신과의 화해를 옹호하는 것이 철학이다(BT, 168 참조).

그런데 여기서 헤겔이 "코체부풍의 화해"라는 말로 무엇을 가리키는

---

[59] 1807년 판본의 청서(淸書, Reinschrift)에서 이 부분은 "피상적인 코체부풍의 화해"(eine oberflächliche, kozebuische Versöhnung, GW 5, 385)로 쓰여 있는데, Suhrkamp판에서는 "피상적인"이라는 용어가 빠져 있고, 코체부의 형용사 형태도 "kozebuische"가 아니라 "kozebuesche"로 되어 있다.

지가 분명하지는 않지만, 우리는 헤겔의 다른 저서와 코체부의 저서를 통해서 어떤 결론을 도출할 수 있는데, 이를 위해 우선 헤겔이 『미학강의』(*Vorlesungen über die Ästhetik*)에서 코체부에 관해 언급한 내용을 살펴보자:

> 그러므로 그러한 감동적인 극들, 예컨대 코체부의 『인간증오와 참회』 (*Menschenhaß und Reue*)와 이플란트의 극에 나오는 여러 도덕적인 범죄들은 자세히 말하자면 원래 좋게 끝나지도 나쁘게 끝나지도 않는다. 즉, 보통 거기에서 중요한 것은 용서하고 개선할 것을 약속하며 끝나는 것이며, 그렇게 할 때 거기에서 내적으로 변화하거나 그냥 머물거나 할 모든 가능성이 나온다. 이것은 물론 정신의 고귀한 본성과 위대함이다. 그러나 만약 코체부의 극에 나오는 주인공들이나, 이플란트의 극의 주인공들처럼 때로는 불량배·악당이었던 자가 이제 개과하겠다고 약속한다면 원래 아무 쓸모없는 그런 사내에게는 뉘우침도 단지 위선이거나 아주 피상적인 것일 수가 있어 깊이 지속되지 못하며, 그 일에는 단지 외적으로 일순간 결말이 내려질 뿐, 만약 그 일이 새로 다시 급전되기 시작하면 근본적으로 더 나쁜 결말에 이를 수 있다.[60]

여기서 헤겔이 언급하고 있는 『인간증오와 참회』(*Menschenhaß und Reue*)[61]는 5막으로 된 희곡(연극)으로, 1788년에 레발(Reval)에서 최초

---

60 Hegel, *Vorlesungen über die Ästhetik III* (TW 15), 568–569. 『헤겔미학 III』, 두행숙 역, 나남출판, 1998, 723을 참조하여 번역함.

61 August von Kotzebue, *Menschenhaß und Reue. Schauspiel in fünf Aufzügen.* in: Kotzebue, August von: *Schauspiele. Mit einer Einführung* von Benno von Wiese. hg. und kommentiert von Jürg Mathes, Frankfurt am Main, 1972, S. 43–126. 이 작품은 영어로는 *Misanthropy and Repentance* (tr. by John Hemet, Lon-

로 상연되었다(공식적으로는 1790년에 발표된 것으로 되어있다).[62] 19
세기 전반에 이 작품은 독일어로 된 가장 사랑받는 희곡들 가운데 하나
였고, 이것은 소위 감상극(멜로드라마, Rührstücks)의 원형(原型)으로
간주된다. 이 작품은 큰 성공을 거두었고 여러 언어로 번역되었으며 독
일 국경을 넘어서 상연되었다.

　헤겔이 비판하고 있는 내용을 파악하기 위하여 이 작품의 줄거리를
살펴보자. 마이나우(Meinau) 남작(男爵)부인은 이미 15세의 나이로 결
혼하여 두 자녀를 두었다. 그녀의 남편이 여행을 떠났을 때 그녀는 남
편의 친구와 부정(不貞)한 관계를 시작한다. 이로 인해 그녀는 수치심
을 느껴 가정을 떠나 빈터제(Wintersee) 백작(伯爵) 부부의 집에서 오
이랄리 뮐러(Eulalie Müller)라는 가명(假名)으로 산다. 오이랄리는 자
기의 불륜을 회개하려고 노력하면서 백작의 집사(執事)와 관리인으로
봉사하는 하인으로 살아간다. 오이랄리는 백작의 궁정에서 흠잡을 데
없는 신용을 얻는다. 3년 후, 백작부인의 남동생인 호르스트 소령이 별
장에 나타난다. 그런데 백작부인과 오이랄리가 대화하는 가운데, 오이
랄리가 마이나우 남작의 부인이라는 사실이 드러난다. 그녀는 모든 것

don, 1799), *Stranger* (tr. by Benjamin Thompson, 1798)로 번역된 바 있다.
62　1761년에 바이마르에서 출생한 코체부는 예나와 뒤스부르크에서 공부했고, 뒤스
부르크를 떠난 후에 캐서린 대제(Catherine the Great)에 봉사하면서 독일 장교를 위
해 일하는 성(聖) 페터스부르크에 있었다. 그에게는 마침내 1785년 에스토니아에서 주
임 판사가 되었을 때 작위가 주어졌다. 그가 러시아에서 일하는 동안 코체부는 러시아
극(장)[theater]에만 관계할 수 있었던 것이 아니라 여러 편의 희곡을 쓰고 제작하면서
독일극(장)에도 관계할 수 있었다. 『인간증오와 참회』가 초연(初演)된 곳은 탈린(Tal-
linn)이나 성 페터스부르크가 아니라 베를린이었지만, 그것이 쓰인 곳은 오늘날의 탈린
인 레발(Reval)이었다(David Andersen, *Parody as Criticism: The Literary Life of
Eulalia Meinau*, University of North Carolina at Chapel Hill, Master Thesis, 2008,
3 참조).

을 후회한다. 호르스트 소령에게는, 환멸을 느껴 인간을 싫어하게 된
친구가 있다. 그런데 그 사람은 바로, 오이랄리가 떠나온 남편이라는
사실이 드러난다. 호르스트는 그녀에게 접근하려는 시도를 중단한다.
그리고 헤어진 부부를 재결합시키는 데 모든 것을 건다.

　소령은 자기의 오랜 친구인 마이나우가 다음날 여행을 떠날 것이라고
뮐러부인에게 이야기한다. 뮐러부인은 자기 남편을 여전히 사랑하고 있
다. 그러나 뮐러부인은 소령이 화해를 위해 힘쓰거나 자기 남편이 자기
를 용서하기를 원치 않는다. 왜냐하면 자기는 그럴 만한 자격이 없다고
생각하기 때문이다. 그녀는 우선 자기 남편을 한 번 더 보고 자기의 그
릇된 행위를 고백할 수 있도록 몇 분 동안 자기 남편과 만나도록 주선해
줄 것만을 요구하고, 그 다음으로는 자기 아이들의 소식을 요청한다.

　제5막 제7장에서 소령과 마이나우가 만난다. 소령은 자기 친구인 마
이나우에게, 그의 부인은 단 두 가지 소원만을 가지고 있다고 알린다. 마
이나우는 자기 부인이 용서를 원치 않는다는 소령의 말을 믿지 않는다.
소령은, 마이나우 자신도 부인의 부정에 책임이 있다고 말한다. 왜냐하
면 그들이 서로를 알게 되었을 때에는 그들 모두 어렸기 때문이다.[63]

　극의 마지막 장면인 제5막 제9장에서 마이나우는 다음과 같이 말한
다: "아니야 오이랄리, 나는 당신을 저주하지 않아. (…) 아니야, 나는
당신을 결코 저주하지 않을 거야!" 오이랄리는 마이나우에게 이혼장
(이별의 편지)을 건넨다. 그 속에서 그녀는 그가 다시 결혼할 수 있도록
하기 위하여 자기의 범죄를 고백한다. 마이나우는 이혼장을 찢어 버리
고 자기는 그녀를 버리지 않겠다고 고백한다. 심지어 그는 이와는 반대

63 http://www.linkfang.de/wiki/Menschenhass_und_Reue 참조; Nina Mang,
Theater in Schweden in der Gustavianischen Epoche, Universität Wien, Diplomar-
beit, 2009, 71, 85 참조.

로 그녀에게 자유를 제공하고 매년 천 탈러의 종신연금을 보장하는 증서를 준다. 그녀는 그것을 받지 않는다. 그는 그녀의 장신구를 그녀에게 돌려주려고 한다. 그녀는 자기 아들이 태어났을 때 받은 브로치만을 꺼내고 나머지는 그에게 돌려준다. 오이랄리는 아이들을 마지막으로 한 번 더 보려고 한다. 마이나우는 아이들이 오자마자 곧 그녀가 있는 성(城)으로 보내서 거기서 그들이 헤어지는 다음날 아침까지 있게 할 것이라고 확언한다. 소령은 은신처에서 아이들을 데려온다. 남작은 엄마 아빠를 향한 아이들의 외침에 당황하여 오이랄리를 부르고, 그녀를 용서한다고 외친다. 아버지와 어머니는 말없이 아이들을 꼭 안는다. 그런 후에 그들은 아이들에게서 떨어져서 서로를 껴안는다. 그러나 오이랄리는 용서받지 않은 채 자기의 남편을 영원히 떠나려고 한다. 이 작품은 알지 못하는 자(者)가 외치는 다음과 같은 말로 끝난다: '나는 당신을 용서한다.' 그리고 재결합한 행복한 가족 위로 장막이 내려온다.[64]

그러면 코체부의 이 작품에 대한 평가는 어떠한지 살펴보자. 『인간증오와 참회』가 소개된 이후에, 그것은 오이랄리 마이나우의 불륜의 용서를 다루고 있는 애매한 도덕적 결말로 인하여 많은 비평의 표적이 되었다.[65] 다시 말하면 『인간증오와 참회』라는 작품은 많은 시민 비극 [bürgerliche Trauerspiele][66]에서 발견되는 결말과는 다른 결말을 보이

---

64 David Andersen, *Parody as Criticism: The Literary Life of Eulalia Meinau*, University of North Carolina at Chapel Hill, Master Thesis, 2008, 2; http://www. linkfang.de/wiki/Menschenhass_und_Reue 참조; Nina Mang, *Theater in Schweden in der Gustavianischen Epoche*, Universität Wien, Diplomarbeit, 2009, 84 ff. 참조.
65 David Andersen, ebd., ii. Abstract.
66 시민 비극은 18세기에 런던과 파리에서 등장한 극의 장르다. 디드로는 시민 비극을 '비극과 희극의 중간 장르' [genre sérieux]라고 기술했다. 독일어로 된 변양은 예컨대 렛싱(Gotthold Ephraim Lessing, 1729-1781)에 의해 발전되었다. 주요 인물들은 시민 계층[Bürgertum]이나 하층 귀족들로부터 유래하며, 작품은 비극적인 결말을 가진

고 있다. 코체부는 시민 비극의 도덕적 절대주의를 풍자한다. 시민 비극은, 18세기말과 19세기 초의 시민사회에서 어떤 행동들이 받아들여질 수 있고 받아들여질 수 없는지에 관해 청중들을 가르치면서 청중들에게 선명한 도덕교육을 제공했다(Andersen, 13). 예컨대 렛싱은 자기의 작품에 등장하는 여주인공들인 사라 샘슨(Sara Sampson)과 에밀리아 갈로티(Emilia Galotti)를, 도덕적 정의(正義) 및 응보(벌)를 제공하기 위하여 죽음으로 이끌어가지만 ― 갈로티는 자기 아버지에 의해 죽임을 당하고 사라 심슨은 시기하는 마우드(Marwood)에게서 받는 독(毒) 때문에 죽는다 ― 코체부는 오이랄리를 죽음으로 몰아가지 않는다. 그런데 이것은 시민 비극에서 기대되는 비극적인 결말과는 다른 것이다. 오이랄리는 막이 내리기 전에 자기 아이들이 무대에 나타나는 아주 감상적인 장면에서 남편으로부터 용서받는다. 가족들은 행복하게 재결합하며 그 누구도 명예를 얻기 위해 죽지 않는다. 이로써 시민 비극의 원형이 현저히 변화하게 된다. 오이랄리가 자기의 죄와 상황으로부터 구원받는 것은 신에 의한 것이 아니라 별거중인 남편인 마이나우 남작이라는 인간에 의한 것이다.

이 작품에서 코체부는, 시민 비극을 쓴 다른 작가들과 마찬가지로, 인물들에 대한 동정심을 얻기 위하여 예컨대, 오이랄리가 백작부인의 어린 아들 빌헬름을 만나는 장면에서 극단적인 정서를 사용한다. 오이랄리도 에밀리아와 사라와 마찬가지로 자기의 도덕적 죄를 인정하고, 자기의 죄를 참회하는 3년을 보냈다. 그럼에도 불구하고 그녀는 에밀리아와 사라와는 달리, 구원받기 위해 죽을 필요가 없다.

다. 이 장르와 더불어, 통속적인 극의 사건들과 대조되는 시민의 고도(高度)의 문화[Hochkultur]를 창조하려는 18세기의 종말이 시도된다(https://de.wikipedia.org/wiki/B%C3%BCrgerliches_Trauerspiel 참조).

코체부는 전통적인 비극적 결말을 변화시킴으로써, 도덕적 교훈의 궁극성을 애매한 상태로 남겨 놓는다. 렛싱의 작품들에서 에밀리아와 사라는 둘 다 죽었다; 그들의 죄는 신에 의해서가 아니고는 용서받을 수 없었다. 그들의 죽음에는 선명한 도덕적 교훈이 존재하는데, 그것은 가족의 의무나 기독교 도덕으로부터 벗어나지 말라는 것이다. 이러한 도덕적 애매성은 몇몇 비평가들로부터는 관용의 메시지라는 칭찬을 받았지만, 당시의 많은 비평가들과 작가들은 그것을 부정적인 것으로 보았고, 많은 사람들은 코체부의 작품이 당대의 도덕 기준에 합치하지 않는다고 생각했다. 이러한 비평가들의 주요한 도덕적 관심은 단순히 해피엔딩을 위해서 시민사회의 규칙들을 중지시키는 것이었다. 비극의 규칙들은, 이 여인들은 그들의 죄로 인해 죽을 것을 요구했던 것이다.

코체부는 시민사회의 규칙을 파괴함으로써 가장 영향력 있는 몇몇 비평가들과 작가들의 경멸을 받았다. 쉴러는 그러한 비평가와 작가의 좋은 예다. 쉴러는 코체부가 『인간증오와 참회』로 성공을 거두기 5년 전에 "훌륭한 무대는 도대체 어떤 영향을 미칠 수 있는가?"("Was kann ein gut stehende Schaubühne eigentlich wirken")를 쓰고 강연했다. 그는 코체부의 글이 도덕적인 선명함과 교훈을 결여하고 있다는 바로 그 점이 마음에 들지 않았다. 쉴러는 극을 '도덕적 교훈', '부르주아의 삶의 안내자', 그리고 '실천적 지혜의 학교'로 간주하였다. 돈이 실생활에서의 정의(正義)를 눈멀게 하지만, 극은 칼과 저울을 집어들고 부덕(不德)을 "무서운 법정"으로 불러내야만 한다고 쉴러는 썼다. 그러나 마이나우에 의한 오이랄리의 용서, 그리고 『인간증오와 참회』의 해피엔딩은 부덕을 "무서운 법정"으로 불러내지 않고 오히려 부덕이 용서되게 한다.

오스트리아의 작가 찌글러(Friedrich Julius Wilhelm Ziegler, 1750-

1827)는 1791년 코체부의 통속적인 작품을 이어서 쓰기로 결심했고,
『오이랄리아 마이나우, 혹은 재결합의 결과들』(*Eulalia Meinau, oder
die Folgen der Wiedervereinigung*)[67]이라는, 『인간증오와 참회』의 패러
디를 써서 코체부의 작품을 비판한다. 찌글러는 코체부의 작품으로부
터 주제를 직접 채택하여 코체부의 작품의 내용을 변화시킨다. 찌글러
는 코체부의 작품의 결말에서 발견되는 도덕적 애매성을 비판하여, 비
극적 결말과 도덕적 경계들에 대한 더욱 명확한 의미를 가지고 극을 끝
낸다. 마이나우 남작은 오이랄리아를 유혹한 장군을 결투에서 죽이고,
미국으로 도피한다. 오이랄리아는 바닥에 떨어진 장군의 결투용 권총
으로 자살을 시도하지만 장군의 부관이 오이랄리아로부터 권총을 빼앗
아서 버리려고 할 때 권총이 손에서 떨어짐으로써 결국 그는 자살에 실
패하게 된다. 그녀는 신의 은총에 의해 살도록 허락된 것을 깨닫고는,
자기를 구해 준 신에게 감사드린다.

　찌글러에게 여전히 가까이 있는 쟁점은 도덕성이라는 문제이며, 해
결(해소)되지 않은 오이랄리아의 부정(不貞)이라는 죄에 의해 어떻게
가정이 영향을 받는가 하는 문제다. 오이랄리아의 부정으로 인해 가정
은 일단 파괴되었다. 그리고 이제는 그것으로 인해 남작이 오이랄리아
의 간통 상대방을 죽인 후에 남작을 도망가도록 강제함으로써 두 번째
파탄이 초래되었다. 가정이 직면한 모든 문제들은 그녀의 부정과 직접
적으로 관계되어 있다. 장군의 죽음은 시민 비극의 결말에 죽어야만 하
는 죄인이라는 아이디어에 대한 흥미 있는 왜곡이다. 장군은 마이나우

67　F.W. Ziegler, *Eulalia Meinau*, Wien, 1791. 찌글러의 이 작품은 코체부의 작품
의 패러디인데, 찌글러의 이 작품은 코체부로 하여금 『인간증오와 참회』의 연속물인,
『고귀한 거짓말』(*Die edle Lüge*)이라는 작품을 1791년에 발표하도록 만들었다. 이 작
품은 1997년에 The Noble Lie라는 제목의 가이스바일러의 영역본으로 출간되었다.

를 불명예스럽게 하는 죄 또한 가지고 있었고, 죄는 반드시 처벌받아야만 하는 반면에, 새로워진 오이랄리아가 되도록 허락하는 것은, "희생"으로서의 그의 죽음이다. 마이나우는 장군에게 총을 쏘아 그가 죽기 직전에 곧바로 장군을 용서한다. 그가 죽음으로써 그는 남작에 대한 도덕적 범행에 대한 정의(正義)를 얻는다. 찌글러 역시 신의 용서를 일반적으로 찾는다는(추구한다는) 것을 암시한다. 장군은 죽어 가면서 위를 바라보면서 기도를 암시하는 듯 "아버지—"라고 말한다.[68]

헤겔이 『인간증오와 참회』라는 코체부의 작품에 대해 비판하는 내용은 다음과 같을 것이다. 죄를 지었으면 죄의 값인 (형)벌을 받아야 한다는 것이다. 즉, 죄는 법을 부정한 행위이며, 형벌은 법을 부정한 행위인 죄를 부정하여 법을 다시 회복하는 행위이므로, 형벌을 수행하지 않는다면 법을 부정당한 상태로 방치하는 것이므로 옳지 않은 것이다. 죄인을 벌하지 않는 것은 오히려 죄인을 이성적인 존재자로 인정하지 않는 것이며, 따라서 이미 앞에서 말한 것처럼, 헤겔은 형벌은 죄인이 누려야 할 권리라고까지 말하고 있다. 죄를 지은 인간, 즉 죄인에 대한 연민(憐憫)으로 인해, 죄라고 하는 악(악행)을 벌하지 않고 그대로 덮어 두는 것은 "악과 감수성의 경박한 타협"이며, 진정한 화해가 아닌, "피상적인 코체부풍의 화해"인 것이다.

"피상적인 코체부풍의 화해"의 예로 생각할 수 있는 또 하나의 경우를 살펴보자. 코체부는 1798년에 『형제의 불화, 혹은 화해』(*Bruder-zwist Oder die Versoehnung. ein Schauspiel in fünf Akten*)[69]라는 희곡

---

68 David Andersen, ebd., 13 ff. 참조.

69 이 작품의 제목에 이미 '화해' [Versoehnung]라는 표현이 들어가 있다. 이 연극은 1799년에는 런던에서, 1800년에는 더블린에서 *The reconciliation: a comedy, in five acts*라는 제목으로 번역·출간되었다.

을 라이프찌히에서 발표한다. 이 희곡의 줄거리는 대강 다음과 같다. 프란쯔(Franz Bertram)와 필립(Philipp Bertram)은 쌍둥이 형제다. 형인 프란쯔는 전쟁 중에 많은 돈을 모았지만 그는 동생 필립을 가난하도록 내버려 두었다. 형제는 15년 간 소송을 진행하였는데, 그것은 모두 합해서 몇 백 달러도 안 되는 초라한 정원 때문이었다. 형제는 그 어디에서도 만나기를 피했다. 필립은 폐병을 앓고 있고 가난하여 15년간 지속되는 소송 비용을 감당하기 어려운 처지에 있다.

돈이 많은 손넨슈테른(Sonnenstern) 백작은 필립의 딸 롯첸(Lott-chen)을 아내로 삼으려고 변호사 아이터호른(Eyterhorn)과 함께, 롯첸의 아버지 필립이 빚을 지게 되어 어려운 처지에 있는 것을 이용하여 필립 모르게 그의 빚 일부를 대신 갚아 준다. 그리고 그의 환심을 사서 롯첸을 자기 아내로 만들려고 한다. 하지만 롯첸은 그를 싫어한다. 아이터호른의 생각에 의하면, 블룸(Blum) 박사 역시 롯첸을 좋아하지만, 돈 없이 그녀를 취할 수는 없을 것이기 때문에 블룸 박사는 형제가 소송을 멈추고 화해하기를 간절히 바란다. 프란쯔도 이제는 늙고 병들어, 소송으로 고통 받기를 원치 않는다. 마지막 제5막에서 롯첸은 큰아버지인 프란쯔의 생일에 자기 아버지인 필립을 불러서 두 사람이 화해하도록 만든다.

헤겔은 코체부의 이 작품에 등장하는 '화해' 역시 피상적인 것으로 보았는가? 이 점에 관해 헤겔이 직접 언급하지는 않지만, 만약 그가 이 작품에서의 화해 역시 피상적인 것으로 보았다면 아마도 다음과 같은 이유에서였을 것이라고 생각한다. 즉, 진정한 화해를 이루기 위해서는 죄의 고백과 그에 따른 용서가 필요하다. 이 두 가지 조건이 충족되지 않은 채 말로만 화해를 이루었다고 해서 진정 화해가 이루어지는 것은 아니다. 이 작품의 경우에도, 형과 동생은 각각 자신들의 잘못이 무엇인지를 서로에게 고백하고 상대방의 잘못을 용서함으로써 진정한 화해가 이루어질 수 있는 것이다. 그러나 이 작품에서는 이러한 내용이 전혀 나오지 않는다. 형제는 15년 동안 서로를 만나지 않았고, 형은 동생의 초라한 모습에 마음 아파하고, 동생은 통풍(痛風)으로 다리가 불편한 형의 모습을 안타까워 하면서 서로를 끌어안는 장면만이 등장한다. 그들이 비록 다시 형을 형이라고 동생을 동생이라고 부르게 되기는 하였지만, 이로써 진정한 화해가 이루어졌다고 할 수는 없는 것이다. 그리고 진정한 화해가 이루어지지 않으면, 문제는 언제든 다시 발생할 수 있는 것이다.

아울러 부차적으로 우리가 생각해 볼 수 있는 것은, 라이프찌히의 사람들은 수많은 꽃들 가운데서 왜 제비꽃과 양귀비를 처형되는 사람과 수레바퀴에 뿌리고 묶었는가 하는 점이다. 물론 많은 꽃들 중에서 그들이 쉽게 구할 수 있는 꽃들을 사용했을 수도 있다. 그러나 여기서 우리가 다른 각도에서 생각해 볼 수 있는 것은, 여러 종류의 꽃들에게 인간이 부여한 의미와 연관해서 그들의 행위를 해석하는 것이다. 즉, 그들이 사용한 꽃들이 지니고 있는 의미 때문에 특정한 꽃들을 라이프찌히의 사람들이 사용했을 가능성이 있다는 것이다. 예컨대 "당신은 아주 순진무구하게 사랑스럽다!"(Du bist so unschuldig süß!)라는 꽃말을 지니고 있는 제비꽃은 종교적인 의미로 보면, 고대 헬라스에서는 되살아나는 대지의 상징이었고, 독일에서는 봄의 사자(使者)였다. 독일에서 동유럽에 걸쳐 퍼진 봄맞이 행사에도 제비꽃은 봄의 상징으로 등장한다. 양귀비는 "우리는 적절한 순간에 침묵할 수도 있어야만 한다"(Man muss im richtigen Augenblick auch schweigen können)[70]는 의미를 지

---

[70] http://medienwerkstatt-online.de/lws_wissen/vorlagen/showcard. php?id=16586&edit=0 참조.

니고 있기도 하지만, 서양에서 양귀비는 우선, '편안한 잠'의 상징이다. 로마 신화에서 잠의 신인 솜누스(Somnus)는 여신 켈레스(혹은 셀레스, Celes)를 잠들게 하기 위해 그녀에게 양귀비를 주었다고 한다. 이는 양귀비의 열매에서 정제한 아편이 최면성·마취성을 가지고 있다는 사실을 암시하고 있다. 양귀비의 학명 'Papa-ver somniferum'의 'somniferum'은 '잠을 불러오는 것'이라는 의미다. 기독교 세계에서도 양귀비는 '천국에서의 잠'을 의미한다. 두 번째로 양귀비는 다산(多産)의 상징이다. 솜누스에게 양귀비를 받은 켈레스는 곡물의 신으로, 로마시대에 이 켈레스의 신상(神像)은 보리와 개양귀비의 환관(宦官)으로 장식되었다. 이는 유럽의 보리밭에는 잡초로서 새빨간 개양귀비가 여기저기 흩어져 있는 것을 가지고도 설명할 수 있다. 이와 같이 개양귀비는 오래전부터 보리의 풍요를 연상시키는 것이었다. 세 번째로 양귀비는 죽음과 부활을 상징한다. 켈레스는 일단 잠에 빠지는 데, 충분한 휴식을 취한 후에 활기차게 눈을 뜬다. 이는, 한 번 뿌린 곡물의 종자가 죽어도 싹을 내려 열매를 맺는다는 것을 의미한다. 이런 고대(古代)의 생각에, 양귀비의 새빨간 꽃과 예수가 흘린 피와의 유사성이 더해져, 기독교의 근본적인 교의(教義)인 죽음과 부활의 사상으로 계승되어 살아남았다.[71]

제비꽃과 양귀비, 이 두 꽃에 얽힌 일화와 의미를 생각해 볼 때, 이것들은 죽음과 부활에 관련되어 있다는 결론을 도출할 수 있다. 그렇다면 라이프찌히의 사람들은, 제비꽃과 양귀비를 범죄자와 수레에 뿌리고 묶음으로써, 그의 부활을 기원하는 행위를 한 것으로 이해할 수도 있을 것이다.

---

[71] 『종교학 대사전』, 1998. 8. 20., 한국사전연구사. 네이버에서 인용.

   그런데 위에 말한 잔인한 처형 방법은 수레바퀴형(刑) 혹은 차륜형(車輪刑)이라고 부를 수 있을 것인데, 이에 대한 한 예를 우리는 1762년 3월 10일에 프랑스의 툴르즈(Toulouse)에서 처형된 칼라스(Jean Calas, 1698-1762)에서 발견할 수 있다. 그런데 칼라스의 수레바퀴형(刑)은 과연 어떤 연유로 하여 일어난 것인가? 그 경위는 다음과 같다.

   성실한 개신교도이자 포목상(布木商)인 칼라스는 개신교도와 가톨릭 교도 간의 광신적(狂信的)인 대립이 심했던 프랑스 남부의 툴루즈[72]에서 모범적인 가장으로 평온하게 지내고 있었는데, 1761년 10월 13일, 라베스(Lavaisse)라는 청년을 초대한 가족의 저녁 식사 자리에는 주인 부부, 장남 마르크 앙투안, 차남 피에르, 하녀가 있었다. 식사가 끝난 후 장남 마르크 앙투안이 말없이 방을 떠나 층계를 내려갔다. 당시 28세였던 장남은 변호사가 되려고 했지만, 그러기 위해서는 카톨릭 신자임을 입증하는 증명서가 필요했으나 개신교도인 그에게는 그것이 허용되지 않았기 때문에 부친의 가게에서 일을 하고 있었던 상태였다. 라베스가 떠나려 하자 막내아들 피에르(Pierre)는 그를 배웅하기 위해 함께 층계를 내려갔는데, 그때 그들은 아래층 가게의 문틀에 목을 맨 마르크 앙투안의 시신을 발견했다. 그는 삶을 비관한 끝에 자살한 것이다. 놀란 아버지는 자살한 사람들이 툴루즈에서 어떻게 다루어지는지를 알고 있었다. 즉, 그들은 벌거벗겨져 얼굴이 아래쪽을 향한 채로 형장까지 질질 끌려가며, 사람들은 그들에게 돌을 던지고 그들을 교수대에 매달았다. 아버지는 자기의 가족과 죽은 아들이 이런 치욕을 당하는 것을 원치 않았다. 그래서 아버지는 자기 인생에서 가장 큰 실수를 범한다.

---

72 당시 툴루즈는 카톨릭 도시라고 할 정도로 카톨릭 교도들의 수가 많았는데, 칼라스 사건이 일어나기 200여 년 전, 4,000여명의 시민들이 이단으로 몰려 카톨릭 교도들에게 학살되었는데, 이 날이 돌아오면 툴루즈인들은 성대한 축제를 벌였다고 한다.

그는 자살을 타살이라고 즉, 외부의 침입자가 끔찍한 일을 저지른 것이라고 주장하기로 결심한다.

부모의 울부짖는 소리를 듣고 모여든 군중 가운데 한 광신도가, 아버지가 아들을 살해한 것이라고 외쳤다. 이런 외침이 되풀이되자 순식간에 모인 사람들이 동의하게 되었다. 마르크 앙투안이 카톨릭으로 개종하려고 했는데 그것을 참을 수 없었던 가족이 그를 살해했다는 얘기였다. 사법 행정관 다비드 드 보드리그(David de Beaudrigue)가 사건을 조사하고, 다음과 같은 결론을 내리기에 이른다. 즉, 이 청년은 가톨릭으로 개종할 것을 선언하고 개종하기로 했는데 개신교도였던 아버지 칼라스가 이것을 막으려고 아들을 살해했다는 것이다. 그러나 칼라스의 네 명의 아들 중 한 명인 루아(Louis)는 이미 카톨릭으로 개종했고, 30년간 일하고 있던 하녀도 카톨릭 신자였다. 칼라스의 가족은 체포되어 모진 고문을 받았다. 거듭되는 심문에도 불구하고 칼라스는 아들을 죽이지 않았다고 주장했다. 툴루즈의 재판관들은 격론 끝에 8대 5의 표결로 수레바퀴형의 사형 판결을 내렸다. 판결 후에도 칼라스가 죄를 고백하지 않자 고문(拷問)이 이루어졌다. 판결 다음날인 1762년 3월 10일에 사형이 집행되었는데, 사형 선고에 찬성한 판사들은 이 노인이 처형의 극단적 고통에 직면하면 자신과 공모자들의 죄를 자백할 것이라고 생각했지만, 칼라스는 끝까지 자신의 결백을 주장하며, 자기를 처형하는 자들을 용서할 것을 신에게 기도하며 죽어 갔다. 그는 수레바퀴형에 처해졌는데, 사람들은 그의 발가락과 손가락에 불을 갖다 대서 껍질을 벗겼지만 그는 의연히 버텼다. 그의 마지막 말은 "나는 진실을 말했고, 죄 없이 죽는다. (…)"였다. 그런 후에 사형 집행자는 쇠막대기로 그의 뼈와 척추를 부수어 수레바퀴 위에 얽어매었는데 그래도 그는 아주 오랫동안 참아 내어 마침내 그를 자비롭게도 목 졸라 죽였다. 그리고 나서는 장작더미 위에서 불태워지고 그의 재(災)는 바람 속으로 흩어졌다.

피에르에게는 추방이 결정되고 딸들은 수녀원에 유폐되고 가족의 전 재산은 국가에 의해 몰수되었다. 자살한 아들 마르크앙투안은 순교자로 미화되고 카톨릭의 성대한 장례식이 거행되었다. 볼테르(Voltaire, 1694-1778)[73]는 우선, 칼라스 사건에 대한 공식적인 설명을 듣고, 종교적 광신주의 때문에 아버지가 아들을 기꺼이 살해했다는 점에 대해 격분하였다. 그러나 칼라스의 셋째 아들이 개인적으로 그에게 사실을 설명한 후에 그는 사건의 전말(顚末)을 알게 되었고, 재판 절차의 부당함과 야만적인 형벌 제도에 분개하여, 칼라스 부인으로 하여금 국왕의 법정에 상고하도록 권유하고, 그 결과 1764년에 소송이 재개되기에 이르게 되었다. 결국 재심을 통해 칼라스의 무죄와 복권이 선고되었는데, 그것은 칼라스가 처형된 지 꼭 3년이 된 날인 1765년 3월 9일이었다. 국왕은 칼라스의 가족에게 36,000 리브르(Livre)의 위자료(배상금, Schmerzensgeld)를 마련해 주었다.

볼테르는 칼라스의 복권을 위해 『관용론』(*Traité sur la tolérance*, 1763)을 쓰고 여러 팸플릿을 제작해 유포함으로써 사람들의 정의감에 호소하였다. 칼라스 사건에 대한 볼테르의 개입은 프랑스 지식인의 현실 참여운동인 '앙가주망'(Engagement)의 시초로 평가된다.[74]

---

73 볼테르는 필명이고 본명은 프랑수아-마리 아루에(François-Marie Arouet)다. 18세기 프랑스의 작가이자 대표적인 계몽 사상가다. 비극 작품으로 17세기 고전주의의 계승자로 인정되고, 오늘날 『자디그』(*Zadig*, 1747), 『캉디드』(*Candide*, 1759) 등의 철학 소설, 역사 작품이 높이 평가된다. 백과전서 운동을 지원하였다. 『관용론』(*Traité sur la tolérance*, 1763), 『철학사전』(*Dictionnaire philosophique portatif*, 1764)이 만년의 대표작이다(네이버 두산백과 참조).

74 https://www.instagram.com/p/BFksLoFDAVR/참조; https://de.wikipedia.

　　그런데 많은 사람들이 위에서 인용한 칼라스의 처형 방법과 같은 서양에서 행해진 '수레바퀴형'을, 동양에서도 행해진 '환형'(轘刑)으로 혼동하고 있다는 점을 지적해야 하겠다. 환형은 거열형(車裂刑), 거절형(車折刑), 환열형(轘裂刑)이라고도 하는데, 처형자의 사지(四肢)를 소나 말, 수레 등에 묶은 뒤 서로 다른 방향으로 전진시켜 온몸을 찢어서 죽이는 잔인한 형벌이다. 온몸을 조각낸다는 점에서는 능지처참(陵遲處斬)과 같지만, 말이나 소의 힘을 사용한다는 점에서 다르다. 그리고 이런 이유에서 '오마분시(五馬分屍)'나 '오우분시(五牛分屍)'라고도 한다. 사람의 몸을 각기 다른 방향으로 당겨서 찢어 죽이는 형벌은 동양과 서양을 막론하고 세계 각지에서 오래전부터 나타났다. 고대 그리스에서는 당겨 놓은 두 개의 나무 사이에 사람을 묶어 놓고는, 당겨 놓은 나무가 원래의 모습으로 돌아가는 힘을 이용해 사람을 찢어서 죽이는 형벌을 사용했다는 기록이 나온다. 프랑스에는 프랑스혁명 이전까지 반역죄 등을 저지른 중죄인에 대해서 사지를 말에 묶어서 찢어 죽이는 '에카르텔망(Écartèlement))'이라는 형벌이 있었고, 영국에도 신체를 네 조각으로 찢는다는 의미에서 '쿼터링(Quartering)'이라고 부르는 형벌이 있었다. 일본에는 에도시대[江戸時代] 초기까지 소를 이용한 마찬가지 방법의 '우시사키[牛裂き]'라는 형벌이 있었다.[75] 그러나 수레바퀴형은 이러한 형벌 방법과는 다른 처형 방법이다.

---

org/wiki/Jean_Calas 참조; http://www.correspondance-voltaire.de/html/tolerance-k.html 참조;

https://ko.wikipedia.org/wiki/%EC%B9%BC%EB%9D%BC%EC%8A%A4_%EC%82%AC%EA%B1%B4 참조. 볼테르, 『관용론』, 송기형·임미경 역, 한길사, 2016, 13 ff. 참조.

75 「네이버 지식백과」 참조.

제11단락

"아주 다른 방식으로, 어떤 병원에서 일하는 평범한 노파가 살인범이라는 추상화(抽象化)를 소멸시키고, 그를 명예롭게 생동적으로 만드는 이야기를 들은 적이 있다. 살인범의 잘려진 머리는 단두대 위로 떨어졌고 태양이 비치고 있었다. 이를 보고 그 노파는 '하나님의 은혜로운 태양이 빈더의 머리를 얼마나 아름답게 비추고 있는가!' 라고 말했다. 사람들은 자기들이 분노하는 그 녀석에게, '당신에겐 태양(빛)이 비춰질 가치가 없어' 라고 말한다. 그런데 저 여인은 살인범의 머리에 태양(빛)이 비춰지고 있다는 사실뿐만이 아니라, 그럴 만한 가치가 여전히 있다는 것을 보았다(알았다). 그녀는 살인범을 단두대의 처벌(형벌)로부터 하나님의 태양(빛)의 은총에로 고양시켰고, 그녀의 제비꽃이나 감상적인 허영심을 통해 화해를 이룬 것이 아니라, 태양이 높이 빛나는 가운데 그가 은총 속으로 받아들여진 것을 보았다."

(해설)

이제 장면이 바뀌어, 아홉 번째 부류의 사람이 등장한다. 이 사람은 "어떤 병원에서 일했던 평범한 노파"(11, 1)인데, 그녀는 "살인범의 추상화를 소멸시키고, 그를 명예롭게 생동적으로 만들고"(11, 1-2) 있다. 즉, 살인범의 "잘려진 머리는 단두대 위로 떨어졌고 태양이 비치고 있었다"(11, 2-3). 이를 보고 그 노파는 "하나님의 은혜로운 태양이 빈더의 (Binders) 머리를 얼마나 아름답게 비추고 있는가!"라고 감탄하며 말했다(11, 3-4). 사람들이 살인범에 대해 분노하면서, 그는 태양빛을 받을 만한 가치가 없다고 생각하는 반면에, 그 노파는 "살인범의 머리에 태양

(빛)이 비춰지고 있다는 사실뿐만이 아니라, 그럴 만한 가치가 여전히 있다는 것을"(11, 6-7) 본 것이다. 그 노파는 사람들이 부정하고 있는 것, 도외시하고 있는 것을 다시 부정하여 구체적인 사유에로 나아간 것이다. 그녀는 그 사람을 단지 살인범으로서만 따로 떼어서 하나의 "추상물(抽象物)"(14, 4)로 보지 않은 것이다. 처형대의 도끼나 칼이 그의 몸통으로부터 그의 머리를 분리시켰다는 점에서 그의 머리는 추상된 머리라고 할 수 있겠지만, 살인범인 그는 하나의 구체적인 역사, 구체적인 이름을 가진 구체적인 인간인 것이다.[76] 헤겔은 추상 작용을 부정 작용이라고 규정했다. 추상화는 그 밖의 모든 "인간적인 본질"(10, 2-3)을 말소시킨다. 그러므로 그는 여기서 이중 부정을 통하여 구체적인 사유를 특징짓는다. 이때, 1) "살인범의 잘려진 머리는 단두대 위로 떨어졌고 태양이 비치고 있었다." 이를 보고 그 노파는, 2) "하나님의 은혜로운 태양이 빈더의(Binders) 머리를 얼마나 아름답게 비추고 있는가!"라고 말했다. 3) "그런데 저 여인은 살인범의 머리에 태양(빛)이 비춰지고 있다는 사실뿐만이 아니라, 그럴 만한 가치가 여전히 있다는 것을 보았다(알았다)"라는, 본문 1), 2), 3)에 나타난 진술들은, '태양이 빈더의 머리를 비추고 있다.' '태양은 가치 없는 것은 비추지 않는다.' '그러므로 이 머리는 가치가 있다'는, 일종의 논리적 추론을 포함하고 있다(BT, 190 f. 참조).

여기에 등장하는 '빈더'(Binder)는 살인범의 이름인데, 빈더가 제8단락에 등장했던 살인범과 동일 인물인지는 헤겔이 말하고 있지 않다. 그러나 우리는 양자가 동일인이라고 자연스럽게 해석할 수도 있겠다. 더 나아가, 빈더는 제8단락과 제10단락에 나오는 범죄자라고 해석할 수도 있다. 왜냐하면 살인범은 수레바퀴형에 처해질 수 있고, 수레바퀴형

---

76 http://ulke-essay.com/html/14_wer_denkt_konkret_.html 참조.

에 처해지는 자는 목이 베일 수도 있기 때문이며, 헤겔이 사용한 'Scha-ffot' 라는 단어는, 처음에는 참수(斬首)하기 위하여 사형 집행인에 의해 대부분 칼이나 도끼가 사용되었고 18세기말부터는 단두대가 사용되기도 한 처형대를 의미하기 때문이다.[77] 만약 이런 해석이 가능하다면, 제8단락과 제10단락, 그리고 제11단락에 등장하는 범죄자 및 그의 처형은 모두 라이프찌히와 관련된 것일 수 있다. 어쨌든 범죄자를 향한 노파의 이러한 감탄은 우리로 하여금, 기독교에서 말하는 '일반은총(一般恩寵)'을 생각하게 한다. 기독교 성경에는 다음과 같이 기록되어 있다.

> 또 네 이웃을 사랑하고 네 원수를 미워하라 하였다는 것을 너희가 들었으나 나는 너희에게 이르노니 너희 원수를 사랑하며 너희를 박해하는 자를 위하여 기도하라. 이같이 한즉 하늘에 계신 너희 아버지의 아들이 되리니 이는 하나님이 그 해를 악인과 선인에게 비추시며 비를 의로운 자와 불의한 자에게 내려 주심이라. 너희가 너희를 사랑하는 자를 사랑하면 무슨 상이 있으리요? 세리(稅吏)도 이같이 아니 하느냐? 또 너희가 너희 형제에게만 문안하면 남보다 더하는 것이 무엇이냐? 이방인들도 이같이 아니하느냐? 그러므로 하늘에 계신 너희 아버지의 온전하심과 같이 너희도 온전하라.[78]

기독교에서는 특별은총과 일반은총이라는 두 종류의 은총에 대해 말한다. 특별은총이란, 예수를 믿어 구원받는 일은 신의 특별한 은혜에 의해 이루어지며, 신은 이런 은혜를 모든 인간에게 베풀지 않고 선택된 특별한 자들에게만 베풀기 때문에 붙여진 명칭이다. 그러나 구원받지 못하는 사람들에게도 신의 은총이 베풀어지는데, 우리가 누리는 자연

---

77 https://de.wikipedia.org/wiki/Schafott 참조.

78 마태복음 제5장 제43절–제48절.

적인 혜택이 바로 그런 것들이다. 햇빛이나 물·공기가 없으면 우리는 살 수 없다. 그런데 이런 혜택을 기독교의 하나님은, 예수를 믿는 자들이나 믿지 않는 자들에게 모두 베풀어 준다는 것이다. 심지어 그가 극악무도한 살인자라 할지라도 예외가 되지는 않는다고 생각한다. 패륜아(悖倫兒), 강력범(强力犯), 사기꾼도 신의 자비롭고 은혜로운 태양빛을 받을 자격과 가치가 여전히 있다고 보는 것이다. 이렇게 생각한다는 점에서 병원의 노파와 기독교인들은 같은 영역에 있는 것이다. 그러나 일반인들은 이런 생각이 부당하다고 생각한다.

로젠크란쯔는 헤겔의 서술에 대하여, "형이상학, 농담, 풍자, 아주 날카로운 풍자가 얼마나 많이 섞여 있는지, 그리고 병원의 노파의 이러한 감탄을 살펴볼 때 나타나는 실로 놀랄 만한 유머가 얼마나 진기하고 탁월하게 섞여 있는지!"[79]라고 감탄하고 있다. 노파의 말에 유머가 섞여 있다고 본 것이다. 그렇다면 과연 어떤 유머가 숨어 있는 것인지? 과연 우리는 이 노파의 말에 웃음이 나오게 되는지? 그것은 아마도 쓴 웃음이고, 유머이지만 혹시 블랙 유머(black humor)[80]는 아닐는지?

높이 빛나고 있는 태양은 여러 측면에서 해석될 수 있다. 위의 마태복음의 구절들이 말하고 있듯이, 즉, "하나님의 은혜로운 태양"이 선인과 악인을 구별하지 않고 누구에게나 똑같이 비추듯이 우리도 우리에게 죄 지은 자를 용서해야 한다는 의미를 포함하고 있는 표현으로 해석할 수 있다. 이청준의 「벌레 이야기」를 토대로 만든 이창동 감독의 『밀양(密陽)』(Secret Sunshine)이라는 영화에서 주인공 신애(信愛)를 향하

---

79 Karl Rosenkranz, *Hegels Leben*, Darmstadt, 1977, 355.

80 명랑한 웃음을 자아내는 유머에 대해, 사람을 웃기면서도 인간존재의 불안·불확실성을 날카롭게 느끼게 하는 것으로, 유머에는 인간에 대한 신뢰가 밑바탕에 있지만, 블랙유머에는 오히려 인간에 대한 불신·절망이 숨어 있다(네이버 참조).

여 여 약사(女 藥師)는 다음과 같이 말한다: "햇빛 하나 속에도 하나님의 뜻이 들어 있어요." 이 말에 대해 신애는, "햇빛 속에 뭐가 들어 있어요. 이건 그냥 햇빛일 뿐이에요"라고 대답한다. 이때의 여 약사의 말은 기독교적인 입장을 대변하는 것으로 이해할 수 있다. 이에 반해, 신애의 생각은 자연주의적 입장을 대변한다. 태양이 비치고, 그로 인해 세상이 밝아지고 열(熱)이 발생하는 등의 현상은 물리적인 현상일 뿐이다. 신애는 처음의 이러한 자연주의적 입장에서, 기독교적인 입장으로 전환하게 된다. "모든 일에 하나님의 뜻이 있다는 것을 깨닫게 되었어요. (…) 그래서 내 아이를 죽인 범인을 용서하려고 해요"라고 말하며, 범인을 용서해 주려고 교도소에 가서 범인을 만나 "당신을 용서하겠다"고 말하자, 그 범인으로부터 "이미 저는 하나님으로부터 용서를 받았습니다"라는 말을 듣고 아연실색·언어도단의 상태가 되어 바닥에 쓰러지고 만다. 신애가 그렇게 된 까닭은, 용서를 해 주려고 해도, 용서를 할 사람이 더 이상 없기 때문이다. 용서는 피해자가 가해자에게 하는 것인데, 과연 누가 누구를 용서했다는 말인가? 그리하여 다시 신애에게 햇빛은 '자기에게 죄 지은 자를 용서하라'는 신의 음성이 아닌, 이 세상 누구에게도 또 어느 곳에도 공평하고 무차별적이고 무관심하게 내리쬐이는 자연의 햇빛에 불과할 뿐이다.

용서의 필요조건은 잘못의 고백(告白)이다. 잘못했다는 고백과 사과(謝過) 없이 용서가 있을 수 없다. 아가페적인 신적 사랑에도 회개(悔改)가 필요하다. 한쪽에서 과오를 시인하고 용서를 빌 때, 비로소 진정한 용서 행위가 발생한다. 피해자의 용서 없이 가해자 스스로 용서받을 수도 없는 것이다.[81]

---

81 백훈승, 「이병창 교수의 '남북통일의 과제와 자주성의 공동체'에 대한 논평」, 2016년 범한철학회 정기 학술대회 논문집, (57-71), 70.

17 · 18세기의 계몽주의자들은 신의 존재 및 역할에 대하여 다음과 같이 생각했다. 우주가 저절로 생길 수 있는 확률은 0에 가깝다. 우주를 만든 절대적 존재자, 곧 신이 존재한다고 생각하는 것이 더 합리적이다. 그러나 이 세상에 일어나는 수많은 악(惡)을 생각하면, 전능하고 선한 신이 이 세상의 일에 개입한다고 주장하는 것은 불합리하다. 따라서, 이들은 다음과 같은 결론에 이르게 된다. 즉, 신은 우주를 창조하기는 하였지만, 창조 후에는 우주(세상)의 일에는 관여하지 않고, 우주를 구성하고 있는 자연(물질) 및 정신의 법칙에 따라 우주가 존재하고 변화해 나가도록 설정해 놓은 그런 신이다. 이런 관점에서 보면 신은 세상사에는 무관심한 신이라 하겠다. 계몽주의자들의 이런 신관을 이신론(理神論, Deism)[82]이라고 한다. 이러한 신은 어느 누구에게 벌을 주려고도 상을 주려고도 하지 않는다. 그냥 세계가 돌아가는 대로 내버려 둘 뿐이다. 햇빛이 쨍쨍 비치는 곳이나 때도 있고, 조금 비치는 곳이나 때도 있다. 어떤 때는 눈이, 그리고 어떤 때는 비나 우박이 내리기도 한다. 또 어떤 때는 지진이나 해일, 토네이도가 일어나 많은 사람이 죽기도 하고 다치기도 한다. 그저 그렇게 사람들은 웃고, 울고, 화내고, 기뻐하고 슬퍼하며 살다가 죽어 가고 또 다른 사람들이 그렇게 살다가 죽어 간다.

헤겔은 이 평범한 노파가 이룬 화해는 앞 단락에 등장한 라이프찌히 사람들의 화해나 코체부식의 화해와는 다르다는 것을 끝 부분에서 말한다. 즉, 그녀가 이룬 화해는 "제비꽃이나 감상적인 허영심"을 통한 화해가 아니라 신의 은총을 통한 화해라는 것이다.

---

82 '이성적인 신론'이라는 의미에서 '이신론'이라고 옮긴다. 이러한 신관을 고전적인 유신론(有神論, theism)과 구별하기 위하여 deism이라고 하는데, 서양어 원어 자체의 의미상의 차이는 없다. 'theism'은 신을 뜻하는 헬라스어 theos로부터 만든 용어이고, deism은 마찬가지로 신을 가리키는 라틴어 deus로부터 만든 용어다.

제12단락

할머니, 할머니의 달걀들이 상했어요!라고, 장 보러 간 여인이 시장의 여자 상인에게 말한다. 뭐라고요? 내 달걀들이 상했다고요? 라고 그녀가 대답한다. 아마도 당신이 상했겠지요. 당신은 내 달걀들에 대해서 얘기하고 있나요? 당신이? 이(蝨)들[Läuse]이 지방도(地方道)에서 당신의 아버지를 다 먹어치우지 않았나요? 당신의 어머니는 프랑스 남자들과 도망치지 않았나요? 그리고 당신의 할머니는 병원에서 돌아가시지 않았나요? 그녀에게 그렇게 얇은 목도리 말고 온전한 셔츠를 주세요. 우리는 그녀가 어디서 이 목도리와 모자들을 얻었는지 잘 알고 있어요. 만약에 그 장교들이 없다면, 많은 사람들이 지금 그처럼 치장하지 않았을 거예요. 만약에 그 장교들의 (귀)부인들이 가사(家事)에 더 신경 쓴다면 많은 사람들이 감옥에 가게 될 거예요. 그녀로 하여금 자기 스타킹에 난 구멍들이나 꿰매라고 하세요. 요컨대, 그녀는 자기 위에 실오라기도 남기지 않습니다. 시장의 여자 상인은 추상적으로 사유하며, 다른 여성을, 그녀의 목도리, 모자, 셔츠 등에 의해서, 그리고 그녀의 손가락이나 신체의 다른 부분들에 의해서, 그리고 또한 그녀의 아버지와 전 가족에 의해서, 달걀들이 상했다는 것을 그녀가 발견했다는 범죄 아래로만 포섭한다. 그녀에게 있어서 모든 것은 철저히 상한 이 달걀들로 채색되어 있다. 그 반면에, 시장의 여자 상인이 말한 저 장교들은—만약에 우리가 심각하게 의심할 수 있듯이, 거기에 어떤 것이 있다면—그녀에게서 전혀 다른 것들을 발견했을는지도 모른다.

(해설)

이어지는 제12단락에서는 시장에서 달걀을 파는 늙은 여자 상인과 장 보러 간 여인이 등장한다. 장 보러 간 여인이 노파에게 달걀이 상했다고 말하자, 노파는 그 여자에게 자기 달걀이 아니라, 그렇게 말하는 그 여자가 상했을 것이라고 화가 나서 말하며, 이(蝨)들[Läuse]이 지방도(地方道)에서 그녀의 아버지를 다 먹어치우지 않았는지, 그녀의 어머니가 프랑스 남자들과 도망치지 않았는지, 그녀의 할머니가 병원에서 돌아가시지 않았는지 등, 달걀이 상했다는 그녀의 말과는 전혀 관계가 없는 내용들을 물을 뿐이다. 이 경우, 시장의 노파는 "추상적으로 사유하며", 장 보러 온 여인과 그녀의 아버지와 전 가족을 그녀가 달걀이 상한 것을 발견했다는 '범죄' 아래에로만 포섭한다.[83] 우리는 이렇게 추상적으로 사유하는 시장의 노파를 열 번째 부류의 사람으로 생각할 수 있다.

노파는 자기가 파는 달걀들이 상했다는 구매자의 말을 듣고, 달걀들이 정말로 상했는지, 아니면 그것은 단지 구매자의 주장에 불과한지를 우선 확인해야 함에도 불구하고 그렇게 하지 않는다. 그녀는 사실 확인에는 전혀 관심을 기울이지 않고, 단지 자기가 파는 달걀들이 상했다는 말에 기분이 상해서 구매자에게 정당한 대응을 하지 못한다. 구매자는 노파가 팔고 있는 '달걀'의 문제점을 지적한 것이지, 달걀을 파는 노파를 인신공격하려고 한 것이 아니었다. 그럼에도 불구하고 노파는 대응의 포인트를 잘못 잡은 것이다. 이러한 사태를 가리켜 논리학에서는 '허수아비 공격'이라고 한다. 즉, 노파는 구매자의 지적에 대하여, 그러한 지적이 정당한지 아니면 근거 없는 모함이나 단지 잘못된 판단에 불

---

83 다양한 것들을 이렇게 단일한 것 아래로 포섭하는 것이 바로 추상 작용이다. 헤겔은 여기서 '포섭하다'[subsumieren]라는 용어를 사용하고 있다.

과한지를 확인하는 행위를 했어야 한다. 예컨대 달걀의 외형을 살펴보고 어디 손상된 부분은 없는지, 그리고 외형적으로 이상이 없다면 냄새를 맡아 보아 변질 여부를 확인하는 절차를 거치는 것이 우선 해야 할 일일 것이다. 그러나 노파는 그렇게 하지 않고, 구매자의 지적에 단지 감정적으로만 대응한 것이다. 자신의 달걀의 이상 여부를 검증한 후에 이상이 없는 것으로 판단이 되면, 아니, 검증하기 전이라도, 노파는 문제점을 지적한 상대편을 향하여, "당신이 그렇게 주장하는 근거가 무엇인가요?"하고 물을 수 있다. 그러면 상대편은 자기가 그렇게 주장하는 이유를 자기 나름대로 제시할 것이다. 예컨대 구매자는 "당신이 팔고 있는 이 달걀의 냄새를 맡아 보세요, 상한 냄새가 나지 않아요?"라고 대답할 것이다. 그러면 구매자가 지적하는 달걀의 냄새를 맡아 본 후 그러한 지적이 정당하다고 판단되면, 자신의 실수를 인정하고 사과하면 될 것이다. 그렇지 않고, 구매자의 코가 의심된다면, 상대편의 주장의 오류를 입증하기 위해 달걀을 깨뜨려서 달걀이 상하지 않았다는 것을 보여 줄 수도 있을 것이다. 물론 이렇게 하게 되면 약간의 금전적인 손실은 발생할 것이다. 그러나 이런 정도의 손해는 앞으로의 장사를 위해서 해가 되기보다는 도움이 될 것이다. 그리고 달걀을 깨뜨려 보았더니, 상대편의 지적대로 달걀이 상해 있을 수도 있다. 우리의 감각은 자주 우리를 속이며, 더욱이 나이가 들수록 이런 현상은 자주 일어날 것이기 때문이다. 시장에서 달걀을 팔고 있던 여상인은 '노파'였다. 그렇다면 젊은 구매자보다는 달걀을 파는 노파의 판단이 잘못되었을 가능성이 더 클 수도 있을 것이다. 어느 쪽이든 자신의 오류가 밝혀지면 그것을 솔직하게 인정하고 사과하고, 상대방이 사과를 받아들이고 용서하든지 양해하게 되면 문제는 그것으로 끝날 수 있다. 그러나 문제는, 사안(事案)을 사안별로 검토하고 판단하지 않고, 그 사안과는 관계없는 다른 사안을 끌어들여 사태의 본질을 흐리게 하거나, 잘못이나 문제점이 발견되었는데도 그것을 인정하려 하지 않고 자신은 아무런 책임이 없다고 발뺌하는 일이다.

우리는 다른 사람으로부터 비판받는 일을 두려워해서는 안 될 것이다. 괴테가 말했듯, 인간은 노력하는 동안에는 언제든지 실수할 수 있는 것이다. 그러기에 사과와 용서가 필요한 것이다. 물론, 같은 실수를 계속 반복해서는 안 될 것이다. 우리의 실수를 거울 삼아, 나날이 더 나은 행동을 하도록 노력하는 일이 중요하다.

물론 우리는 장 보러 간 여인의 태도에 관해서도 지적할 점이 있다. 그녀는, "할머니, 할머니의 달걀들이 상했어요!"라고 단도직입적으로 말하기보다는 "할머니, 이 달걀들의 냄새가 좀 안 좋은 것 같은데요"라고 좀 더 완곡하게 말할 수도 있었다. 그리고 이렇게 말하는 것이 대화의 요령인지도 모른다. 왜냐하면 자기의 감각이나 판단도 언제든 잘못될 수 있기 때문이다. 그리고 달걀이 정말로 상했는지, 아니면 단지 그렇게 보일 뿐인지는 몇 가지 확인 절차를 거쳐 확정할 수 있을 것이다. 그러나 이 제12단락의 경우에는 구매자보다는 판매자의 태도가 문제다.

장 보러 간 여인의 지적(指摘)은, 시장의 여자 상인에게는 모욕(侮辱)으로, 즉 자기의 명예에 대한 모욕이자 자기의 정직(성실, 완전무결함, integrity)에 대한 도전으로 간주되었을 것이다. 그러나 그것은 잠재적인 모욕일 뿐이다. 이에 반해 시장의 여자 상인의 반응은 터무니없고 황당하기 그지없을 뿐만 아니라, 그것은 언어에 의한 상해(傷害), 언어에 의한 테러다. 언어폭력은 어떤 면에서는 물리적인 폭력보다 훨씬 더 위험할 수 있다. 신체의 상처는 때로는 몇 일, 몇 달 후에 아무는 경우도 있지만, 언어로 입은 상처는 죽을 때까지 잊히지 않고 마음에 새겨져 지속적인 고통으로 작용하기 때문이다. 그리고 어떤 면에서 보면, 장 보러 간 여인의 지적은 모욕이 아니라—다른 부당한 의도가 없다면—구매자로서 제기할 수 있는 당연한 물음이라고 할 수 있다. 왜냐하면 소비자로서는 가능하면 신선한 식품을 구입하려 하는 것이 당연하기 때문이다. 소비자로서 제기한 지적에 대해 여자 상인은 과민 반응을 보인 것이라고 볼 수 있다. 장 보러 간 여인은 여자 상인의 명예를 훼손할 의도가 전혀 없었음에도 불구하고, 여자 상인이 장 보러 간 여인의 말을 자기 명예에 대한 도전으로 잘못 해석했을 뿐이다. 그래서 여자 상인은 장 보러 간 여인의 명예에 대한 철저한 공격을 시작하여 그녀 전체를 무화(無化)한다. 그래서 그녀는 장 보러 간 여인을 전적으로, 상한 달걀에 대한 그녀의 달갑지 않은 언급이라는 관점에서만 평가한다. 이러한 제한적이고 부분적인 관점으로부터 그녀는 장 보러 간 여인의 다른 모든 차원들, 국면들과 관계를 강력하게 반대하여 재평가한다. '상한'이라는 술어를 달걀로부터 장 보러 간 여인 자신으로 옮김으로써, 인간으로서의 젊은 여인의 총체성은 단순한 무(無)로 변한다. 그리고 이러한 무화(無化)는 젊은 여인으로만 끝나지 않고, 그녀의 전 가족에게로 확장된다. 그것들 모두는, 적어도 이 날에는, 무화(無化)이고, 시장의 여자 상인의 우주로부터 추방된다.[84]

휘카라(Elena Ficara)도 시장 노파와 하녀 간의 대화를 통해 벌어진 사건을 하나의 "모욕" 혹은 "언어에 의한 상해(傷害)"라는 현상으로 파악하며, 거기에서 "좌절된 인정(認定)의 가능성"을 읽어 낸다. 이것은 부정적이며 난처한 종류의 인정이며 추상적인 인정이다. 이러한 인정의 결과, 하나의 인격체는 다른 하나의 인격체에 의해, 진정한 자기(自

---

84 Robert R. Williams, *Hegel's Ethics of Recognition*, Berkeley and Los Angeles, Univ. of California Pr., 1997, 105 참조.

己)와 전혀 일치하지 않는 어떤 것으로 인정된다. 즉, 하나의 인격체는
실체화되거나[hypostasiert] 절멸(무화)된다.[85] 이 경우, 부정적인 인간
관계는 — 투쟁의 경우에서처럼 — 화해되지 않고 사회적·법적 관계라
는 고차적인 형태에 이르지 못하며, 해소되지 않는 분리와 차이에 이르
게 된다. 휘카라는 여기에 나타난 모욕 개념을 구체적인 인정과 구별되
는 '추상적인 인정의 한 형태'로 해석한다.[86] 우리가 상대방을 인정한다
고 할 때에는, 인정이 언어의 형태로도 나타나야 하는 것이다. 심정(내
면)으로는 타인을 인정하지만, 말(외면)로는 타인을 무시하고 부정한
다면, 그것은 진정한 인정이라고 할 수는 없을 것이다. 즉, 인정은 언어
적 차원도 지니고 있는 것이다. 인정 개념이 사회 이론의 틀 안에서 긍
정적이고 토대를 부여하는 기능을 충족시킬 수 있는 것은, 인정 개념이
그 추상성 및 형식성으로부터 벗어나서 언어, 교육(교양), 인격과 같은
다른 개념들에 의해 규제되고, 교정되고, 내용이 규정될 때뿐이다.[87]

또한 제12단락은 한 편으로는 시장의 여상인의 일면적인 판단들을
제공하고, 다른 한편으로는 장 보러 간 여인(하녀)에 대한 장교들의 판
단들을 제공한다. 헤겔은 시장에서의 교양 없는, 달걀 장사의 수다스러

---

85 헤겔 자신은 여기서 "어떤 것을 무적(無的)인 것으로 만듦[etwas zu einem Nich-
tigen zu machen]"(*Jenaer Systementwürfe 1805-06*. TW 6, 234)에 관해 말한다.
86 Elena Ficara, "Abatrakte Anerkennung. Über einen Fall mislungener Anerken-
nung beim frühen Hegel," in: Christoph Asmuth (hg), *Transzendentalphilosophie
und Person. Leiblichkeit-Interpersonalität-Anerkennung*, Bielefeld, 2007(291-298),
291 f. 참조. 이캐하이모(Heikki Ikäheimo)는「'인정'이라고 불리는 것에 대한 테일러
의 견해」("Taylor on Something Called Recognition")이라는 논문에서 인정의 세 가
지 의미를 다음과 같이 구별한다: 1) 동일시, 2) 자기의 의무와 타인에 대한 책임을 고
백하는 것, 그리고 3) 존경 내지 사랑. 그런데 언어에 의한 상해(傷害)는 오로지 인정의
첫번째 수준에만 관계하는 데 반하여, 승인 투쟁에 나타나는 헤겔의 인정 개념은 두 번
째와 세 번째 수준도 전제하고 있다고 주장한다(Ficara, ebd. 참조).
87 Elena Ficara, ebd., 292 참조.

운 불평을 인용하고, 그에 이어서 그 경우에 어느 정도까지 추상 작용
이 문제가 되는지를 설명한다. 그는 여기에서 추상의 절차에 대해 통상
적인 철학 용어 —예컨대 『논리학』에서처럼 —인 'subsumieren'을 사
용한다. 이 용어는 그 자체로서, 열거된 개별적인 내용들, 즉 "목도리,
모자, 셔츠 등"(12, 10)과 대조된다. 달걀을 구입하는 여인의 객관적인
판단은, 자기가 "달걀이 상한 것을 발견했다"(12, 12)는 사실로 인해 방
해받고 있는 반면에, 교양 있는 장교들은 적어도 그녀에게 부인으로서
정의(正義)가 일어나도록 한다.(BT, 191). 이 단락에서 등장하는 "장교
들"과 "프랑스 남자들"은 동일한 대상을 가리키는 것으로 볼 수 있다.
왜냐하면 헤겔이 이 글을 쓸 당시 밤베르크(Bamberg)는 프랑스의 나폴
레옹 군의 통치 하에 있었기 때문이다.[88] "만약에 그 장교들이 없다면,
많은 사람들이 지금 그처럼 치장하지 않았을 거예요. 만약에 그 장교들
의 (귀)부인들이 가사(家事)에 더 신경 쓴다면 많은 사람들이 감옥에
가게 될 거예요"라는 주장들은 무엇을 뜻하는가? 그것은 아마도, 많은

---

[88] 프로이센과 프랑스의 전투에서 나폴레옹은 밤베르크에 큰 사령부를 설치했다. 예
나와 아우어슈테트(Auerstedt) 전투가 있기 8일 전인 1806년 10월 6일에 여기서 나폴
레옹은 프로이센에 대한 선전 포고문에 서명을 하고 —도중에 몇 군데에서 전투를 벌
이지만 —예나를 향해 진격했다. 빙클러의 연구에 의하면 밤베르크에는 라자렛(Laza-
rett)이라고 불리는, 도미니카 수도원 내에 있는 소규모의 프랑스 육군병원이 있었는데
거기에서는 예나와 아우어슈테트 전투에서 부상당한 프랑스 군인들이 너무 많아서 그
들은 마침내 일반 종합병원으로 이송되고, 소규모 병원은 1807년 2월 1일에 폐쇄된다.
그리고 밤베르크에 주둔하고 있던 프랑스 군인들은 몇 명만 빼고 모두 1807년 초까지
그들의 원(原)부대로 돌아갔다(http://www.infranken.de/regional/bamberg/Napo-
leon-erklaerte-in-Bamberg-Preussen-den-Krieg;art212,1026459 참조; Mattias
Winkler, ʿNoth, Thränen und Excesse aller Art. Bamberg in der Epoche der
Koalitionskriege, 1792-1815,ʾ in: Mark Häberlein (hg), *Bamberg im Zeitalter der
Aufklärung und der Koalitionskriege*, Univ. of Bamberg Pr., 2014 (271-348), 326 f.
참조).

독일 여인들이 프랑스 장교들을 만나기 위해 치장을 잘 하는데, 프랑스 장교들의 부인들이 가사에 신경을 더 쓰고 상대적으로 자기들의 남편을 등한시한다면, 그들의 남편들은 더 많은 독일 여인들과 놀아날 것이고, 그러는 중에는 프랑스 장교들을 둘러싸고 독일 여인들 간에 싸움이 일어날 가능성이 그만큼 높아지고, 따라서 이러한 분쟁으로 인해 감옥에 가게 될 사람들이 많아질 것이라는 의미로 해석할 수도 있을 것이다.

"그녀가 달걀이 상한 것을 발견했다는 '범죄'"라는 표현은 하나의 역설적(逆說的)인 표현이다. 구매자가 상인의 물건에서 문제점을 발견한 것은 결코 '범죄'가 아니다. 그것은 단지 자기의 물건에 대해 불만을 토로하는 구매자에게 불쾌함을 느끼는 시장의 여자 상인에게 있어서만 '범죄'로 생각될 뿐이다. 이렇게 생각하기 때문에 시장의 노파는 장 보러 간 여인에게, 문제의 제기와는 전혀 관계가 없는 사안들을 가지고 응징의 '벌(罰)'을 내리고 있는 것이다.

제13단락

"이야기를 하녀로부터 하인에로 옮겨 보면, 신분이 낮고 수입도 적은 사람을 위해 일하는 하인보다 더 지내기 어려운 하인은 없다. 하인은 자기의 주인이 고상하면 할수록 더 잘 지낸다. 보통 사람은 다시 더욱 추상적으로 생각하여, 하인에 대해서 고상하게 행동하며 그를 하인으로만 대한다. 즉, 보통 사람은 하인이라는 이 하나의 술어만을 고수하는 것이다. 하인이 가장 잘 지내는 것은 프랑스인들에게 있어서다. 고상한 사람은 하인과 가족처럼 친밀하게 지내며, 프랑스인은 심지어 하인과 좋은 친구이기도 하다. 그들끼리만 있을 때, 하인은 수다(허풍)를 떤다. 예컨대 **디드로**의

『자크와 그의 주인』(*Jacques et son maître*)을 보라. 주인은 단지 한 줌의 코담배 향(香)을 들이맡고, 몇 시인지 보고서는, 그 밖의 모든 것은 하인이 돌보게 한다. 그 고상한 사람(귀족)은, 그 하인이 단지 하인에 불과한 것이 아니라 최근의 도시의 소식과 여자들도 알고 있을 뿐만 아니라 좋은 안내문들을 기억하고 있다는 사실도 알고 있다. 그는 하인에게 그것들에 대해 물어보며, 하인은 주인이 물은 것에 대해 자기가 알고 있는 것을 말할 수 있다. 프랑스인(人) 주인에게 있어서 하인은 단지 이런 일만을 할 수 있는 것이 아니라, 문제를 제기하고 자기의 의견을 가지고 주장할 수도 있다. 그리고 주인이 어떤 일을 하고자 할 때에는 명령으로 하는 것이 아니라 먼저 하인에게 자기의 의견을 논증하여 그를 설득해야 하며, 자기의 의견이 우위를 견지하고 있다는 것을 확신시킬 수 있는 충분한 말을 해 주어야 한다."

(해설)

제13단락에서는 앞선 제12단락에서의, 장 보러 나간 여인인 하녀에 뒤이어, 하인과 주인이 등장한다. 이 단락에서는 하녀와 장교의 유형들은 하인과 주인을 통해서 변화된다. 그리고 천박한 주인과 고상한 주인이 대비되어 서술되고 있다. "하인은 자기의 주인이 고상할수록 더 잘 지낸다"(13, 3). 왜냐하면, (정말로) 고상한 주인은 하인을 "단지 하인으로서만"(13, 5) 대하지 않기 때문이다. 두 번째와 세 번째 문장은 제6단락의 테제를 반복하고 있다(BT, 191 참조). 고상한 주인은 '하인'이라고 하는 "하나의 술어만을 고수하지"(13, 5) 않는다. 즉, 그는 하인을 추상화하지 않는다. 하인은 주인에게 봉사하는 기능을 가지기도 하지만, 그 외에도 많은 능력과 지식도 소유할 수 있는 것이다. 하인에게서

'하인'이라는 단 한가지의 역할 밖에 보지 못하는 사람은 추상적으로 사유하고 있는 것이다. 그러므로 헤겔은 "하인이 가장 잘 지내는 것은 프랑스인들에게서"(13, 5-6)라고 말하고 있다. 왜냐하면, 프랑스인 주인 —본문에서는 이를 '고상한 사람'이라고 표현하고 있다—은 "하인을 잘 알고 있기"(13, 6-7) 때문이다. 프랑스인 주인은 "심지어 하인과 좋은 친구이기도"(13, 7) 하며, "그들끼리만 있을 때에 하인은 수다를"(13, 7-8) 떨기도 한다. 헤겔은 이에 대한 좋은 예로서 프랑스의 계몽주의 사상가인 디드로의 『운명론자 자크와 그의 주인』(*Jacques le fataliste et son maître*, 1796)[89] —헤겔은 본문에서 그냥 '자크와 그의 주인'(*Jacques et son maître*)으로 부정확하게 표현하고 있다—에 나오는 내용을 소개하고 있다.

헤겔은 이 단락의 첫 문장을, "신분이 낮고 수입도 적은 사람을 위해 일하는 하인보다 더 지내기 어려운 하인은 없다"(13, 1-2)는 말로 시작하고 있다. 그러나 신분이 높고 수입이 많은 주인이라고 해서 고상한 주인인 것은 아니다. 정말로 고상한 주인이란, 자기의 신분이나 수입에 의존하여 그것을 무기로 삼아 하인을 단지 하인으로만 대하지 않고, 그를 하나의 인격체로 대하는 주인이라는 사실을 알 수 있다.[90] 이 단락에

---

89 창작 연대는 1771-1774년으로 추정된다. 하인 자크가 주인과 말을 타고 여행을 하면서 자기의 연애담을 하는 것이 줄거리인데, 이야기는 자꾸 빗나가 지엽으로 흐르고, 그 지엽들이 수많은 단편·중편을 이루는 파격적인 형식을 취하고 있다. 이 형식은, 인간은 원인과 결과의 필연적인 연쇄 관계에 의해 지배되고 있는 것인가, 아니면 자유로운 것인가라는 문제를 추구하려는 의도에서 취해진 것이다(『두산백과』 참조).

90 고상함[Vornehmheit]은 계급이나 신분을 강조하는 데에 있지 않다. 왜냐하면, 고상한 주인은 바로 그것들을 포기하기 때문이다. 따라서 헤겔은, 만약에 사회가 계급의 차이를 만든다면 스스로 추상적으로 사유한다는 것을 이해시키고 있다. 구체적으로 판단하는 프랑스인 주인에 대한 상세한 묘사는, 우리가 교양 있는 자로서도 구체적으로 사유할 수 있다는 점을 문예적인 예로 다시금 사회에 입증하고 있다(BT, 191 f. 참조).

서 우리는, 하인을 하인으로만 대하는 천박한 주인과, 프랑스인 주인으
로 대표되는 고상한 주인을 각각 열한 번째와 열두 번째의 부류의 사람
들로 분류할 수 있다.

여기서도 마찬가지로 사물과 사물 간의 관계, 그리고 인간과 인간 간
의 관계에 있어서 부분과 전체라는 문제가 중요한 것으로 드러난다. 즉,
하인은 —여기서 말하는 하인(下人, Bedienter)은 노예(奴隷, Knecht)
와는 다르다 —주인에게 봉사하고 일정한 대가(代價)를 받기로 한 계약
관계에 있는 사람이다. 하인은 주인의 위탁을 받아 주인의 의·식·주
에 관련된 사항들을 챙기고 살피는 책임을 지게 된다. 그들이 이런 계
약관계에 있는 한, 각자의 책임을 다해야 할 것이다. 즉, 주인은 하인에
게 약속한 급료를 포함한 대가를 지불해야 하고, 마찬가지로 하인도 자
기에게 주어진 규정에 따라 자신의 본분을 다해야 할 것이다. 그들의
관계는 이러한 계약에 의존하는 것이다. 따라서 계약의 규정들을 떠나
서 이들의 관계는 개방되어 있다고 할 수 있다. 하인이라고 해서 주인
보다 지식이 모자라다고 할 수도 없다. 어떤 분야에 있어서는 그가 주
인보다 훨씬 풍부한 내용의 지식을 가지고 있을 수 있다. 그래서 주인
은 자신의 하인이 "최근의 도시의 소식과 여자들도 알고 있을 뿐만 아
니라 좋은 안내문들[Anschläge]을 기억하고 있다는 사실도 알고 있다.
그는 하인에게 그것들에 대해 물어보며, 하인은 주인이 물은 것에 대해
자기가 알고 있는 것을 말할 수" 있는 것이다. 동양에서도, '정말로 좋
은 정치란, 다스리는 자가 있는 것을 알지 못하는 정치'라고 하듯이, 좋
은 주인은 하인이 하는 일을 일일이 간섭하지 않고 "단지 한 줌의 코담
배 향(香)을 들이 맡고, 몇 시인지 보고서는, 그 밖의 모든 것은 하인이
돌보게" 한다. 프랑스인 주인은 바로 하인을 이런 식으로 대하는 것이
다. 이러한 태도는 필자가 최선의 교육 방식이라고 여기고 있는 "물망

물조장"(勿忘勿助長, 『孟子』)의 사상과 일맥상통한다고 생각한다. '잊어
버리지도 않고, 무엇을 강제하지도 않는 것', 이것이 바람직한 교육 방
법일 것이다. 그런데 이러한 생각이나 태도는 하인에 대한 주인의 생각
과 태도에도 그대로 적용될 수 있다고 생각한다. 하인이 해야 할 일들
을 큰 틀에서 정해 주고, 그 범위 안에서는 하인이 재량껏 자신의 능력
과 아이디어를 발휘할 수 있도록 해 주는 주인, 이러한 주인이야말로
"고상한" 주인일 것이다. 그리고 이것은, 주인이 하인을 노예로 대하고
부리지 않고, 그를 자유로운 자로 인정하고, 그로 하여금 책임 있는 행
위를 할 것을 요구하는 것이라 하겠다. 이런 자신 있는 태도는 주인의 능
력으로부터 나오는 것이라 하겠다. 여기서 우리는 '권위주의자'와 '권위
자'를 구별할 수 있다. 진정한 권위자는 사람들이 그 능력을 인정하고
따르는 사람인 데 반하여, 권위주의자는 능력이 없는 상태에서 허세를
부리는 사람이다. 우리가 존경할 사람이 누구인지는 너무도 분명하다.

헤겔이 생각하는 바람직한 주인과 하인의 관계 속에서의 하인은, 의
견 표명의 자유라는 기본권을 사용할 수 있는 사람이다. 여기서 주인과
하인은 "심지어 좋은 친구"가 될 수 있다. 여기서 주인은 "어떤 일을 하
고자 할 때에는 명령으로 하는 것이 아니라 먼저 하인에게 자기의 의견
을 논증하여 그를 설득해야 하며, 자기의 의견이 우위를 견지하고 있다
는 것을 확신시킬 수 있는 충분한 말을 해 주어야 한다." 주인이니까 하
인은 무조건 주인의 의견에 따라야 한다고 생각하고 주장하는 것은 독
선적인 태도다. 그렇게 해서는 존경받는 주인, 고상한 주인이 될 수 없
다. 인격적인 의사소통과 대화가 이루어지는 이러한 사회질서 속에서
만 구체적인 사유는 가능한 것이다.[91]

---

91   Wilhelm Raimund Beyer, ebd., 133 참조.

제14단락

"군대에서도 똑같은 차이점이 등장한다. 프로이센의 군대에서 병사는 구타당할 수 있다. 말하자면 병사는 하층민이다. 왜냐하면, 구타당할 수 있는 수동적인 권리를 갖는 것이 하층민이기 때문이다. 그러므로 일반 병사는 장교에게는, 구타당할 수 있는 주체라는 이러한 추상물이다. 제복(制服)과 군도(軍刀)의 술을 가진 신사는 구타당할 수 있는 이 주체와 관계하는 것이 분명하며, 이로 인해 자기를 악마에게 바치게 된다."

(해설)

이제 우리는 마지막 단락에 이르렀다. 여기에서는 "프로이센"(14, 1)[92] 군대의 장교와 병사가 등장한다. 프로이센의 군대에서 병사는 "구타당할 수 있는 수동적인 권리를 갖는"(14, 2-3) "하층민"(14, 2와 3)이며, 따라서 그는 "장교에게 있어서, 구타당할 수 있는 주체라는 이러한 추상물"(14, 4)인 것이다. 열세 번째의 부류의 인간으로 등장하는 이 프로이센 군대의 장교 또한, 추상적인 사유를 대표하는 인물로 제시된다. 그는 병사에 비해 신분과 계급이 높은 사람이지만, 그렇다고 해서 그가 교양 있는 사람인 것은 아니다. 한 사람의 병사라는 것은 그가 지

---

[92] 헤겔 전집의 최초의 발행인들은 수고에 있는 "프로이센의"[preußischen] 군대라는 표현을 "오스트리아의"[österreichischen]로 바꿨는데, 그것은 정치적인 고려에서였다. 그 이후의 모든 발행인들도 이를 따랐다. 이러한 사실은 바로, 이 논문이 베를린 시절에 쓰이지 않았다는 증거라고 할 수 있다. 왜냐하면, 헤겔 자신이 프로이센의 군대를 부정적인 예로 감히 인용하지는 않았을 것이기 때문이다(BT, 193 참조). 그러나 수어캄프판(TW 2)과 마이너판(GW 5), 그리고 쉴러(G. Schüler)가 편집한 텍스트에서는 초판본과 마찬가지로 "preußischen"이라고 쓰고 있다.

니고 있는 여러 성질들 중의 "단순한 성질"(10, 2)인데, 그가 지니고 있
는 다른 많은 성질들, 혹은 "그가 지니고 있는 그 밖의 모든 인간적인
본질"(10, 2-3)은 프로이센의 장교에 의해서 말소된다. 그는 하나의 추
상체, 중성물[Neutrum], 사물로 강등된 인간이며, 그가 가지고 있는 것
은 인권이 아니라, '구타당할 수 있는 수동적인 권리'일 뿐이다(BT,
192 참조). 앞의 제13단락에서의 주인과 하인의 관계와 마찬가지로, 군
대의 장교와 병사라는 관계도, 어떤 특정한 관점에서 성립하는 관계일
뿐이며, 이러한 하나의 관계가 하나의 장교로서의 인간과, 또 하나의
병사로서의 인간의 관계 전체를 형성하는 것은 아니다. 로벡(J. Roh-
beck)이 말하듯이, "누가 추상적으로 사유하는가?"라는 물음에 대한
헤겔의 대답은 사회철학적인 차원을 지니고 있으며, 예컨대 이 단락에
나타나는 추상적인 사유는 인간 상호 관계에 있어서 '권력관계'의 표현
이라는 점이 입증된다. 그리하여 '추상 작용'과 '지배'는 상응하며, 구
체적 이성은 사회적 승인과 정의(正義)를 보증한다고 할 수 있다.[93] 장
교와 병사라는 관계는 '군대 안에서의' 관계에 불과하다. 군대라는 세
계 내지 영역을 떠나서도 그 관계가 지속적으로 유효한 것은 아니다.
예컨대 어떤 가정의 동생이 일찍 입대하여 장교가 되었다. 그 후 그의
형은 뒤늦게 입대하였는데, 공교롭게도 동생이 근무하고 있는 부대에
사병으로 배속되었다. 이때에 이들의 관계는 어떻게 되는가? 군대 안에
서는 비록 자기의 상관이 자신의 동생이라 할지라도 군대의 질서 내지
규율에 따라 형은 동생을 상관으로 대우해야 한다. 그러나 집에 돌아와
서도 동생이 형이 상관인 것인가? 군대에는 군대의 법도가 있고, 또 다

---

93 Johannes Rohbeck, "G.W.F. Hegel: Wer denkt abstrakt?," in: *Philosophische
Meisterstücke I*, hg.v. E. Martens, E. Nordhofen und J. Siebert, Stuttgart, 2009
(91-103), 101 참조.

른 세계인 가정에는 가정의 법도가 있는 것이다. 군대에서 병사가 자신의 부하라고 해서, 그의 인격을 무시하고 함부로 구타한다든지 인격을 모독하는 언행을 해서는 안 될 것이다. 어떤 사람이 가지고 있는 계급에 그 사람을 귀속시키는 꼬리표(딱지) 때문에 그 사람의 복합적인 현실을 무시해서는 안 된다. 진정 구체적으로 사유하는 사람이라면, 한 사람이 지니고 있는 특정한 측면들만을 보고 그것들만을 가지고 그 사람 전체를 판단하는 과오를 범해서는 안 될 것이다. 헤겔은 이 논문의 맨 마지막 문장을 다음과 같이 끝맺고 있다: "제복(制服)과 군도(軍刀)의 술[**Porte d'épée**]을 가진 신사는 구타당할 수 있는 이 주체와 관계하는 것이 분명하며, 이로 인해 자기를 악마에게 바치게 된다"(14, 4-5).[94]

---

[94] Bennholdt-Thomsen이 지적하는 것처럼, 이 마지막 단락의 예는, 위에 언급된 병원의 노파의 예가 전도된 것으로 볼 수도 있을 것이다. 즉 그 천한 노파는 구체적으로 사유함으로써, 단두대에서 처형된 자를 부활시킨 반면에, 교양 있는 장교는 추상적으로 사유함으로써 병사를 죽이고 있는 것이다. 교양 있는 장교는 악마에게 헌신하고, 따라서 (하나님의) '은총'을 결여하고 있는 반면에, 천한 노파는 하나님의 은총을 보고 있다(BT, 193 참조).

헤겔은 논문의 제6단락에서 "누가 추상적으로 사유하는가?"(6, 1)라고
물으면서, 이에 대해, 그것은 바로 "교양 없는 자들"[Der ungebildete
Mensch](같은 곳)이라고 대답하고 있다. 교양 있는 사람이란 구체적으
로 사유하는 사람을 말하고, 교양 없는 사람이란 추상적으로 사유하는
사람을 가리킨다. 그러면 본문에서는 추상적으로 사유하는 자들, 즉 교
양 없는 자들과 구체적으로 사유하는 자들, 즉 교양 있는 자들은 어떻
게 분류될 수 있는가? 전자에 속하는 사람들은, 보통 사람들(천박한 대
중), 부인들, 상류계급의 사람들, 인간 전문가, 시장, 라이프찌히의 사
람들, 시장의 여자 상인, 그리고 프로이센의 장교 등이다. 후자에 속하
는 사람들은, 사제(司祭), 병원의 노파와 프랑스인 주인이다.

　신분이나 계급이 높다고 해서 교양 있는 사람인 것은 아니다. 계급이
나 신분의 높음, 혹은 경제적인 부유함과 교양 있음은 동의어가 아니
다. 상류계급(고상한 사람들)에 속한다고 해서 구체적으로 사유하는 것
이 아니다. 이에 반해, 프랑스인 주인은 신분이나 계급이 높아서 고상

한 것이 아니라 자기의 하인에게서 오직 하인이라는 측면만을 떼어서 그것과만 관계하지 않고 하인의 다른 면들도 함께 보기 때문에, 즉 그를 하나의 인격체로 대하기 때문에 그러한 것이다. 다시 말해 프랑스인 주인이 교양 있는 것은, 그가 주인이기 때문이 아니라, 그가 자기의 하인에 대해 행동할 때 구체적인 사유를 보여 주고 있기 때문이다(BT, 197)

라이프찌히의 사람들처럼 "세련되고 감수성이 예민하다"고 해서, 그리고 "인간 전문가"처럼, 어떤 특정한 분야에 관해 많은 지식을 가지고 있더라도, 그것이 사람을 교양 있게 만들지는 못한다. 이에 반해, 병원의 노파는 비록 본문에는 "평범하다(천하다)"[gemeine]고 표현되어 있지만, 사람들이 겉으로 보기에 그럴 뿐이고 사실은 교양 있는 자로 불리기에 적합하게 사유하는 사람이다. 구체적으로 사유하는 사람은 교양 있는 사람이고, 교양 있는 사람은 "훌륭한 사회", "아름다운 세상"에 속해 있는 사람이다.

추상적인 사유는 다른 말로 표현하면, 존재자를 총체적으로 고찰하지 않고 어느 일부분만을 떼어서, 마치 그것이 전체인 양 생각하는 사유방식이다. 이에 반해 구체적인 사유는 존재자를 그 내부와 외부에 있어서의 상호 연관 속에서 고찰하는 방식이다. 전자의 사유방식을 헤겔은 지성적 사유라고 말하고, 후자의 사유방식을 이성적 사유라고 부른다. 우리의 사유는 결코, '이것 아니면 저것'이라는 일면적인 사유가 되어서는 안 되고, '이것도, 그리고 저것도'라는 다면적이고도 총체적인 사유를 지향해야 할 것이다. 이러한 사고방식이야 말로 해석학적 사유요, 헤겔이 말하는 변증적 사유다. "참된 것은 완전한 것"(PG, 21)이다.

|ㄱ|

감상극(멜로드라마) 179

개념

　～의 노동 11-12, 16, 87

거열형(車裂刑) 192

거절형(車折刑) 192

공동체주의(적) 155

공민(公民) 155

공리주의(公利主義) 143

공자(孔子) 92

교양 16, 21, 29, 43, 55, 77-79, 82,
　87, 117-118, 121-122, 127, 135-
　136, 157, 204-205, 208, 211,
　213, 215-216

『관용론』 191, 192

괴테(Johann Wolfgang von Goethe)
　118

군도(軍刀)의 술〔Porte d 'épée〕 18

|ㄴ|

나폴레옹 205

논리학 22, 62, 66-68, 72, 78-79,
　200, 205

|ㄷ|

데카르트 75, 82, 140

도덕의식 94-95, 97, 99-100, 104,
　109, 111, 114-115

도덕적 확신 95, 100-101, 104, 108,
　109-111, 113-115

돈오점수(頓悟漸修) 87

도야(陶冶) 87, 117-118, 121-122

동해보복(同害報復) 147-148

드 베테(W.M.L. de Wette) 112

디드로(Diderots) 152

|ㄹ|

라이프찌히(Leipzig) 17

라일(Gilbert Ryle) 140
로젠크로이쯔(Christian Rosenkreu)
    169-170
로크(J. Locke) 119
렛싱(Gotthold Ephraim Lessing) 181

|ㅁ|
『맹자(孟子)』 90-92, 98, 103, 114
명가(名家) 19
미네르바의 올빼미 15
『밀양(密陽)』 196

|ㅂ|
반어(反語) 43, 136
밤베르크(Bamberg) 205
백마비마(白馬非馬) 20
『벌레 이야기』 196
범죄 45, 49, 139, 141-144, 146-151,
    158, 176, 180, 199, 200, 206
『베니스의 상인』 165-166
벤홀트-톰젠(Anke Bennholdt-Thom-
    sen) 23
보복 146-148
보에티우스 60, 83
보통 사람들 137, 215
보편 18, 72
복수 146
볼테르(Voltaire, Francois-Marie
    Arouet) 191
부동(不動)의 원동자(原動者) 81

불법 141-142, 144, 147
불의 142-144
빈더(Binder) 17, 30, 47, 193-194
『빌헬름 마이스터의 수업시절』 118

|ㅅ|
사변(思辨, Spekulation) 55, 83, 86
사유(思惟) 73, 75, 76
쉘링(F.W.J. Schelling) 80
수레
    ~바퀴 47, 156, 160-164, 167,
    172, 176, 187, 190
슈바벤(Schwaben) 129
스타우로스(Stauros) 173
시민 비극 181-182, 184
쉴러(Johann Christoph Friedrich
    von Schiller) 106
십자가 29, 47, 156, 159, 160, 162,
    167-170, 172, 174-176

|ㅇ|
아리스토텔레스(Aristoteles) 14, 60-
    61, 120
아우구스티누스(Aurelius Augustinus)
    83
암소가 검게 보이는 밤 64
양심(良心) 55, 89-90, 93-94, 103,
    110, 114
예나 · 아우어슈테트 전투 205
예수 140 159-160, 172, 175, 177,

188, 195-196
온정(溫情)의 일격(一擊) 162
은총(恩寵)의 빛 81
이신론(理神論) 198
『인간의 굴레』 118
『인간증오와 참회』 178-179, 184-185
『인간지성론』 119
일반은총 195

|ㅈ|
『자크와 그의 주인』(Jacques et son
    maître) 51, 152, 207-208
잔트(Karl Ludwig Sand) 26
장미
    ~십자회 169-171
『젊은 베아터의 고뇌』(Die Leiden des
    jungen Werthers) 17
『정신현상학』(Phänomenologie des
    Geistes) 62
정의(正義) 17, 45, 143, 149, 151,
    182-183, 185, 205, 212
즉자대자적 109-111, 114-115
즉자적 69, 145
지양(止揚) 10, 86
직접지 87
찌글러(Friedrich Julius Wilhelm
    Ziegler) 183

|ㅊ|
처형

~바퀴 17, 47, 156-157, 164
천박한 대중 137, 215

|ㅋ|
카타리나(캐서린)의 바퀴 161
칸트(I. Kant) 77, 80, 102, 104-107
칼라스(Jean Calas) 189
코담배 17, 51, 207
코체부(August von Kotzebue) 26
쿠자누스(Nicolaus Cusanus) 83

|ㅍ|
페스트 35, 57, 77, 125-126
포이어바흐 144
풍자(諷刺) 43, 136
프로이센 18, 24, 53, 160-161, 171,
    205, 211-212, 215

|ㅌ|
타불라 라사(tabula rasa) 121
탈리오〔동해보복(同害報復)〕 148
테오리아(theōria) 83
토마스 아퀴나스(Thomas Aquinas)
    83, 120
툴르즈(Toulouse) 189-190
특별은총 195,
특수(성) 14-15, 19, 74, 105, 108,
    114, 122

|ㅎ|

하이데거(Martin Heidegger) 20, 69

현자(賢者)의 돌 170

형벌 47, 49, 141-148, 156, 158-159,
161-162, 185, 191-193

형이상학 11, 21, 35, 39, 55, 57-58,
77-83, 85, 125-127, 129-131,
157, 196

화해 11, 26, 37, 41, 47-48, 89, 128-
129, 132, 143, 156, 158, 168,
171, 176-177, 185-187, 193, 198

환형(轘刑) 192

환열형(轘裂刑) 192